Learning LangChain
러닝 랭체인

| 표지 설명 |

표지 동물은 유럽청개구리(학명: *Hyla arborea*)다. 유럽 본토에서 주로 발견되며, 일반적으로 식생이 풍부한 지역 근처에서 나타난다. 녹색 피부는 다양한 요인에 따라 녹색에서 회색 또는 갈색으로 변한다. 이 능력을 사용해 포식자로부터 숨을 수 있다. 끈적거리는 혀는 곤충과 같은 먹이를 섭취하는 데 사용하며, 끈적거리는 발바닥은 이동할 때 사용한다. 교미 시기에는 연못 주변에 모여들며, 물가에 알을 낳는다. 수컷은 특유의 짝짓기 울음소리를 내는데, 여러 개구리가 한 장소에 모이면 그 소리가 더욱 크게 들린다. 암컷은 800에서 1,000개 정도의 알을 한 덩어리로 낳고, 약 10~14일 후에 올챙이가 부화해 새로운 생명의 순환이 시작된다.

오라일리 표지의 동물들은 대부분 멸종위기종이다. 이들은 모두 우리에게 소중한 존재다.

표지 일러스트는 『마이어스 소백과사전Meyers Kleines Lexicon』에 실린 고풍스러운 선각화를 바탕으로 캐런 몽고메리가 그렸다.

부록에서 다루는 내용은 한국어판 독자를 위한 한빛미디어의 추가 콘텐츠로, 원서에는 수록되어 있지 않습니다.

러닝 랭체인

랭체인과 랭그래프로 구현하는 RAG, 에이전트, 인지 아키텍처

초판 1쇄 발행 2025년 5월 14일

지은이 메이오 오신, 누노 캄포스 / **옮긴이** 강민혁 / **펴낸이** 전태호
펴낸곳 한빛미디어(주) / **주소** 서울시 서대문구 연희로2길 62 한빛미디어(주) IT출판2부
전화 02-325-5544 / **팩스** 02-336-7124
등록 1999년 6월 24일 제25100-2017-000058호 / **ISBN** 979-11-6921-378-3 93000

책임편집 박지영 / **기획·편집** 김민경
베타리더 나유리, 박민건, 변규홍, 이문환, 이석곤, 이호민, 임혁, 우성우, 전현준, 한경흠, 허민
디자인 표지 윤혜원 내지 박정우 / **전산편집** 강창효
영업마케팅 송경석, 김형진, 장경환, 조유미, 한종진, 이행은, 김선아, 고광일, 성화정, 김한솔 / **제작** 박성우, 김정우

이 책에 대한 의견이나 오탈자 및 잘못된 내용은 출판사 홈페이지나 아래 이메일로 알려주십시오.
파본은 구매처에서 교환하실 수 있습니다. 책값은 뒤표지에 표시되어 있습니다.

한빛미디어 홈페이지 www.hanbit.co.kr / 이메일 ask@hanbit.co.kr

© HANBIT MEDIA INC. 2025.
Authorized Korean translation of the English edition of
Learning LangChain ISBN 9781098167288 © 2025 Olumayowa "Mayo" Olufemi Oshin
This translation is to be published and sold by permission of O'Reilly Media, Inc.,
the owner of all rights to publish and sell the same.
이 책의 저작권은 오라일리와 한빛미디어(주)에 있습니다.
저작권법에 의해 보호를 받는 저작물이므로 무단 복제 및 무단 전재를 금합니다.

지금 하지 않으면 할 수 없는 일이 있습니다.
책으로 펴내고 싶은 아이디어나 원고를 메일(writer@hanbit.co.kr)로 보내주세요.
한빛미디어(주)는 여러분의 소중한 경험과 지식을 기다리고 있습니다.

Learning LangChain

러닝 랭체인

지은이 · 옮긴이 소개

지은이 메이오 오신 Mayo Oshin

랭체인 라이브러리의 초기 개발 컨트리뷰터이자 테크에반젤리스트다. 데이터 기반 AI '채팅' 분야에서 선구자로 활동하며 지금까지 500만 명이 넘는 이들에게 영향력 있는 아이디어를 전달했다. 아마존, 링크드인, 에버코어, 비자, BCG 등 여러 유수 기관에서 수백 명의 엔지니어와 제품 관리자를 대상으로 상담과 교육을 하고 있다.
웹사이트: http://mayooshin.com

지은이 누노 캄포스 Nuno Campos

랭체인LangChain, Inc의 창업 소프트웨어 엔지니어다. 파이썬과 자바스크립트 분야에서 소프트웨어 엔지니어이자 아키텍트, 오픈소스 관리자로 10년간 활동했다. 여러 스타트업에서 소프트웨어 엔지니어링, 데이터과학 업무를 수행했으며, 재무학 석사 학위를 보유하고 있다.

옮긴이 강민혁 teeddubk@gmail.com

컴퓨터공학과 데이터과학을 전공했다. 2010년부터 프리랜서로 웹 개발을 시작해, 서울시 건축문화제, 한강건축상상전 등의 인터랙티브 웹페이지를 제작했고, 2016년부터 2019년까지 프로그래머로 활동하며 다양한 전시 예술 관련 프로젝트를 진행했다. 2019년부터 IT 전문 출판 기획자로 근무하고 있다. 번역한 책으로는 『실용 SQL』(영진닷컴, 2023)이 있다.

베타리더 후기

이 책은 단순한 기술 입문서를 넘어, 거대 언어 모델(LLM) 시대를 여는 핵심 아키텍처인 랭체인의 철학과 실전 응용을 안내하는 지침서입니다. 원서의 깊이 있는 내용을 번역해 복잡한 개념조차도 유려하게 이해할 수 있도록 돕습니다.

랭체인을 처음 접하는 초심자부터 실제 프로젝트를 구상 중인 실무자까지, 이 책은 모두에게 훌륭한 출발점이자 든든한 나침반이 되어줄 것입니다.

나유리, 한국열린사이버대학교

LLM 애플리케이션을 개발해 본 분들이라면 프롬프트 재활용이나 모델 통합 과정에서 예상보다 많은 시간이 소요된다는 점을 느끼셨을 것입니다. 랭체인은 이러한 과정을 간소화해 주는 강력한 도구로, 개발 효율성을 크게 높여줍니다. 하지만 신기술이다 보니 국문 자료가 부족한 상황입니다. 그래서 이 책은 매우 귀합니다. 기초부터 실무까지 체계적으로 다루고 있어, LLM 기반 애플리케이션 개발을 고민하는 모든 분께 추천합니다.

박민건, 한국생산기술연구원(KITECH)

아직 랭체인을 써보지 않았다면, 이 책은 그 생태계 전반을 조망할 수 있는 넓은 시야를 단시간 내에 확보하는 데 큰 도움이 될 것입니다. 나날이 급변하는 LLM 기반 애플리케이션 개발 현장에서, 야생 학습에 필요한 실전 감각과 지식을 『러닝 랭체인』으로 더욱 빠르게 습득하시길 바랍니다.

변규홍, (주)Skelter Labs

베타리더 후기

이 책은 파이썬과 자바스크립트 개발자를 위한 훌륭한 랭체인 가이드입니다. 랭체인과 랭그래프를 활용해 검색 증강 생성(RAG), 에이전트 아키텍처 설계, 외부 API 통합 등 실제 서비스 개발에 필요한 다양한 기술을 폭넓게 다룹니다. 특히 비정형 데이터를 구조화하는 문서 변환 기법, 다중 문서 검색에서의 정확도 향상 전략 등은 실무에서 바로 적용할 수 있는 인사이트를 제공합니다. RAG 시스템의 핵심인 청킹과 임베딩의 중요성을 알아보고, 이를 직접 따라 해보며 구현하도록 구성된 점이 인상적입니다. AI 애플리케이션 개발을 고민하는 모든 분께 이 책을 추천합니다.

이문환, LG CNS

LLM과 랭체인이라는 도구가 단순한 유행이 아니라 실제 서비스 개발에 어떻게 활용될 수 있는지를 구체적으로 보여주는 책입니다. 단순한 챗봇 구현을 넘어 문서 기반 QA, 메모리, 에이전트, 배포와 운영까지 이어지는 흐름은 실제 서비스를 만들고 싶은 개발자에게 매우 현실적이고 유용합니다. LLM 애플리케이션 개발을 고민하는 모든 분께 이 책은 훌륭한 출발점이 되어줄 것입니다. 베타리딩 중에도 '이건 바로 써먹을 수 있겠다'고 느낀 부분이 많았고, 실무에 적용할 아이디어도 많이 얻었습니다.
AI 기술은 빠르게 변하지만, 이 책에 담긴 설계 관점과 실전 감각은 오래도록 유효할 지식입니다. 지금 이 시대의 AI 앱 개발을 고민하는 분들께 자신 있게 추천합니다.

이석곤, (주)아이알컴퍼니

이 책은 랭체인의 기초적인 활용법을 넘어 기술의 배경과 원리까지 깊이 있게 다루며, 실질적인 문제 해결 능력을 길러주는 안내서입니다. 단순히 LLM을 호출하는 것뿐만 아니라, 논리적인 설계와 접근 방식에 대한 통찰을 제공합니다. 다양한 접근 방식의 장단점을 균형 있게 제시하고, 이를 극복하기 위한 구체적인 방법론까지 소개하여 독자가 더 강력하고 안정적인 시스템을 구축할 수 있도록 이끌어줍니다. 서비스 개발의 초기 단계부터 배포 및 모니터링까지, LLM 애플리케이션의 라이프사이클 전반을 아우르는 넓은 시야를 제공하는 것도 이 책의 큰 강점입니다.

이호민, 프리랜서 개발자

다양한 LLM이 등장하는 현재, 이를 통합적으로 다룰 수 있도록 도와주는 랭체인은 LLM 기반 개발에 큰 도움이 됩니다. 특히 파이썬뿐만 아니라 자바스크립트 코드 예제도 함께 제공된다는 점은 큰 장점입니다. 자바스크립트 개발자 입장에서는 파이썬 코드를 따로 변환할 필요 없이 학습 시간을 줄이고 바로 실습할 수 있어 더욱 유용합니다.

임혁, 휴노

이 책은 단순한 기술 입문서를 넘어, 랭체인과 랭그래프를 활용한 실전 중심의 AI 애플리케이션 개발 지침서입니다. 문서 기반 RAG부터 메모리, 에이전트 아키텍처, 배포와 운영까지의 흐름을 단계적으로 안내하며, 단순한 챗봇 구현을 넘어 실제 서비스 개발에 필요한 구조적 사고와 설계 관점을 전달합니다. 또한, 파이썬과 자바스크립트 예제를 함께 다뤄 다양한 개발 환경을 지원하며, 실무에 곧바로 적용할 수 있는 코드와 실습이 풍부해 AI 앱 개발을 고민하는 모든 개발자에게 든든한 출발점이 되어줄 책입니다.

우성우, (주)바이오컴

베타리더 후기

랭체인을 아주 초기 버전부터 지금까지 계속 써오면서 느낀 점은, 정말 잘 추상화된 프레임워크라는 것입니다. 개발이 훨씬 편해졌고, 지금도 다양한 상황에서 잘 활용하고 있습니다. LLM 기반 애플리케이션을 개발해야 한다면 랭체인으로 시작해 보세요. 랭체인이 어떻게 구성되고 추상화되었는지를 이해한다면, 더 나은 애플리케이션 개발에 큰 힌트를 얻을 수 있을 것입니다.

전현준, OneLineAI

이 책은 랭체인과 랭그래프를 활용해 강력한 AI 애플리케이션을 구축하고자 하는 개발자를 위한 포괄적인 가이드입니다. 기본 개념부터 고급 기술까지 단계별로 안내하며, 실제 프로젝트에 바로 적용할 수 있는 실용적인 지식을 제공합니다. 오픈AI 같은 상용 LLM은 물론 오픈소스 LLM까지 활용해 최신 기법을 실습할 수 있도록 구성되어 있어, 개념을 구체화하는 데 큰 도움이 됩니다.

한경흠, SK브로드밴드

이 책은 LLM 활용의 진화를 이끌어온 거의 모든 핵심 기술을 아우르는 내용이 담겨 있습니다. 인덱싱과 생성 같은 기본적인 RAG 활용법부터 RRF, 랭그래프, 에이전트까지 각 기술이 등장한 배경과 이를 통해 어떤 문제를 해결할 수 있는지를 간결하고 정확하게 짚어줍니다. '자율성-신뢰성' 간 트레이드오프를 고려하는 데 필요한 다양한 해법을 제시하며, 파이썬과 자바스크립트 예제를 비교해 보는 과정에서도 LLM 기술의 본질을 더욱 뚜렷하게 파악할 수 있습니다.

허민, 한국외국어대학교 정보전략팀

추천사

랭체인의 힘을 사용해 생성 AI와 AI 에이전트를 구현하는 데 필요한 명확한 설명과 실행 가능한 기법을 소개합니다. 플랫폼의 경계를 넓히고 싶은 개발자라면 반드시 읽어야 하는 필독서입니다.

톰 타울리 Tom Taulli, IT 컨설턴트이자 『AI 시대의 프로그래머』 저자

문서 검색부터 인덱싱, 생산 환경에서 AI 에이전트를 배포하고 모니터링하는 모든 과정을 다루는 랭체인 가이드입니다. 흥미로운 예시와 직관적인 그림, 실습 코드를 활용해 랭체인을 재밌고 흥미롭게 배울 수 있습니다.

라자트 고엘 Rajat K. Goel, IBM 수석 소프트웨어 엔지니어

기초부터 프로덕션 단계까지 아우르는 포괄적인 LLM 가이드로, 기술적 인사이트, 실용적인 전략, 견고한 AI 패턴이 가득합니다.

구라브 싱 바이스 Gourav Singh Bais, 알리안츠 선임 데이터 과학자이자 선임 기술 콘텐츠 작가

생성 AI 애플리케이션의 프로토타입 제작은 쉽지만 실제 애플리케이션 출시는 어렵습니다. 이 책에서 소개하는 전략과 툴을 이용해 아이디어를 현실로 바꿔보세요.

제임스 스페티리 James Spiteri, 일라스틱 제품 보안 총괄

추천사

AI 기반 애플리케이션 구축 방식을 혁신할 명쾌한 길을 제시합니다. 이 책과 함께 유연한 아키텍처와 견고한 체크포인트 체계를 분해하여, 대규모 환경에서도 신뢰할 수 있고 실전에 적합한 AI 에이전트를 제작할 강력한 기반을 마련하길 바랍니다.

데이빗 오리건 David O'Regan, 깃랩 AI/ML 엔지니어링 매니저

이 책을 읽고 앱폴리오AppFolio의 디버깅 및 모니터링 과정에서 반복되는 보일러플레이트 코드를 생략할 수 있었습니다. 다양하고 유용한 패턴과 툴 사용에 필요한 인사이트를 얻어 AI 애플리케이션을 더욱 빠르고 자신 있게 배포하게 되었습니다.

크리스 포크 Chris Focke, 앱폴리오 수석 AI 과학자

직접 따라 해보며 결과를 바로 확인하는 예시를 통해 랭체인을 배워봅니다. 마치 아이작 아시모프의 소설만큼이나 영감을 주는 에이전트 애플리케이션의 시작점입니다.

일리아 메이진 Ilya Meyzin, 던앤브래드스트리 데이터 과학 부문 SVP

옮긴이의 말

챗GPT가 등장한 지도 벌써 3년이 지났습니다. 그 사이 AI 기술은 우리가 예상했던 속도를 훌쩍 넘어 발전했고, 개발 환경 역시 눈에 띄게 달라졌습니다. 이제는 단순히 LLM을 호출하는 것을 넘어, 그 모델을 중심에 두고 어떻게 설계하고, 구성하고, 통합할 것인가를 고민해야 하는 시대로 접어들었습니다. 프롬프트 몇 줄만으로는 해결할 수 없는 문제들이 너무 많고, 그만큼 구조적이고 유연한 접근이 필요해졌습니다.

랭체인은 이러한 요구를 충족하는 프레임워크입니다. LLM을 기반으로 복잡한 애플리케이션을 손쉽게 구성할 수 있도록 돕고, 외부 데이터 소스, 컨텍스트, 툴 등 다양한 구성 요소를 유기적으로 엮어 하나의 흐름으로 잇습니다. 또한 새로운 기능이 추가되더라도 기존 시스템에 유연하게 통합할 수 있도록 설계되어 있어, 빠르게 변하는 AI 기술 환경에 특히 잘 맞는 도구입니다. 단순한 래퍼를 넘어서, AI 중심의 애플리케이션을 어떻게 구성하고 확장할 것인가에 대한 고민을 담고 있다는 점에서 더욱 주목할 만합니다.

이 책은 AI 및 LLM 기반 애플리케이션을 개발하려는 소프트웨어 엔지니어를 위해 쓰였습니다. 파이썬 개발 경험이 있다면 누구나 따라올 수 있도록, 랭체인의 핵심 개념부터 실제 구현까지 단계적으로 설명합니다. 체인, 템플릿, 메모리, RAG, 에이전트, 툴 등 실제 프로젝트에서 마주칠 수 있는 주요 주제를 빠짐없이 다루며, 실습을 통해 이론과 구현을 연결하는 연습으로 이어집니다.

랭체인뿐만 아니라, 랭그래프 역시 여러 장에서 함께 다룹니다. 여러 도구를 연동하여 복잡한 시나리오를 설계하려는 개발자나 데이터 과학자에게도 유용한 자료가 될 것입니다. 동시에, 기술적인 배경이 다소 부족하더라도 AI 서비스의 구조를 이해하고자 하는 기획자나 연구자, 학생들에게도 이 책은 좋은 학습 경로를 제시해 줄 수 있으리라 생각합니다.

옮긴이의 말

한국어판을 준비하며 실습 코드 대부분을 실행 가능한 형태로 수정했고, 일부는 국내 개발 환경에 맞게 조정했습니다. 그럼에도 실행되지 않거나 이해하기 어려운 부분이 있다면 언제든 teeddubk@gmail.com으로 연락주시기 바랍니다. 또한 부록 A에서는 앤트로픽이 발표한 MCP(Model Context Protocol)를 소개하고, MCP 서버를 구현하는 방법과 이를 랭체인 프로젝트에 연결하는 방식까지 함께 다뤘습니다. AI 애플리케이션을 더욱 유연하게 확장하는 데 도움이 되기를 바랍니다.

최근에는 코드를 직접 작성하기보다, 전체적인 흐름을 설계하고 LLM이 그 흐름에 맞춰 코드를 생성하도록 유도하는 '바이브 코딩vibe coding'이라는 표현도 자주 들립니다. 코드의 구조나 의미를 완전히 이해하지 않아도, 흐름과 분위기만 설계하면 결과물이 나오는 개발 방식이 점점 현실이 되어가고 있습니다. 새로운 키워드는 계속해서 등장하고, 먼저 흐름을 읽는 사람이 기회를 잡는 시대입니다. 이 책이 여러분이 만드는 첫 AI 애플리케이션의 단단한 출발점이 되기를, 그리고 그 여정을 함께할 좋은 동반자가 되기를 바랍니다.

강민혁

이 책에 대하여

이 책의 목적은 여러분이 LLM의 가능성을 경험하며 흥미를 느껴, 소프트웨어에 LLM을 도입하게 만드는 것이다.

많은 사람이 프로그래밍에 입문하는 이유는, 프로젝트를 만드는 과정을 즐기고 완성한 결과물에서 새로운 가능성을 발견하며 그것을 실현해 나갈 수 있기 때문이다. LLM을 활용하면 개발할 수 있는 애플리케이션의 범위가 확장되어 예전에는 어려웠던 작업(예: 긴 텍스트에서 숫자를 추출)이나 불가능했던 일도 가능하다. 불과 몇 년 전만 해도 자동 어시스턴트를 구현하려 시작한 프로젝트가 서로 다른 부서로 전달하는 ARS 같은 결과물에 그치는 일이 많았다.

이제 LLM과 랭체인을 활용하면, 마치 사람과 대화하는 것 같은 소통이 가능하며, 사용자의 의도를 합리적인 범위 내에서 이해하는 똘똘한 어시스턴트나 다양한 애플리케이션을 구축할 수 있다. 엄청난 차이가 아닌가! 만약 매력을 느꼈다면(우리 역시 그렇다) 아주 잘 찾아왔다.

먼저, LLM이 사람들에게 왜 매력적인지를 살펴본다. 인간의 언어를 이해하고 자연스러운 응답을 생성하는 이 거대한 모델은 프롬프트 엔지니어링을 통해 프로그래밍 가능한 다재다능한 언어 생성 도구로 활용된다.

이어서 일반 지시문을 토대로 커스터마이징한 AI 챗봇을 만들어본다. 코드 없이 명령만으로 AI 챗봇의 동작을 '**프로그래밍**'하는 경험을 하면 눈이 번쩍 뜨일 것이다.

다음에는 챗봇에 본인의 문서를 활용하는 기능을 추가한다. 이 기능은 챗봇을 일반 어시스턴트에서, 많은 문서를 축적해 전 영역의 인류 지식을 이해하는 어시스턴트로 발전시킨다. 챗봇은 질문에 답하거나 작성한 문서를 요약할 수 있다.

그 후, 챗봇이 이전 대화를 기억하도록 만든다. 챗봇이 대화를 기억하면 두 가지 장점이 생긴

이 책에 대하여

다. 대화가 훨씬 자연스럽게 진행된다. 시간이 흐르면서 각 사용자에게 맞춰 챗봇을 점차 개인화한다.

다음으로, 사고의 연쇄(CoT)와 툴 호출 기법을 사용해 챗봇에 반복적으로 계획을 수립하고 실행하는 능력을 부여한다. 이렇게 하면 챗봇은 복잡한 요청(예: 특정 주제에 대한 연구 보고서 작성)에 대응할 수 있다. 복잡한 작업에 챗봇을 계속 활용하면 사용자는 툴이 필요하다고 느끼게 된다. 행동을 시작하기 전에 해당 행동을 중단하거나 허락받는 기능을 추가해, 챗봇이 행동에 앞서 추가 정보나 설명을 요청하도록 만들 것이다.

마지막으로 챗봇을 프로덕션 환경에 배포하는 방법을 안내하고, 대기 시간, 신뢰성, 보안 등 배포 전후에 고려할 사항을 논의한다. 그 다음, 실제 운영 환경에서 챗봇을 모니터링하는 방법과 사용 중에도 지속적으로 개선하는 방법을 다룬다.

책 전체에서 각 기법의 세부 원리와 활용법을 자세하게 설명한다. 이 책을 다 읽고 나면 소프트웨어 개발 선택지에 새로운 무기 하나가 추가될 것이다.

책의 구성

각 장에서는 핵심 개념과 함께 실용적인 예제 코드와 단계별 설명을 제공한다.

- 0장: AI와 거대 언어 모델(LLM)의 개념을 소개하고, 다양한 프롬프트 기법을 설명한다.
- 1장: 랭체인을 활용한 LLM 호출 및 동적 입력 처리 방법을 다룬다.
- 2장: 검색 증강 생성(RAG)의 첫 단계인 인덱싱과 벡터 저장소 활용 방법을 설명한다.
- 3장: 검색과 생성 과정을 다루며, 쿼리 변환 및 라우팅 기법을 소개한다.
- 4장: 챗봇에 메모리 기능을 추가하여 이전 대화를 기억하는 방법을 설명한다.

- 5장: LLM 애플리케이션 구축을 위한 아키텍처 패턴을 랭그래프를 활용해 구현한다.
- 6장: 검색과 계산 기능을 갖춘 에이전트 아키텍처의 기본 개념과 구현 방법을 설명한다.
- 7장: 에이전트 아키텍처 확장 기법(성찰, 멀티 에이전트 시스템 등)을 다룬다.
- 8장: AI 애플리케이션에서 자율성과 신뢰성을 조화롭게 설계하는 방법을 설명한다.
- 9장: LLM 애플리케이션의 배포 전략과 보안 고려 사항을 다룬다.
- 10장: 테스트, 평가, 모니터링 및 지속적인 개선 방법을 소개한다.
- 11장: 사용자와 LLM 간 상호작용을 최적화하는 애플리케이션 개발 패턴을 다룬다.
- 부록 A: LLM 애플리케이션과 외부 툴을 연결하는 표준 MCP를 설명한다.

이 책을 통해 랭체인과 LLM을 활용한 AI 애플리케이션 개발에 대한 탄탄한 이해를 쌓을 수 있을 것이다.

예제 코드

이 책의 실습 코드는 깃허브 저장소에서 다운로드할 수 있다.

- 한국어판: https://github.com/TeeDDub/learning-langchain
- 원서: https://github.com/langchain-ai/learning-langchain

또한, 부록에서는 랭체인의 공식 MCP 어댑터를 사용한다.

- 깃허브: https://github.com/langchain-ai/langchain-mcp-adapters

CONTENTS

지은이·옮긴이 소개 ··· 4
베타리더 후기 ··· 5
추천사 ·· 9
옮긴이의 말 ·· 11
이 책에 대하여 ·· 13

CHAPTER 00 랭체인을 위한 기초 AI 지식

0.1 LLM 기초 ·· 24
0.2 프롬프트 기초 ··· 29
0.3 랭체인은 무엇이며 왜 중요한가? ·· 36

CHAPTER 01 랭체인의 기본 LLM 사용법

1.1 랭체인 사용 환경 구축 ·· 42
1.2 랭체인을 통한 LLM 호출 ·· 44
1.3 LLM 프롬프트 템플릿 ·· 47
1.4 LLM에서 특정 형식의 답변 지정 ······································· 55
1.5 구성 요소를 조합한 LLM 애플리케이션 ·························· 58
1.6 요약 ··· 67

CHAPTER 02　RAG 1단계: 데이터 인덱싱

2.1　목표: LLM을 위한 적절한 컨텍스트 선정 · 71
2.2　임베딩: 텍스트를 숫자로 변환 · 72
2.3　문서–텍스트 변환 · 78
2.4　텍스트를 여러 조각으로 분할 · 81
2.5　텍스트 임베딩 생성 · 86
2.6　벡터 저장소에 임베딩 저장 · 90
2.7　문서의 변경 사항 추적 · 95
2.8　인덱싱 최적화 · 101
2.9　요약 · 110

CHAPTER 03　RAG 2단계: 데이터 기반 대화

3.1　RAG 시작하기 · 114
3.2　쿼리 변환 · 127
3.3　쿼리 라우팅 · 144
3.4　쿼리 구성 · 151
3.5　요약 · 158

CONTENTS

CHAPTER 04 랭그래프를 활용한 메모리 기능

4.1 챗봇 메모리 시스템 구축 · 163
4.2 랭그래프 · 166
4.3 StateGraph 생성 · 169
4.4 StateGraph에 메모리 기능 추가 · 174
4.5 채팅 기록 수정 · 177
4.6 요약 · 186

CHAPTER 05 랭그래프로 구현하는 인지 아키텍처

5.1 아키텍처 #1: LLM 호출 · 191
5.2 아키텍처 #2: 체인 · 195
5.3 아키텍처 #3: 라우터 · 201
5.4 요약 · 211

CHAPTER 06 에이전트 아키텍처 I

6.1 계획-실행 반복 · 216
6.2 랭그래프 에이전트 구축 · 219
6.3 툴 우선 호출 · 224
6.4 복수 툴 호출 · 230
6.5 요약 · 237

CHAPTER 07　에이전트 아키텍처 II

7.1　성찰 ··· 240

7.2　서브그래프 ··· 249

7.3　멀티 에이전트 아키텍처 ··· 255

7.4　요약 ··· 261

CHAPTER 08　LLM의 성능을 높이는 패턴

8.1　구조화된 출력 ··· 266

8.2　요약 ··· 289

CHAPTER 09　AI 애플리케이션 배포

9.1　준비 사항 ··· 292

9.2　랭그래프 플랫폼 API 이해하기 ·· 304

9.3　랭그래프 플랫폼에서 AI 애플리케이션 배포 ··· 306

9.4　보안 ··· 317

9.5　요약 ··· 318

CONTENTS

CHAPTER 10 테스트: 평가, 모니터링, 개선

10.1 LLM 애플리케이션 테스트 기법 · 323
10.2 설계 단계: 자체 보정 RAG · 324
10.3 사전 제작 단계 · 332
10.4 운영 · 359
10.5 요약 · 363

CHAPTER 11 LLM 애플리케이션 개발

11.1 챗봇 · 367
11.2 LLM과의 협업 · 369
11.3 앰비언트 컴퓨팅 · 370
11.4 요약 · 371

APPENDIX A MCP 서버의 구축과 활용 · 373
찾아보기 · 397

CHAPTER 00

랭체인을 위한 기초 AI 지식

0장에서는 랭체인을 사용하기 전에, AI와 거대 언어 모델(LLM)에 대해 알아본다. LLM을 사용하는 데 필요한 기본적인 원리를 간단히 살펴보고, 원하는 답변을 얻기 위해 사용하는 제로샷 프롬프트, 사고의 연쇄(CoT), 검색 증강 생성(RAG), 툴 호출, 퓨샷 프롬프트 등 다양한 질문 기법을 소개한다.

CHAPTER 00 랭체인을 위한 기초 AI 지식

2022년 11월 30일, 샌프란시스코에 위치한 오픈AI^{OpenAI}가 챗GPT^{ChatGPT}(https://oreil.ly/uAnsr)를 대중에 선보였다. 이 인공지능 챗봇은 사람처럼 콘텐츠를 작성하고, 질문에 답하며, 문제 해결 능력을 선보이며 큰 관심을 모았다. 챗GPT는 출시 후 불과 두 달 만에 1억 명 이상의 월간 활성 이용자를 확보(https://oreil.ly/ATsLe)하며, (현재까지) 가장 단기간에 가장 많은 사용자를 모은 제품이란 기록을 세웠다. 챗GPT는 오픈AI의 GPT-3.5 계열 거대 언어 모델^{large language model}(LLM)을 대화 방식에 맞춰 최적화해 챗봇 형태로 서비스를 시작했다.

> **NOTE** LLM 애플리케이션 구축에는 랭체인을 사용하든 사용하지 않든 반드시 LLM이 필요하다. 이 책은 코드 예시에서 오픈AI API를 LLM 제공업체로 사용한다. API 가격 정보는 플랫폼(https://oreil.ly/-YYoR)에서 확인할 수 있다. 랭체인을 사용하면 오픈AI나 다른 상용 모델, 오픈소스 LLM을 활용해 직접 확인할 수 있으며, 이를 통해 다양한 예시를 실제로 검증해 볼 수 있다.

3개월 후, 오픈AI는 챗GPT API(https://oreil.ly/DwU7R)를 출시해 개발자가 직접 채팅과 음성을 텍스트로 전환하도록 했다. 이는 **생성 AI**^{generative AI}라는 포괄적인 용어 아래, 새로운 응용 프로그램과 기술 개발을 촉발했다.

이 책에서는 생성 AI와 LLM의 정의를 정리하기 전에, **머신러닝**^{machine learning}(ML)의 개념을 간략히 살펴본다. 일반적으로 컴퓨터 **알고리즘**은 소프트웨어 엔지니어가 직접 작성한 결과물

(정해진 작업을 수행하는 반복 가능한 절차, 예: 카드 정렬)이다. 머신러닝에서의 컴퓨터 알고리즘은 방대한 예제를 바탕으로 **학습**한다. 소프트웨어 엔지니어의 역할은 알고리즘 자체를 직접 구현하는 대신, 알고리즘을 생성하는 학습 로직을 개발하는 방향으로 전환되고 있다. 머신러닝 분야는 날씨 예보부터 아마존 배달원의 최적 배송 경로 계산까지, 다양한 상황을 예측하는 알고리즘을 개발하는 데 큰 관심을 기울였다.

LLM을 비롯한 생성 AI 모델(이 책에서 다루지 않는 이미지 생성용 확산 모델 등)이 새로 등장하면서 이런 머신러닝 기법은 훈련 데이터의 예시를 반영하면서 독창적인 텍스트 단락이나 그림 같은 새로운 콘텐츠를 생성하는 문제에 사용되기 시작했다. LLM(거대 언어 모델)은 텍스트 생성 전용 생성 AI 모델이다.

LLM과 기존 머신러닝은 두 가지 차이점이 있다.

- LLM(거대 언어 모델)은 훨씬 방대한 데이터로 학습하며, 처음부터 개발하기에는 많은 비용이 든다.
- LLM은 기존 ML 모델보다 더 다양한 용도로 활용할 수 있다.

텍스트 생성 모델은 요약, 번역, 분류 등 다양한 작업에 활용된다. 반면 이전의 ML 모델은 특정 작업에 한정해 학습하고 사용한다.

이 두 가지 차이점은 소프트웨어 엔지니어의 업무 방식에 변화를 일으킨다. LLM을 특정 활용 목적에 맞게 작동시키는 방법을 연구하는 데 더 많은 시간이 투입되고 있다.

2023년 말까지 앤트로픽^{Anthropic}의 클로드^{Claude}와 구글^{Google}의 바드^{Bard}(후에 제미나이^{Gemini}로 변경)와 같은 다양한 LLM이 등장하며, 새로운 기능에 다가설 문턱을 더욱 낮췄다. 이후, 수천 개의 스타트업과 대형 기업이 생성 AI API를 활용해 고객 지원 챗봇부터 코드 작성 및 디버깅 전용 AI에 이르기까지 다양한 애플리케이션을 구축했다.

2022년 10월 22일, 해리슨 체이스$^{Harrison\ Chase}$가 오픈소스 라이브러리인 랭체인의 초기 커밋(*https://oreil.ly/mCdYZ*)을 깃허브^{GitHub}에 게시했다. 랭체인은 당시 인기를 끈 LLM 응용 프로그램들이 LLM과 '다른 계산 또는 지식의 원천(*https://oreil.ly/uXiPi*)'을 함께 활용한다는 사실에 착안했다. 예를 들어, LLM을 활용해 다음 질문에 대한 답변을 생성해 보자.

 1,234개의 공을 123명에게 똑같이 나눠 주면 몇 개가 남을까?

그러면 LLM의 수학 실력에 실망할지도 모른다. 하지만 계산기 기능과 결합하면, LLM에게 원래의 질문을 '계산기가 입력받을 수 있는 형태로 재구성'하도록 시킬 수 있다.

 1,234 % 123

그 후 해당 값을 계산기 함수에 전달해 원래 질문에 대한 정확한 답을 얻는다. 랭체인은 이러한 블록과 대형 응용 프로그램을 안정적으로 결합하는 도구를 제공하는 최초의 라이브러리로 가장 사용자 수가 많다(2025년 4월 기준). 이 새로운 도구를 활용해 매력적인 애플리케이션을 구축하는 방법을 논하기 전에, LLM과 랭체인에 익숙해지는 시간을 가져보자.

0.1 LLM 기초

쉽게 말하면, LLM은 텍스트 입력을 받아 인간과 유사한 텍스트 출력을 예측하고 생성하는 훈련된 알고리즘이다. 많은 스마트폰이 제공하는 자동 완성 기능과 유사하나, 그 단순히 다음 단어가 아닌 여러 문장을 완성할 수준으로 성능이 뛰어나다고 보면 된다. LLM을 뜻하는 **거대 언어 모델**large language model이라는 용어를 자세히 살펴보면 의미는 다음과 같다.

- '**거대(large)**'는 훈련에 사용되는 데이터와 파라미터 수가 크다는 의미로 쓰인다. 예를 들어, 오픈AI의 GPT-3 모델은 1750억 개의 **파라미터**를 가진다. 이 파라미터는 45 테라바이트 분량의 텍스트 데이터를 학습한 결과다.[1] **파라미터**는 신경망 모델 내 각 **뉴런**의 출력과 인접 뉴런 간 연결에서 상대적 가중치를 제어하는 수치다. 정확히 어떤 뉴런이 어떤 다른 뉴런과 연결되는지는 신경망 아키텍처마다 다르지만, 이 책의 범위를

---

[1] Brown et al. (2020). Language Models are Few-Shot Learners. arXiv.org. *https://arxiv.org/abs/2005.14165*

벗어나므로 관련 설명은 생략하겠다.

- **'언어 모델(language model)'**은 영어나 기타 언어로 작성된 텍스트를 입력 받아 동일하거나 다른 언어로 작성된 텍스트 결과물을 생성한다. 언어 모델은 **신경망**의 일종이다. 신경망은 인간 두뇌의 양식화된 개념을 따르는 ML 모델의 한 종류이다. 신경망은 **뉴런**이라 칭하는 간단한 수학 함수 여러 개가 각각 산출한 결과를 상호 연결하고 결합해 최종 출력을 도출한다. 많은 뉴런을 특정 방식으로 배열한 뒤, 적절한 학습 과정과 학습 데이터를 적용하면 단어와 문장의 의미를 해석하는 모델이 생성된다. 이 모델은 의미를 해석해 그럴듯하고 읽기 쉬운 텍스트를 생성한다.

대체로 학습 데이터에서 영어가 많은 지분을 차지하기 때문에 많은 LLM이 영어를 더 잘 다룬다. 여기서 '더 잘'이란 표현은 원하는 결과를 영어로 쉽게 생성할 수 있다는 뜻이다. 다른 언어의 학습 데이터 비율을 더 높게 활용해 다국어 출력을 위해 설계한 LLM(예: BLOOM, `https://oreil.ly/Nq7w0`)도 있다. 그렇지만 주로 영어 데이터로 학습한 LLM도 언어별 성능 차이가 예상만큼 크지 않다. 연구 결과에 따르면, LLM은 일부 의미론적 이해를 다른 언어로 전달할 수 있다.[2]

정리하면, **LLM(거대 언어 모델)**은 방대한 텍스트로 학습한 크고 범용적인 언어 모델이다. 즉, LLM은 책이나 기사, 포럼 등 다양한 자료에서 나타난 텍스트의 패턴을 학습해 일반적인 텍스트 작업(텍스트 생성, 요약, 번역, 분류 등)을 수행한다.

LLM에 다음 문장을 완성하도록 지시한다고 가정해 보자.

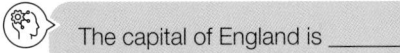

The capital of England is _____.

LLM은 해당 입력을 받아 답변을 London으로 예측한다. 마법처럼 보이지만, 실제로는 그렇지 않다. 내부적으로, LLM은 이전 단어열이 주어지면 단어나 단어열의 발생 확률을 추정한다.

---

2 X. Zhang et al. (2023). Don't Trust ChatGPT when your Question is not in English: A Study of Multilingual Abilities and Types of LLMs. Proceedings of the 2021 Conference on Empirical Methods in Natural Language Processing. `https://doi.org/10.18653/v1/2023.emnlp-main.491`

> **TIP** 정확히 말하면, LLM은 단어가 아닌 토큰을 기준으로 확률을 추정한다. 토큰token이란 텍스트의 원자 단위를 나타낸다. 토큰은 사용하는 토큰화 기법에 따라 개별 문자, 단어, 서브워드subword 또는 그 이상의 언어 단위다. 예를 들어, GPT-3.5의 토크나이저(cl100k, *https://oreil.ly/dU83b*)는 'good morning dearest friend'라는 문장을 토큰 5개로 분리한다. 이때 공백 문자는 _로 표현한다.
>
> - Good: 토큰 ID 19045
> - _morning: 토큰 ID 6693
> - _de: 토큰 ID 409
> - arest: 토큰 ID 15795
> - _friend: 토큰 ID 4333
>
> 토크나이저의 학습 목표는 흔하게 사용되는 단어를 하나의 토큰으로 인코딩하는 것이다. 예를 들어, **morning**라는 단어는 6693라는 토큰으로 인코딩한다. 덜 흔한 단어 또는 영어가 아닌 다른 언어의 단어는 여러 개의 토큰으로 인코딩한다. 예를 들어, 단어 **dearest**는 409, 15795라는 두 개의 토큰으로 인코딩한다. 토큰 하나는 평균적으로 영문자 4개를 차지하며, 즉 한 단어의 약 3/4 정도가 된다.

LLM의 예측력을 좌우하는 핵심은 **트랜스포머 신경망 아키텍처**transformer neural network architecture다.[3] 트랜스포머 구조는 문장이나 코드 등 데이터의 연속체를 처리하며, 연속체에서 가장 가능성이 높은 다음 단어를 예측한다. 트랜스포머는 문장 내의 각 단어와 다른 모든 단어의 관계를 고려해 문맥을 파악한다. 이 방법을 통해 LLM은 문장이나 단락 등(다르게 말하자면 단어들이 순서대로 배열된 구성요소)이 서로 연결되어 나타내는 의미를 포괄적으로 이해한다.

따라서, LLM은 '**The capital of England is**(영국의 수도는)'라는 단어들의 순서를 인식해 학습한 데이터에서 유사한 예시들을 기반으로 이어질 단어를 예측한다. LLM의 훈련 말뭉치에서는 영국을 나타내는 단어 **England**(또는 이를 나타내는 토큰)가 **France**(프랑스), **United States**(미국), **China**(중국)와 같은 위치에서 자주 등장한다. 수도를 뜻하는 단어 **capital**은 학습 데이터의 여러 문장에서 **England**, **France**, **US**와 **London**, **Paris**, **Washington** 등의 단어와 함께 등장한다. 학습 과정 중 이런 형태의 반복은 다음 단어가

---

[3] Vaswani et al. (2017). Attention is all you need. arXiv.org. *https://arxiv.org/abs/1706.03762*

London이어야 함을 정확히 예측하는 능력을 형성한다.

LLM에 제공하는 지침과 입력 텍스트는 **프롬프트**prompt라 한다. 프롬프트는 LLM의 출력 품질에 상당한 영향을 미친다. 좋은 출력을 만드는 프롬프트를 작성하는 과정을 **프롬프트 디자인**prompt design 또는 **프롬프트 엔지니어링**prompt engineering이라고 부르며 이에 관한 모범 사례가 있다. 해당 내용은 이 책의 후반부에서 다룬다. 프롬프트 작성법을 더 설명하기 전에, 다양한 유형의 LLM을 살펴보겠다.

다른 유형의 LLM이 기반으로 삼는 기본 유형은 **사전 학습된 LLM**pre-trained LLM[4]으로 통칭된다. 기본 LLM은 자기 지도 학습 방식을 사용해 인터넷, 도서, 신문, 코드, 영상 대본 등 다양한 출처에서 수집한 방대한 양의 텍스트를 학습한다. 지도 학습은 학습 전에 연구자가 **입력**과 **예상 출력**의 쌍으로 이루어진 데이터셋을 구성해야 하는 반면, LLM의 자기 지도 학습은 학습 데이터에서 그러한 쌍을 추론한다. 실제로 이렇게 큰 데이터셋을 활용하려면 학습 데이터에서 해당 쌍들을 자동으로 구성하는 수밖에 없다. 이 과정에서 두 가지 기법을 사용해 모델에 기능을 부여할 수 있다.

- **다음 단어 예측**: 학습 데이터의 각 문장에서 마지막 단어를 제거해 입력과 예상 출력의 쌍을 만든다. 예를 들어, 입력은 '**The capital of England is ___**'이, 출력은 '**London**'이 된다.
- **누락 단어 예측**: 다음 단어 예측과 유사하게, 각 문장에서 중간 단어 하나를 생략해 입력과 예상 출력의 다른 쌍을 만든다. 예를 들어, 입력은 '**The ___ of England is London**'이, 출력은 '**capital**'이 된다.

기본 LLM을 그대로 사용하기에는 상당히 어렵다. 기본 LLM으로 원하는 응답을 얻기 위해 적절한 접두어를 입력해야 한다. 예를 들어, 영국의 수도를 알고 싶다면 '**The capital of England**'라는 식으로 프롬프트 작성해야 응답을 얻을 수 있다. 자연스럽게 '**What is the capital of England?**'라고 입력하면 정확한 응답을 얻을 수 없다.

---

[4] 옮긴이_ 이 책에서는 모든 거대 언어 모델을 칭하는 LLM이란 표현과의 구분을 위해 기본 LLM이라 칭하겠다.

지시 튜닝

많은 연구진이 기본 LLM을 쉽게 사용할 수 있도록 추가 훈련(**파인튜닝**fine-tuning)을 실시한다 (https://oreil.ly/lP6hr). 이미 시간과 비용을 투자해 훈련한 모델에 다시 훈련을 진행하는 것이다.

- **특화 데이터셋**: 연구진이 수작업으로 구성한 질문/답변 쌍 데이터셋이다. 최종 사용자가 프롬프트 작성 시 제기할 수 있는 일반적인 질문에 대한 바람직한 응답 예시를 제공한다. 예를 들어, 데이터셋에는 **Q**: **What is the capital of England? A**: **The capital of England is London** 형태의 쌍을 포함할 수 있다. 기존 학습 데이터셋과 다르게 이 데이터는 수작업으로 만들어지므로 그 수가 훨씬 적다.

- **인간 피드백을 통한 강화 학습(RLHF)**: RLHF 기법(https://oreil.ly/lrlAK)을 사용하면, 모델이 생성한 출력에 대한 사용자 피드백이 앞서 사용한 수작업 데이터셋에 더해진다. 예를 들어, 사용자 A는 앞선 질문에 대한 답으로 '**The capital of England is London**'을 '**London is the capital of England**'보다 선호한다고 피드백 할 수 있다.

지시 튜닝은 LLM에 사용한 애플리케이션 구축의 진입장벽을 획기적으로 낮췄다. LLM에 기존처럼 '**The capital of England is**' 형태로 입력하는 대신 자연스럽게 '**What is the capital of England?**' 같은 질문 형식으로 입력해도 원하는 답변을 받을 수 있기 때문이다.

대화 튜닝

대화 튜닝은 지시 튜닝을 거친 LLM에 추가적인 튜닝을 진행해 대화에 적합하게 구성한다 (https://oreil.ly/1DxW6). LLM 제공업체마다 다른 기법을 사용한다. 모든 **채팅 모델**이 동일한 과정을 거치지는 않으나, 보통 다음과 같이 수행한다.

- **대화 데이터셋**: 여러 개의 프롬프트 – 응답 쌍으로 구성한 상호작용 형태의 **파인튜닝** 데이터셋을 수작업으로 구성한다.

- **채팅 형식**: 모델의 입력 및 출력 형식에 자유 형식 텍스트 위에 계층적 구조를 부여한다. 이 구조는 텍스트를 여러 부분으로 나눠 각 부분에 역할과 이름(선택 사항) 등 메타데이터를 부여한다. 보통 역할(role)은 **시스템(system)**(작업 지시 및 틀 설정)과 **사용자(user)**(실제 작업 혹은 질문 역할), 그리고 **어시스턴트**

(assistant)(모델 출력)으로 구성된다. 이는 초창기 프롬프트 엔지니어링 기법(https://oreil.ly/dINx0)에서 발전하였으며, 모델의 출력 조정을 보다 용이하게 하고, 사용자 입력과 지시 사항을 혼동하는 경우(**탈옥**jailbreak)를 방지한다.

파인튜닝

파인튜닝fine tuning은 기본 LLM에 특정 작업 수행에 특화된 데이터셋을 추가 학습시킨다. 기술적으로 지시 튜닝과 대화 튜닝을 거친 LLM은 파인튜닝을 거친 LLM이다. 다만 파인튜닝한 LLM이라는 표현은 특정 업무에 최적화하도록 개발자가 별도로 조정한 LLM을 지칭한다. 예를 들어, 모델을 파인튜닝해 상장기업의 연간보고서를 읽어 감정과 위험 요인, 주요 재무 수치를 정확하게 추출하도록 만들 수 있다. 일반적으로, 파인튜닝한 모델은 선택한 작업의 성능을 높이면서 일반성을 상실한다. 즉, 관련 없는 작업에 대한 질문에 답하는 능력이 낮아진다.

이 책에서 사용하는 **LLM**이라는 용어는 지시 튜닝을 거친 LLM을 의미한다. 또한, **채팅 모델**chat model이라는 용어는 앞서 정의한 바와 같이 대화 튜닝을 거친 LLM을 의미한다. 이 두 가지가 여러분의 주력 무기가 될 것이다. 새로운 LLM 애플리케이션을 만들 때 가장 먼저 선택할 도구다.

이제 랭체인에 입문하기 전에 일반적인 LLM 프롬프트 작성에 대해 빠르게 알아보자.

0.2 프롬프트 기초

앞서 언급한 바와 같이, LLM 관련 소프트웨어 엔지니어의 주된 임무는 LLM을 학습하거나 파인튜닝하는 것이 아니라, 이미 존재하는 LLM을 활용해 애플리케이션에 기능을 구현하는 데 초점을 맞추는 것이다. 많은 기업이 LLM을 상업적으로 제공한다. 오픈AI, 앤트로픽, 구글 등이 대표적이다. 또한, 오픈소스 LLM(Llama, Gemma 등)을 무료로 공개해 이를 바탕으로 새 모델을 구축할 수도 있다. 기존 LLM이 원하는 작업을 하도록 조정하는 것을 **프롬프트 엔지니어링**prompt engineering이라 한다.

지난 2년간 많은 프롬프트 작성 기법들이 개발되었다. 넓게 본다면 이 책 또한 랭체인을 활용해 LLM을 원하는 대로 작동시키는 프롬프트 엔지니어링 방법을 다루는 도서다. 랭체인 자체를 본격적으로 다루기 전에, 우선 몇 가지 기술들을 먼저 살펴보자(다뤄야 할 기술이 워낙 많아, 선호하는 프롬프트 작성 기술이 목록에 없더라도 미리 양해를 구한다).

해당 내용은 오픈AI 플레이그라운드에 프롬프트를 직접 복사해 따라 할 수 있다.

1. 오픈AI API용 계정을 생성한다. 오픈AI(http://platform.openai.com)에서 계정을 만들면, 파이썬이나 자바스크립트 코드 내에서 API를 이용해 오픈AI LLM을 프로그래밍 방식으로 호출할 수 있다. 또한 웹 브라우저를 통해 오픈AI 플레이그라운드에 접속해 프롬프트를 실행할 수 있다.

2. 필요한 경우, 오픈AI 계정에 결제 정보를 추가한다. 오픈AI는 LLM 제공업체로, 오픈AI의 API 또는 플레이그라운드를 통해 모델을 사용할 때마다 요금을 부과한다. 최신 가격 정책은 웹사이트(https://oreil.ly/MiKRD)에서 확인할 수 있다. 2022년부터 2025년까지 오픈AI는 새로운 기능과 최적화를 도입하며 모델 사용료를 많이 낮췄다.

3. 오픈AI 플레이그라운드(https://oreil.ly/rxiAG)에 접속해, 프롬프트를 직접 실행해 보자. 이 책 전반에 걸쳐 오픈AI API를 활용한다.

4. 플레이그라운드로 이동하면 화면 왼쪽에 모델 선택 등의 메뉴가 포함된 패널이 표시된다. [Model] 섹션의 오른쪽 [설정] 버튼을 클릭하면 모델의 세부 설정을 조정하는 메뉴가 나온다. Temperature을 중앙에서 왼쪽으로 이동해 값을 0.00에 맞춘다. Temperature는 LLM 출력의 무작위성을 제어한다. Temperature가 낮을수록 LLM은 더 일관적인 결과를 출력한다.

이제 프롬프트를 작성해 보자!

제로샷 프롬프트

첫 번째로 소개할 프롬프트 작성 기법은 아주 단순하게 LLM에 원하는 작업을 지시한다.

제일 먼저 시도하길 권하는 방법이다. 단순한 질문에 좋은 답이 나온다. 특히 학습 데이터에 질문의 답변이 이미 있다면 더욱 효과가 좋다. 다음 프롬프트로 오픈AI의 gpt-3.5-turbo를 호출하겠다.

> 미국 제30대 대통령은 아내의 어머니가 돌아가셨을 때 몇 살이었을까?

> 미국의 제30대 대통령인 캘빈 쿨리지가 48세였던 1926년, 그의 아내의 어머니가 세상을 떠났습니다.

> **NOTE** LLM이 답변을 생성할 때 무작위성이 존재하며, 오픈AI는 제공하는 모델을 꾸준히 업데이트 하기 때문에 실행 결과는 다를 수 있다.

gpt-3.5-turbo는 미국의 30대 대통령을 정확히 맞췄지만, 답을 맞추지 못했다. 신뢰할 수 있는 시스템을 구축하려면 종종 프롬프트와 응답을 반복해 개선해야 한다. 이어서 그 방법을 자세히 설명한다.

사고의 연쇄(CoT)

LLM의 성능을 높이는 좋은 방법은 LLM이 시간을 들여 **사고하도록**(https://oreil.ly/8xWcs) 추가 지시하는 것이다. 이른바 사고의 연쇄chain-of-thought (CoT)라고 부르는 프롬프트 기법은 프롬프트 앞에 LLM이 답에 도달하는 과정을 설명하도록 지시문을 삽입한다. 이 기법은 다양한 작업의 성능을 높인다. 반면, 객체 탐지나 이미지 캡션 생성처럼 사람이 생각할수록 효율이 떨어지는 작업에서 CoT를 사용하면 LLM 또한 효율이 낮아진다.[5]

---

[5] R. Liu et al. (2024). Mind Your Step (by Step): Chain-of-Thought can Reduce Performance on Tasks where Thinking Makes Humans Worse. arXiv.org. https://arxiv.org/abs/2410.21333

단계별로 생각하자. 미국 제30대 대통령은 아내의 어머니가 돌아가셨을 때 몇 살이었을까?

1. 먼저 미국의 제30대 대통령이 누구인지 알아보세요. 미국 대통령 목록을 조사하거나 온라인에서 "미국 제30대 대통령"을 검색하여 찾을 수 있습니다. 제30대 대통령은 캘빈 쿨리지라는 것을 알 수 있습니다.
2. 다음으로 캘빈 쿨리지가 대통령으로 재임한 연도를 알아보세요. 온라인이나 역사책에서 검색하여 찾을 수도 있습니다. 그가 1923년부터 1929년까지 대통령이었다는 것을 알 수 있습니다.
3. 이제 캘빈 쿨리지의 아내의 어머니가 돌아가신 연도를 확인해야 합니다. 그의 아내 그레이스 굿휴 쿨리지의 삶과 죽음을 조사하여 할 수 있습니다. 그녀는 1879년부터 1957년까지 살았다는 것을 알 수 있습니다.
4. 캘빈 쿨리지의 아내의 어머니가 사망했을 때의 나이를 계산합니다. 그녀는 78세였습니다.
5. 아내의 어머니가 사망했을 때 캘빈 쿨리지의 나이를 구합니다. 그의 장모가 사망한 1957년에서 그의 출생 연도인 1872년을 뺍니다. 즉, 아내의 어머니가 돌아가셨을 때 캘빈 쿨리지는 85세였습니다.

프롬프트에 '단계별로 생각하자'는 지시만 추가했는데 정말로 많은 차이가 생겼다. 이번에는 LLM이 질문에 답하기 위해 따를 단계들을 순차적으로 출력한다. 하지만 안타깝게도 매우 타당한 단계를 거쳤지만 답변에는 오류가 있다. 일부 사실이 잘못 기재되어 쿨리지의 부인의 어머니의 출생 연도와 사망 연도를 잘못 나열한다. 이 역시 개선할 수 있다.

검색 증강 생성(RAG)

검색 증강 생성retrieval-augmented generation (RAG)은 관련 있는 텍스트 조각(예: 백과사전에 적힌 내용)을 찾아내, 해당 텍스트 조각을 **컨텍스트**context라 칭하며 프롬프트에 포함한다. RAG 기법은 CoT와 결합해 사용할 수 있으며, 실제 애플리케이션에서는 결합하는 편이 바람직하다. 다만, 지금은 단순함을 위해 각 기법을 별도로 사용하겠다. 다음은 RAG를 포함한 프롬프트다.

컨텍스트:

- 캘빈 쿨리지(존 캘빈 쿨리지 주니어, /ˈkuːlɪdʒ/, 1872년 7월 4일 – 1933년 1월 5일 출생)는 1923년부터 1929년까지 미국의 제30대 대통령을 역임한 미국의 변호사 겸 정치인이었습니다.
- 그레이스 안나 쿨리지(그레이스 굿휴, 1879년 1월 3일 – 1957년 7월 8일)는 미국 제30대 대통령 캘빈 쿨리지의 아내였습니다.
- 그레이스 안나 굿휴는 1879년 1월 3일 버몬트주 벌링턴에서 앤드류 이사차 굿휴와 레미라 바렛 굿휴의 외동딸로 태어났습니다.
- 레미라 A. 굿휴(배럿) ; 생년월일: 1849년 4월 26일 ; 출생지: 벌링턴, 치텐든 카운티, 버지니아주, 미국; 사망: 1929년 10월 24일.

미국 제30대 대통령은 아내의 어머니가 돌아가셨을 때 몇 살이었을까?

미국의 제30대 대통령인 캘빈 쿨리지가 54세였던 1929년 10월 24일, 그의 아내의 어머니 레미라 굿휴가 사망했습니다.

이제 정답에 가까운 답이 나왔다. 하지만 앞에서 설명했듯 LLM은 그렇게 수학에 능하지 않다. 지금 같은 경우는 결과인 54가 잘못됐다. 이 역시 개선할 수 있다.

툴 호출

툴 호출tool calling[6]은 프롬프트에 미리 LLM이 사용할 수 있는 외부 함수(툴) 목록과 각 함수의 용도, 출력에서 함수를 **사용하고자 할 때** 답변을 출력하는 방법을 포함한다. 마지막으로 애플리케이션의 개발자는 출력을 파싱하고 적절한 함수를 호출해야 한다. 방법은 다음과 같다.

툴:
- calculator: 이 툴은 수학 식을 받아들이고 그 결과를 반환합니다.

---

[6] 옮긴이_ 랭체인에서는 LLM에 외부 도구(툴)을 추가한다는 의미로 툴 호출이라 부르지만, 오픈AI나 앤트로픽 등 모델 제공업체는 함수를 호출한다는 의미로 함수 호출(function calling)이라 부른다.

- search: 이 툴은 검색 엔진 쿼리를 받아 첫 번째 검색 결과를 반환합니다.

툴을 사용하여 답을 얻으려면 헤더 행을 CSV 형식으로 툴 이름과 입력값(예: 'tool,input')을 출력하세요.

미국 제30대 대통령은 아내의 어머니가 돌아가셨을 때 몇 살이었을까?

tool,input

calculator,2023-1892

search,"미국 제30대 대통령은 아내의 어머니가 돌아가셨을 때 몇 살이었을까?"

LLM이 출력 형식 지침을 정확하게 따랐지만, 선택된 툴과 입력이 이 질문에 가장 적합하지 않다. 여기서 프롬프트를 작성할 때 가장 중요하게 유념해야 하는 점을 알 수 있다. 프롬프트 작성 기법은 서로 결합할 때 가장 효과적이다. 이번에는 툴 호출, 사고의 연쇄, RAG를 결합해 이 세 가지를 모두 사용하는 프롬프트로 결합하겠다.

컨텍스트:

- 캘빈 쿨리지(존 캘빈 쿨리지 주니어, /ˈkuːlɪdʒ/, 1872년 7월 4일 – 1933년 1월 5일 출생)는 1923년부터 1929년까지 미국의 제30대 대통령을 역임한 미국의 변호사 겸 정치인이었습니다.
- 그레이스 안나 쿨리지(그레이스 굿휴, 1879년 1월 3일 – 1957년 7월 8일)는 미국 제30대 대통령 캘빈 쿨리지의 아내였습니다.
- 그레이스 안나 굿휴는 1879년 1월 3일 버몬트주 벌링턴에서 앤드류 이사차 굿휴와 레미라 바렛 굿휴의 외동딸로 태어났습니다.

툴:
- calculator: 이 툴은 수학 식을 받아들이고 그 결과를 반환합니다.
- search: 이 툴은 검색 엔진 쿼리를 받아 첫 번째 검색 결과를 반환합니다.

툴을 사용하여 답을 얻으려면 헤더 행을 CSV 형식으로 툴 이름과 입력값(예: 'tool,input')을 출력하세요.

단계별로 생각하자. 미국 제30대 대통령은 아내의 어머니가 돌아가셨을 때 몇 살이었을까?

이 프롬프트를 몇 번 시도하면 다음과 같은 출력을 얻을 수 있다.

tool,input

calculator,1929 - 1872

CSV 출력을 파싱하고, 계산기 함수를 실행해 1929-1872 연산을 수행하면 마침내 올바른 답이 나온다. 답은 57년이다.

이전 예시와 같이 RAG를 사고의 연쇄, 툴 호출과 결합하면, 모델의 출력을 기반으로 가장 관련성 높은 데이터를 찾아 컨텍스트로 사용하고 단계별로 처리한다.

퓨샷 프롬프트

또 하나의 유용한 프롬프트 작성 기법인 **퓨샷 프롬프트**^{few-shot prompt} 기법을 알아보겠다. LLM에 질문과 정답의 예제를 몇 가지 제공하여, 추가적인 훈련이나 파인튜닝을 거치지 않고도 새로운 작업을 수행하는 방법을 익히게 한다. 퓨샷 프롬프트는 파인튜닝보다 유연하다. 호출하는 시점에 즉석에서 적용할 수 있지만 결과가 효과적이지 못할 때도 있다. 이런 경우 파인튜닝을 통해 더 나은 성능을 달성할 수 있다. 그러므로, 파인튜닝을 하기 전에 보통은 항상 퓨샷 프롬프트를 시도하길 권한다.

- **정적 퓨샷 프롬프트**: 가장 기본적인 퓨샷 프롬프트 작성 방법은 모든 프롬프트에 포함할 동일한 예제를 전달한다.
- **동적 퓨샷 프롬프트**: 다수의 예제로 구성된 데이터셋을 준비할 때, 현재 프롬프트와 가장 관련성이 높은 예제를 전달한다.

이제 LLM과 프롬프트 작성 기법을 사용해 애플리케이션을 구축하는 랭체인 사용 방법을 알아보겠다.

0.3 랭체인은 무엇이며 왜 중요한가?

랭체인LangChain은 LLM과 프롬프트 구성 요소와 툴을 제공하는 오픈소스 라이브러리로, 모든 요소를 신뢰성 있게 결합해 더 큰 애플리케이션을 만들 수 있도록 지원한다. 2025년 4월 기준, 랭체인은 월 6,800만 건 이상의 다운로드(https://oreil.ly/80Kbf), 10만 개 이상의 깃허브 스타(https://oreil.ly/bF5pc)를 기록하고 있다. ML 배경 지식이 없는 소프트웨어 엔지니어도 랭체인을 사용해 AI 챗봇부터 책임감 있게 추론하고 행동하는 AI 에이전트까지 다양한 애플리케이션을 구축할 수 있다.

앞서 설명했듯 프롬프트 작성 기법은 서로 결합할 때 가장 효과적이다. 랭체인은 이 아이디어를 기반으로 설계됐다. 랭체인은 각 주요 프롬프트 작성 기법을 간단한 **추상화**abstraction로 제공해 프롬프트를 쉽게 결합할 수 있다. 추상화란 파이썬과 자바스크립트의 함수와 클래스를 통해 기술을 쉽게 사용할 수 있도록 캡슐화한 것을 의미한다. 각 추상화는 결합이 간단해 더 큰 LLM 애플리케이션으로 결합할 수 있다.

무엇보다도 랭체인은 주요 LLM 제공업체(오픈AI, 앤트로픽, 구글 등) 및 오픈소스(Llama, Gemma 등)와의 통합을 제공한다. 각 LLM과의 통합은 인터페이스를 공유해 새로운 LLM이 발표될 때마다 쉽게 호출할 수 있고, 애플리케이션이 LLM 제공업체 한 곳에 종속되지 않도록 한다. 1장에서는 여러 LLM을 사용한다.

랭체인은 **프롬프트 템플릿** 추상화를 제공해 프롬프트를 여러 번 재사용할 수 있다. 프롬프트 템플릿을 사용하면 전달할 고정된 텍스트의 특정 위치에 플레이스홀더placeholder를 추가할 수 있다. 이 플레이스홀더에 해당하는 변숫값을 바꿔 일정한 틀 안에서 해당 위치만 값이 다른 여러 개의 프롬프트를 보낼 수 있다. 자세한 내용은 1장에서 이야기하겠다. 랭체인 프롬프트는 랭체인 허브에 저장해 팀과 공유할 수 있다.

랭체인은 구글 시트Google Sheets, 울프럼 알파Wolfram Alpha, 재피어Zapier 등 다양한 서드파티 서비스와의 통합을 지원해, 툴 호출 기법에서 사용하기 편한 표준 인터페이스를 제공한다.

또한 RAG를 구현할 수 있도록 주요 **임베딩 모델**(문장, 단락 등의 의미를 숫자로 표현하는 **임베딩**을 출력하도록 설계된 언어 모델), **벡터 저장소**(임베딩을 저장하는 데 특화된 데이터베이스), **벡터 인덱스**(벡터 저장 기능을 갖춘 일반 데이터베이스)와의 통합을 제공한다. 이는 2장과 3장에서 자세히 다룬다.

랭체인은 랭그래프^{LangGraph} 라이브러리로 사고의 연쇄(CoT)를 통한 추론과 툴 호출을 결합해 **에이전트** 추상화를 제공한다. 이 방법은 ReAct 논문(*https://oreil.ly/27BIC*)에서 소개되며 대중화됐다. 에이전트 추상화를 통해 다음과 같은 작업을 수행하는 LLM 애플리케이션을 구축할 수 있다.

1. 문제를 해결할 단계를 추론한다.
2. 각 단계를 외부 툴 호출로 변환한다.
3. 툴 호출의 결과를 받는다.
4. 작업이 완료될 때까지 반복한다.

이에 대한 내용은 5장부터 8장까지 다룬다. 챗봇에서는 이전 상호작용을 기록하고 이를 미래 상호작용에 대한 응답을 생성하는 데 참고하도록 구현하는 편이 좋다. 이 기능을 **메모리**라고 하며, 랭체인에서의 사용법은 4장에서 소개한다.

랭체인은 이 모든 구성 요소를 응집력 있는 애플리케이션으로 구성하는 툴을 제공한다. 1장에서 6장까지 이 방법을 자세히 설명한다.

랭체인은 이외에도 AI 워크플로의 디버깅, 테스트, 배포 및 모니터링을 돕는 랭스미스^{LangSmith}(*https://oreil.ly/geRgx*) 플랫폼과 에이전트의 배포와 확장을 돕는 랭그래프^{LangGraph} 플랫폼도 제공한다. 이에 대한 내용은 9장부터 10장까지 다룬다.

CHAPTER 01

랭체인의 기본 LLM 사용법

1장에서는 랭체인에서 LLM을 호출하는 다양한 방법을 알아본다. LLM을 호출하는 방법과 프롬프트 템플릿을 활용해 동적 입력을 처리하는 방법, 구조화된 출력을 얻는 방법을 확인한다. 또한 랭체인의 핵심 구성 요소를 조합해 강력한 AI 애플리케이션을 만드는 방법을 살펴본다.

CHAPTER 01
랭체인의 기본 LLM 사용법

0장에서 다양한 LLM 프롬프트 작성 기법을 소개하며, 여러 프롬프트 작성 기법을 결합하면 LLM의 결과물이 달라지는 효과를 확인했다. LLM 애플리케이션을 만들 때 가장 어려운 지점은 프롬프트를 효과적으로 작성해 LLM에 전달하고, LLM의 예측 결과를 처리해 정확한 출력으로 반환하는 것이다(그림 1-1).

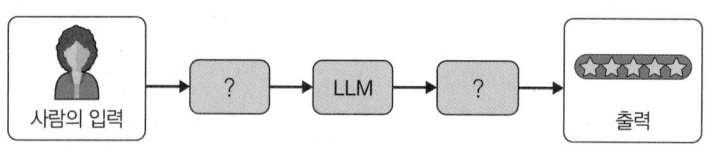

그림 1-1 애플리케이션에서 LLM을 유용한 구성 요소로 만드는 과정의 어려움

이 문제를 해결하면, 구조가 단순하든 복잡하든 LLM 애플리케이션 구축이 쉬워진다. 이번 장에서는 랭체인의 구성 요소가 LLM의 개념과 어떻게 연결되는지 살펴보고, 각 구성 요소를 효과적으로 결합해 LLM 애플리케이션을 만드는 방법을 알아보겠다. 우선, LLM 애플리케이션 구축에 랭체인이 유용한 이유를 간략히 살펴보자.

왜 랭체인인가?

물론 LLM 애플리케이션은 랭체인 없이도 구축할 수 있다. 원하는 프로그래밍 언어로 오픈AI와 같은 LLM 제공업체의 공식 SDK를 사용해 개발할 수 있지만, 랭체인을 사용하면 다음과 같은 장점이 있다.

- **사전 구현한 공통 패턴**: 랭체인은 가장 일반적인 LLM 애플리케이션 패턴에 따른 구현을 제공한다(사고의 연쇄, 툴 호출 등을 포함한다). LLM 활용을 시작하는 가장 빠른 방법으로, 해당 구현만으로도 원하는 모든 기능을 구현할 수도 있다. 새 애플리케이션의 시작점으로 삼아, 사용 사례에 적합한지 확인하길 권한다. 사전 구현으로만 부족하다면 랭체인 라이브러리의 나머지 항목을 참조하자.

- **상호 교환 가능한 구성 요소**: 모든 구성 요소(LLM, 채팅 모델, 출력 파서 등)는 공통된 명세를 따르므로, 손쉽게 다른 대안으로 교체할 수 있다. 덕분에 미래에도 애플리케이션이 문제없이 작동한다. 모델 제공업체가 새로운 기능을 선보이거나, 요구사항이 변화할 때마다 애플리케이션을 새로 작성할 필요가 없다.

이 책에서 모든 코드 예시는 다음 구성 요소를 활용한다.

- **LLM/채팅 모델**: 오픈AI
- **임베딩**: 오픈AI
- **벡터 저장소**: PGVector

각 구성 요소는 다른 대안으로 교체할 수 있다.

- **채팅 모델**: 랭체인 문서(https://oreil.ly/8Qlnb)를 참고하라. 오픈AI(유료 API)를 사용하지 않는 경우 앤트로픽(https://oreil.ly/XdGfD)(유료 API)이나 Ollama(https://oreil.ly/eKy6-)(오픈소스)를 대안으로 추천한다.

- **임베딩**: 랭체인 문서(https://oreil.ly/sKpfM)를 참고하라. 오픈AI(유료 API)를 사용하지 않는 경우 코히어Cohere(https://oreil.ly/o1D0C)(유료 API)나 Ollama(https://oreil.ly/FarfL)(오픈소스)를 대안으로 추천한다.

- **벡터 저장소**: 랭체인 문서(https://oreil.ly/q3RF1)를 참고하라. PGVector(Postgres의 오픈소스 확장)를 사용하지 않는 경우, 대신 Weaviate(https://oreil.ly/XqlYa)(벡터 저장소) 또는 OpenSearch(https://oreil.ly/1s357)(검색 데이터베이스에 포함된 벡터 검색 기능)을 대안으로 추천한다.

모든 LLM이 동일한 메서드를 가지며 유사한 인자와 반환값을 갖는다고 생각해서는 안 된다. 채팅 모델과 LLM 제공업체인 오픈AI와 앤트로픽의 사례를 살펴보자. 두 시스템 모두 채팅 API를 제공한다. 해당 API는 **채팅 메시지**를 수신한 후, 모델이 생성한 새로운 메시지를 반환한다. 하지만 두 모델의 메시지 포맷(예: 역할 필드명 등)이나 반환 형식에 차이가 있어 한 대화에서 두 모델을 동시에 사용하면 호환되지 않아 문제가 발생한다. 랭체인은 추상화를 통해 이러한 차이를 해결해 특정 제공업체에 의존하지 않는 진정한 독립 애플리케이션을 생성하고 구축하게 한다. 예를 들어, 랭체인을 사용하면 오픈AI와 앤트로픽 모델을 동시에 활용한 챗봇 대화가 가능하다.

또한, 랭체인의 **오케스트레이션**orchestration 기능은 여러 구성 요소를 활용한 LLM 애플리케이션을 구축하는 데 유용하다.

- 모든 주요 구성 요소는 관측 가능성을 확보하기 위해 콜백 시스템으로 계측한다(8장 참고).
- 모든 주요 구성 요소는 동일한 인터페이스를 구현한다(1장의 마지막 부분 참고).
- 장기간 실행되는 LLM 애플리케이션은 중단, 재개 또는 재시도할 수 있다(6장 참고).

1.1 랭체인 사용 환경 구축

앞으로 다룰 내용을 실습하기 전에, 컴퓨터에 랭체인을 설치해 보겠다. 먼저 0장에서 설명한 대로 오픈AI 계정을 개설한다. 만약 다른 LLM을 사용하고자 하면, 앞서 설명한 '왜 랭체인인가'를 참고하자. 오픈AI 계정에 로그인한 후, 오픈AI 웹사이트의 API 키 페이지(`https://oreil.ly/BKrtV`)로 이동해 API 키를 생성해 저장한다. 곧 사용할 예정이니 미리 준비해 두자.

이 책에서는 파이썬Python과 자바스크립트JavaScript(JS)를 활용한 코드 예시를 제공한다. 랭체인은 파이썬과 자바스크립트, 두 언어에서 동일한 기능을 제공한다. 가장 편한 언어를 선택해 해당 언어에 맞는 코드를 따라 진행하길 권한다. 각 언어의 코드 예시는 동일하다.

언어별 환경 구축 방법은 다음과 같다.

파이썬

1. 파이썬이 설치되어 있는지 확인한다. 필요한 경우 운영 체제별 안내 사항(https://oreil.ly/20K9l)을 참조한다.

2. 노트북 환경을 사용하려면 주피터Jupyter를 설치한다. 터미널에서 `pip install notebook`를 실행한다.

3. 터미널에서 다음 명령어를 실행해 랭체인 라이브러리[1]를 설치한다.

    ```
    pip install langchain langchain-openai langchain-community
    pip install langchain-text-splitters langchain-postgres
    ```

4. 앞서 생성한 오픈AI API 키를 터미널 환경에 등록한다. 다음 명령어를 입력한다.

    ```
    export OPENAI_API_KEY=your-key
    ```

5. `your-key`에 이전에 생성한 API 키를 입력하자.

6. 다음 명령어로 주피터 노트북을 실행한다.

    ```
    jupyter notebook
    ```

자바스크립트

1. 앞서 생성한 오픈AI API 키를 터미널 환경에 등록한다. 다음 명령어를 입력한다.

    ```
    export OPENAI_API_KEY=your-key
    ```

2. 이전에 생성한 API 키로 `your-key`를 교체하자.

3. 예시를 노드JS^{Node.js} 스크립트로 실행하려면, 안내(https://oreil.ly/5gji0)에 따라 노드를 설치한다.

4. 터미널에서 다음 명령어를 실행해 랭체인 라이브러리를 설치한다.

    ```
    npm install langchain @langchain/openai @langchain/community
    npm install @langchain/core pg
    ```

5. 각 예시를 `.js` 파일로 저장한 후, `node ./file.js` 명령어로 실행한다.

---

1 옮긴이_ 한국어판의 실습은 랭체인 0.3 버전을 기준으로 진행했다.

이제 랭체인으로 기본적인 LLM 호출 방법을 살펴보자.

1.2 랭체인을 통한 LLM 호출

LLM은 대부분의 생성 AI 애플리케이션의 원동력이다. 랭체인은 대부분 LLM 제공업체와 상호작용하는 두 가지 인터페이스를 제공한다.

- 채팅 모델
- 기본 LLM

기본 LLM 인터페이스는 문자열 프롬프트를 입력받아 입력을 기본 LLM에 전송한 후, 다음에 이어질 표현을 예측해 출력으로 반환한다. 간단한 프롬프트를 사용해 모델을 실행하려면 다음과 같이 랭체인의 오픈AI LLM 래퍼를 가져와 invoke(호출)한다.

코드 1-1 기본 LLM 호출

```python
from langchain_openai.llms import OpenAI

model = OpenAI(model='gpt-3.5-turbo-instruct')

model.invoke('하늘이')
```

```javascript
import { OpenAI } from '@langchain/openai';

const model = new OpenAI({ model: 'gpt-3.5-turbo-instruct' });

const response = await model.invoke('하늘이');
```

출력

푸릅니다!

> TIP OpenAI에 매개변수 model을 전달했다. model은 사용할 기본 모델을 지정하는 매개변수로, LLM이나
> 채팅 모델 사용 시 필요한 가장 일반적인 매개변수다. 대부분의 제공업체는 성능과 비용 간 트레이드오프trade-
> off를 고려해 여러 모델을 제공한다(LLM은 성능이 뛰어나지만 비용이 높고 응답 속도가 느리다). 오픈AI가 제
> 공하는 모델 목록(https://oreil.ly/dM886)을 확인하자. 대부분의 LLM은 다음 매개변수를 지원한다.
>
> - temperature: 출력 생성에 사용하는 샘플링 알고리즘을 제어한다. 낮은 값(예: 0.1)은 보다 예측 가
>   능한 결과를 만든다. 반면, 높은 값(예: 0.9)은 창의적이거나 예상치 못한 결과를 만들어낸다. 이 매개
>   변수는 작업에 따라 서로 다른 값이 필요하다. 예를 들어, 구조된 출력물을 생성할 때는 낮은 값을 사
>   용하는 편이 좋다. 반면, 창의적인 글쓰기 같은 작업은 높은 값을 사용해야 더 나은 결과를 얻는다.
>
> - max_tokens: 출력 크기와 비용을 제한한다. 낮은 값을 설정하면 LLM이 자연스러운 마무리에 도달하
>   기 전에 출력을 중단한다.
>
> 이 외에도 모델마다 서로 다른 매개변수를 지원한다. 선택한 모델의 문서를 참고하길 권한다. 오픈AI는 매개
> 변수를 정리한 문서(https://oreil.ly/501RW)를 제공한다.

기본 LLM과 달리 채팅 모델 인터페이스는 사용자와 모델이 양방향 대화를 주고받는다. 별도의 인터페이스를 제공하는 이유는 오픈AI 같이 사용자가 많은 LLM 제공업체가 메시지를 **user(사용자)**, **assistant(어시스턴트)**, **system(시스템)** 같은 역할로 구분하기 때문이다. 이때 role(역할)은 메시지의 콘텐츠 유형을 나타낸다.

- **system**: 사용자 질문에 답변하는 데 사용하는 지시 사항
- **user**: 사용자의 쿼리와 사용자가 생성한 그 밖의 모든 콘텐츠
- **assistant**: 채팅 모델이 생성한 콘텐츠

채팅 모델 인터페이스로 AI 챗봇 애플리케이션에서 구성을 쉽게 변환하고 관리할 수 있다. 다음은 랭체인의 ChatOpenAI 모델을 활용한 구현이다.[2]

코드 1-2 채팅 모델 호출

```python
from langchain_openai.chat_models import ChatOpenAI
```

---

[2] 랭체인은 80개 이상의 채팅 모델 패키지를 제공한다(2025년 4월). 지원하는 채팅 모델 목록은 http://bit.ly/43wCzpB에서 확인할 수 있다.

```python
from langchain_core.messages import HumanMessage

model = ChatOpenAI()
prompt = [HumanMessage('프랑스의 수도는 어디인가요?')]

model.invoke(prompt)
```

```javascript
import { ChatOpenAI } from '@langchain/openai';
import { HumanMessage } from '@langchain/core/messages';

const model = new ChatOpenAI();
const prompt = [new HumanMessage('프랑스의 수도는 어디인가요?')];

const response = await model.invoke(prompt);
```

출력

> AIMessage(content='프랑스의 수도는 파리입니다.')

채팅 모델은 하나의 프롬프트 문자열 대신 앞서 언급한 각 역할에 따른 형태의 채팅 메시지 인터페이스를 이용한다.

- HumanMessage: 사용자 역할인 인간의 관점으로 작성한 메시지
- AIMessage: 어시스턴트 역할인 AI의 관점으로 작성한 메시지
- SystemMessage: 시스템 역할인 AI가 준수할 지침을 설정하는 메시지
- ChatMessage: 임의의 역할을 설정하는 메시지

예시에 SystemMessage로 느낌표 세 개와 함께 답변하라는 지시를 추가하겠다.

코드 1-3 시스템 메시지를 적용한 채팅 모델 호출

```python
from langchain_core.messages import HumanMessage, SystemMessage
from langchain_openai.chat_models import ChatOpenAI

model = ChatOpenAI()
```

```python
system_msg = SystemMessage(
    '''당신은 문장 끝에 느낌표를 세 개 붙여 대답하는 친절한 어시스턴트입니다.'''
)
human_msg = HumanMessage('프랑스의 수도는 어디인가요?')

model.invoke([system_msg, human_msg])
```

```javascript
import { ChatOpenAI } from '@langchain/openai';
import { HumanMessage, SystemMessage } from '@langchain/core/messages';

const model = new ChatOpenAI();
const prompt = [
  new SystemMessage(
    '당신은 문장 끝에 느낌표를 세 개 붙여 대답하는 친절한 어시스턴트입니다.'
  ),
  new HumanMessage('프랑스의 수도는 어디인가요?'),
];

const response = await model.invoke(prompt);
```

출력

```
AIMessage('파리입니다!!!')
```

채팅 모델은 사용자 질문에는 포함하지 않았던 SystemMessage 내의 지시를 따른다. 사용자의 입력을 바탕으로 AI 애플리케이션이 비교적 예측 가능한 방식으로 응답하도록 미리 설정할 수 있다.

1.3 LLM 프롬프트 템플릿

앞서 프롬프트의 지시 사항이 출력에 미치는 영향을 확인했다. 프롬프트는 LLM이 컨텍스트를 이해하고, 질의에 적절한 답변을 생성하도록 유도한다. LLM 제공업체를 물어보는 프롬프트를 자세히 살펴보자.

> 컨텍스트(Context): 거대 언어 모델(LLM)은 자연어 처리(NLP) 분야의 최신 발전을 이끌고 있습니다. 거대 언어 모델은 더 작은 모델보다 우수한 성능을 보이며, NLP 기능을 갖춘 애플리케이션을 개발하는 개발자들에게 매우 중요한 도구가 되었습니다. 개발자들은 Hugging Face의 'transformers' 라이브러리를 활용하거나, 'openai' 및 'cohere' 라이브러리를 통해 OpenAI와 Cohere의 서비스를 이용하여 거대 언어 모델을 활용할 수 있습니다.
>
> 질문(Question): 거대 언어 모델은 어디서 제공하나요?

프롬프트가 단순한 문자열처럼 보이지만, LLM이 필요한 내용을 판단하고 입력에 따라 다른 결과를 내도록 만들어야 한다. 지금까지는 컨텍스트(Context)와 질문(Question)을 하드 코딩했다. 그러나 이 값을 동적으로 전달할 수 있다면 어떨까?

다행히 랭체인은 동적^{dynamic} 입력으로 프롬프트를 손쉽게 수정하는 프롬프트 템플릿 인터페이스를 제공한다. 다음과 같이 변수가 들어갈 위치를 중괄호로 표기해 템플릿을 작성하자.

코드 1-4 프롬프트 템플릿 적용

```python
from langchain_core.prompts import PromptTemplate

template = PromptTemplate.from_template('''아래 작성한 컨텍스트(Context)를 기반으로
    질문(Question)에 대답하세요. 제공된 정보로 대답할 수 없는 질문이라면 "모르겠어요." 라
    고 답하세요.

Context: {context}

Question: {question}

Answer: ''')

template.invoke({
    'context': '''거대 언어 모델(LLM)은 자연어 처리(NLP) 분야의 최신 발전을 이끌고 있습니다.
        거대 언어 모델은 더 작은 모델보다 우수한 성능을 보이며,
        NLP 기능을 갖춘 애플리케이션을 개발하는 개발자들에게
        매우 중요한 도구가 되었습니다. 개발자들은 Hugging Face의 'transformers' 라이브러리를
        활용하거나, 'openai' 및 'cohere' 라이브러리를 통해 OpenAI와 Cohere의 서비스를 이용하여
        거대 언어 모델을 활용할 수 있습니다.
```

```javascript
    ...',
    'question': '거대 언어 모델은 어디서 제공하나요?'
})
```

```javascript
import { PromptTemplate } from '@langchain/core/prompts';

const template =
  PromptTemplate.fromTemplate('아래 작성한 컨텍스트(Context)를 기반으로 질문(Question)
    에 대답하세요. 제공된 정보로 대답할 수 없는 질문이라면 "모르겠어요." 라고 답하세요.

Context: {context}

Question: {question}

Answer: ');

const response = await template.invoke({
  context:
    '거대 언어 모델(LLM)은 자연어 처리(NLP) 분야의 최신 발전을 이끌고 있습니다. 거대 언어
    모델은 더 작은 모델보다 우수한 성능을 보이며,  NLP 기능을 갖춘 애플리케이션을 개발하는
    개발자들에게 매우 중요한 도구가 되었습니다. 개발자들은 Hugging Face의 'transformers'
    라이브러리를 활용하거나, 'openai' 및 'cohere' 라이브러리를 통해 OpenAI와 Cohere의 서
    비스를 이용하여 거대 언어 모델을 활용할 수 있습니다.',
  question: '거대 언어 모델은 어디서 제공하나요?',
});
```

출력

```
StringPromptValue(text= '아래 작성한 컨텍스트(Context)를 기반으로
    질문(Question)에 대답하세요. 제공된 정보로 대답할 수 없는 질문이라면 "모르겠어요."
    라고 답하세요.

Context: 거대 언어 모델(LLM)은 자연어 처리(NLP) 분야의 최신 발전을 이끌고 있습니다.
    거대 언어 모델은 더 작은 모델보다 우수한 성능을 보이며,
    NLP 기능을 갖춘 애플리케이션을 개발하는 개발자들에게
    매우 중요한 도구가 되었습니다. 개발자들은 Hugging Face의 'transformers' 라이브러
    리를 활용하거나, 'openai' 및 'cohere' 라이브러리를 통해 OpenAI와 Cohere의 서비스
    를 이용하여 거대 언어 모델을 활용할 수 있습니다.
```

> Question: 거대 언어 모델은 어디서 제공하나요?
>
> Answer: ')

이 예시는 앞서 사용한 정적static 프롬프트를 동적 프롬프트로 만들었다. template은 최종 프롬프트의 구조와 동적 입력이 삽입될 위치에 대한 정의로 구성된다. 따라서 템플릿은 여러 개의 정적이고 구체적인 프롬프트를 제작하는 재료로 사용할 수 있다. 특정 값을 사용해 프롬프트를 채워 LLM에 입력할 정적 프롬프트를 생성할 수 있다. 지금 같은 경우는 context와 question에 값이 추가된 정적 프롬프트가 생성된다.

보다시피, invoke 메서드를 통해 question 인자를 동적으로 전달한다. 랭체인 프롬프트는 파이썬의 f-string 문법으로 동적 프롬프트를 구성한다. 중괄호로 둘러싸인 변수(예: {question})를 런타임에 전달되는 값으로 대체할 플레이스홀더로 사용한다. 이전 예시에서, {question}는 "거대 언어 모델은 어디서 제공하나요?"로 바뀐다. 랭체인을 이용해 오픈AI의 LLM에 동적 프롬프트를 입력하는 방법을 살펴보자.

코드 1-5 동적 프롬프트

```python
from langchain_openai.llms import OpenAI
from langchain_core.prompts import PromptTemplate

# 'template'과 'model'은 언제든 다시 쓸 수 있다

template = PromptTemplate.from_template('''아래 작성한 컨텍스트(Context)를 기반으로 질문(Question)에 대답하세요. 제공된 정보로 대답할 수 없는 질문이라면 "모르겠어요." 라고 답하세요.

Context: {context}

Question: {question}

Answer: ''')

model = OpenAI()
```

```python
# 'prompt'와 'completion'은 template과 model을 실행한 결과다

prompt = template.invoke({
    'context': '''거대 언어 모델(LLM)은 자연어 처리(NLP) 분야의 최신 발전을 이끌고 있습니다.
거대 언어 모델은 더 작은 모델보다 우수한 성능을 보이며,
NLP 기능을 갖춘 애플리케이션을 개발하는 개발자들에게
매우 중요한 도구가 되었습니다. 개발자들은 Hugging Face의 'transformers' 라이브러리를
활용하거나, 'openai' 및 'cohere' 라이브러리를 통해 OpenAI와 Cohere의 서비스를 이용하여
거대 언어 모델을 활용할 수 있습니다.
''',
    'question': '거대 언어 모델은 어디서 제공하나요?'
})

completion = model.invoke(prompt)

print(completion)
```

```javascript
import { PromptTemplate } from '@langchain/core/prompts';
import { ChatOpenAI } from '@langchain/openai';

const model = new ChatOpenAI({
  model: 'gpt-3.5-turbo',
});
const template =
  PromptTemplate.fromTemplate('아래 작성한 컨텍스트(Context)를 기반으로 질문(Question)
  에 대답하세요. 제공된 정보로 대답할 수 없는 질문이라면 "모르겠어요." 라고 답하세요.

Context: {context}

Question: {question}

Answer: ');

const prompt = await template.invoke({
  context:
    '거대 언어 모델(LLM)은 자연어 처리(NLP) 분야의 최신 발전을 이끌고 있습니다. 거대 언어
    모델은 더 작은 모델보다 우수한 성능을 보이며, NLP 기능을 갖춘 애플리케이션을 개발하는
    개발자들에게 매우 중요한 도구가 되었습니다. 개발자들은 Hugging Face의 'transformers'
    라이브러리를 활용하거나, 'openai' 및 'cohere' 라이브러리를 통해 OpenAI와 Cohere의 서
    비스를 이용하여 거대 언어 모델을 활용할 수 있습니다.',
```

```
    question: '거대 언어 모델은 어디서 제공하나요?',
});

const response = await model.invoke(prompt);
```

출력

> Hugging Face의 'transformers' 라이브러리를 활용하거나, 'openai' 및 'cohere' 라이브러리를 통해 OpenAI와 Cohere의 서비스를 이용하여 거대 언어 모델을 활용할 수 있습니다.

AI 채팅 애플리케이션을 구축한다면, ChatPromptTemplate을 활용해 채팅 메시지의 역할에 따른 동적 프롬프트를 제공할 수 있다.

코드 1-6 역할에 따른 동적 프롬프트

```Python
from langchain_core.prompts import ChatPromptTemplate
template = ChatPromptTemplate.from_messages([
    ('system', '''아래 작성한 컨텍스트(Context)를 기반으로
    질문(Question)에 대답하세요. 제공된 정보로 대답할 수 없는 질문이라면 "모르겠어요." 라
    고 답하세요.'''),
    ('human', 'Context: {context}'),
    ('human', 'Question: {question}'),
])

template.invoke({
    'context': '''거대 언어 모델(LLM)은 자연어 처리(NLP) 분야의 최신 발전을 이끌고 있습니다.
    거대 언어 모델은 더 작은 모델보다 우수한 성능을 보이며,
    NLP 기능을 갖춘 애플리케이션을 개발하는 개발자들에게
    매우 중요한 도구가 되었습니다. 개발자들은 Hugging Face의 'transformers' 라이브러리를
    활용하거나, 'openai' 및 'cohere' 라이브러리를 통해 OpenAI와 Cohere의 서비스를 이용하여
    거대 언어 모델을 활용할 수 있습니다.
    ''',
    'question': '거대 언어 모델은 어디서 제공하나요?'
})
```

```JavaScript
import { ChatPromptTemplate } from '@langchain/core/prompts';
```

```
const template = ChatPromptTemplate.fromMessages([
  [
    'system',
    '아래 작성한 컨텍스트(Context)를 기반으로 질문(Question)에 대답하세요. 제공된 정보로 대답할 수 없는 질문이라면 "모르겠어요." 라고 답하세요.',
  ],
  ['human', 'Context: {context}'],
  ['human', 'Question: {question}'],
]);

const response = await template.invoke({
  context:
    '거대 언어 모델(LLM)은 자연어 처리(NLP) 분야의 최신 발전을 이끌고 있습니다. 거대 언어 모델은 더 작은 모델보다 우수한 성능을 보이며, NLP 기능을 갖춘 애플리케이션을 개발하는 개발자들에게 매우 중요한 도구가 되었습니다. 개발자들은 Hugging Face의 \'transformers\' 라이브러리를 활용하거나, \'openai\' 및 \'cohere\' 라이브러리를 통해 OpenAI와 Cohere의 서비스를 이용하여 거대 언어 모델을 활용할 수 있습니다.',
  question: '거대 언어 모델은 어디서 제공하나요?',
});
```

출력

```
ChatPromptValue(messages=[SystemMessage(content='아래 작성한 컨텍스트(Context)를
    기반으로 질문(Question)에 대답하세요. 제공된 정보로 대답할 수 없는 질문이라면
    "모르겠어요." 라고 답하세요.', additional_kwargs={}, response_metadata={}),
    HumanMessage(content='Context: 거대 언어 모델(LLM)은 자연어 처리(NLP) 분야의
    최신 발전을 이끌고 있습니다. 거대 언어 모델은 더 작은 모델보다 우수한 성능을 보이며,
    NLP 기능을 갖춘 애플리케이션을 개발하는 개발자들에게 매우 중요한 도구가 되었습니다.
    개발자들은 Hugging Face의 'transformers' 라이브러리를
    활용하거나, 'openai' 및 'cohere' 라이브러리를 통해 OpenAI와 Cohere의 서비스를
    이용하여 거대 언어 모델을 활용할 수 있습니다.'),
    HumanMessage(content='Question: 거대 언어 모델은 어디서 제공하나요?')])
```

프롬프트는 지시문을 담은 SystemMessage와 동적 변수인 context와 question를 담고 있는 두 개의 HumanMessage를 담고 있다. 템플릿을 동일한 방식으로 포매팅해, 예상 출력을 확인할 정적 프롬프트를 만들 수 있다.

코드 1-7 두 개의 동적 프롬프트를 적용한 호출

Python
```python
from langchain_openai.chat_models import ChatOpenAI
from langchain_core.prompts import ChatPromptTemplate

# 'template'과 'model'은 언제든 다시 쓸 수 있다

template = ChatPromptTemplate.from_messages([
    ('system', '''아래 작성한 컨텍스트(Context)를 기반으로
    질문(Question)에 대답하세요. 제공된 정보로 대답할 수 없는 질문이라면 "모르겠어요." 라
    고 답하세요.'''),
    ('human', 'Context: {context}'),
    ('human', 'Question: {question}'),
])

model = ChatOpenAI()

# 'prompt'와 'completion'은 template과 model을 실행한 결과다

prompt = template.invoke({
    'context': '''거대 언어 모델(LLM)은 자연어 처리(NLP) 분야의 최신 발전을 이끌고 있습니다.
    거대 언어 모델은 더 작은 모델보다 우수한 성능을 보이며,
    NLP 기능을 갖춘 애플리케이션을 개발하는 개발자들에게
    매우 중요한 도구가 되었습니다. 개발자들은 Hugging Face의 'transformers' 라이브러리를
    활용하거나, 'openai' 및 'cohere' 라이브러리를 통해 OpenAI와 Cohere의 서비스를 이용하여
    거대 언어 모델을 활용할 수 있습니다.
    ''',
    'question': '거대 언어 모델은 어디서 제공하나요?'
})

model.invoke(prompt)
```

JavaScript
```javascript
import { ChatPromptTemplate } from '@langchain/core/prompts';
import { ChatOpenAI } from '@langchain/openai';

const model = new ChatOpenAI();
const template = ChatPromptTemplate.fromMessages([
  [
    'system',
    '아래 작성한 컨텍스트(Context)를 기반으로 질문(Question)에 대답하세요. 제공된 정보로
```

```
      대답할 수 없는 질문이라면 "모르겠어요." 라고 답하세요.',
    ],
    ['human', 'Context: {context}'],
    ['human', 'Question: {question}'],
]);

const prompt = await template.invoke({
  context:
    '거대 언어 모델(LLM)은 자연어 처리(NLP) 분야의 최신 발전을 이끌고 있습니다. 거대 언어
     모델은 더 작은 모델보다 우수한 성능을 보이며, NLP 기능을 갖춘 애플리케이션을 개발하는
     개발자들에게 매우 중요한 도구가 되었습니다. 개발자들은 Hugging Face의 'transformers'
     라이브러리를 활용하거나, 'openai' 및 'cohere' 라이브러리를 통해 OpenAI와 Cohere의 서
     비스를 이용하여 거대 언어 모델을 활용할 수 있습니다.',
  question: '거대 언어 모델은 어디서 제공하나요?',
});

const response = await model.invoke(prompt);
```

출력

```
AIMessage(content='거대 언어 모델은 개발자들이 Hugging Face의 'transformers' 라이브
러리를 활용하거나 OpenAI 및 Cohere의 서비스를 이용하여 활용할 수 있습니다.')
```

1.4 LLM에서 특정 형식의 답변 지정

일반 텍스트 형식의 출력은 유용하지만 LLM을 사용하며 기계가 바로 이해할 수 있는 **구조화된 형식**structured format의 출력이 필요한 때가 있다. 예를 들어 JSON과 XML, CSV처럼 컴퓨터가 쉽게 처리할 수 있는 형식이나, 파이썬과 자바스크립트 같은 프로그래밍 언어 형식이 여기에 해당한다. 애플리케이션에서 LLM이 작업한 결과를 구조화된 형식으로 전달하면 다른 코드가 처리할 수 있어 매우 유용하다.

1.4.1 JSON 출력

LLM을 이용해 가장 일반적으로 생성하는 구조화된 형식은 JSON이다. JSON 출력은 프런트엔드 코드에 전달하거나 데이터베이스에 저장할 수 있다.

가장 먼저 LLM이 출력할 JSON의 스키마를 정의한다. 그다음 프롬프트에 해당 스키마와 소스로 사용할 텍스트를 포함한다. 다음 예시를 살펴보자.

코드 1-8 JSON 형식 출력 요청

```python
from langchain_openai import ChatOpenAI
from pydantic import BaseModel

class AnswerWithJustification(BaseModel):
    '''사용자의 질문에 대한 답변과 그에 대한 근거(justification)를 함께 제공하세요.'''
    answer: str
    '''사용자의 질문에 대한 답변'''
    justification: str
    '''답변에 대한 근거'''

llm = ChatOpenAI(model='gpt-4o-mini', temperature=0)
structured_llm = llm.with_structured_output(AnswerWithJustification)

result = structured_llm.invoke('''1 킬로그램의 벽돌과 1 킬로그램의 깃털 중 어느 쪽이 더 무겁나요?''')

print(result.model_dump_json())
```

```javascript
import { ChatOpenAI } from '@langchain/openai';
import { z } from 'zod';

const answerSchema = z
  .object({
    answer: z.string().describe('사용자의 질문에 대한 답변'),
    justification: z.string().describe('답변에 대한 근거'),
  })
  .describe(
```

```
    '사용자의 질문에 대한 답변과 그에 대한 근거(justification)를 함께 제공하세요.'
  );

const model = new ChatOpenAI({
  model: 'gpt-4o-mini',
  temperature: 0,
}).withStructuredOutput(answerSchema);

const response = await model.invoke(
  '1 킬로그램의 벽돌과 1 킬로그램의 깃털 중 어느 쪽이 더 무겁나요?'
);
```

출력

```
{
  answer: '1 킬로그램의 벽돌과 1 킬로그램의 깃털은 동일한 무게입니다.',
  justification: '둘 다 1 킬로그램이기 때문에 무게는 같습니다. 무게는 질량의 단위로 측정되며, 1 킬로그램은 항상 1 킬로그램입니다.'
}
```

먼저, 스키마를 정의한다. 파이썬에서는 파이단틱^{Pydantic}(데이터 스키마 검증에 사용하는 라이브러리)으로 쉽게 정의할 수 있다. JS에서는 Zod(동등한 라이브러리)를 사용해 쉽게 정의할 수 있다. `with_structured_output` 메서드는 해당 스키마를 두 가지 용도로 활용한다.

- 스키마를 JSONSchema 객체로 변환해 LLM에 전송한다. 해당 객체는 JSON 데이터의 구조(타입, 이름, 설명)을 기술한다. 랭체인은 각 LLM에서 이를 수행할 최선의 방법을 선택한다. 주로 함수 호출과 프롬프트 작성에 많이 쓰인다.

- 스키마는 LLM이 반환한 출력물을 반환하기 전에 그 유효성을 검증한다. 이를 통해 출력 결과가 스키마를 정확히 준수하는지 확인한다.

1.4.2 기계가 바로 이해할 수 있는 형식과 출력 파서

LLM 또는 채팅 모델이 CSV나 XML 같은 다른 형식의 출력물을 생성하도록 지시할 수도 있다. 이 경우, 출력 파서가 유용하다. **출력 파서**^{output parser}는 LLM 응답을 구조화하는 클래스다.

출력 파서는 두 가지 기능을 수행한다.

- **출력 형식 지정**: 프롬프트에 추가 지시 사항을 삽입해, LLM이 파싱하기 좋은 형식으로 텍스트를 출력하도록 유도한다.
- **출력 검증 및 파싱**: LLM 또는 채팅 모델의 텍스트 출력 결과물을 받아 리스트, XML 등의 구조화된 형식으로 가공한다. 불필요한 정보를 제거하고, 불완전한 출력을 수정하며, 파싱한 값을 검증한다.

출력 파서의 작동 방식을 살펴보자.

코드 1-9 랭체인의 CSV 출력 파서

```python
from langchain_core.output_parsers import CommaSeparatedListOutputParser
parser = CommaSeparatedListOutputParser()
items = parser.invoke("apple, banana, cherry")
```

```javascript
import { CommaSeparatedListOutputParser } from '@langchain/core/output_parsers'

const parser = new CommaSeparatedListOutputParser()
await parser.invoke("apple, banana, cherry")
```

출력

```
['apple', 'banana', 'cherry']
```

랭체인은 CSV, XML 등 다양한 경우에 대응하는 출력 파서를 제공한다. 모델과 프롬프트에 출력 파서를 결합하는 방법은 뒤에서 설명하겠다.

1.5 구성 요소를 조합한 LLM 애플리케이션

지금까지 학습한 핵심 요소들이 랭체인 프레임워크의 필수 구성 요소다. 이제 의문이 생긴다. 어떤 요소를 어떻게 결합해야 좋은 LLM 애플리케이션을 구축할까?

1.5.1 Runnable 인터페이스

앞서 살펴본 모든 예시는 모델, 프롬프트 템플릿, 출력 파서 등 서로 다른 구성 요소를 호출했지만, 유사한 인터페이스와 invoke() 메서드를 사용했다. 랭체인의 핵심 구성 요소는 다음과 같은 공통점을 갖는다.

- 공통 인터페이스를 사용한다.
  - invoke: 하나의 입력을 하나의 출력으로 변환한다.
  - batch: 여러 입력을 여러 출력으로 변환한다.
  - stream: 하나의 입력이 생성하는 출력 결과를 실시간으로 전달한다.
- 재시도, 폴백, 스키마 및 런타임을 구성할 수 있다.
- 파이썬의 세 메서드는 각각 asyncio 전용 비동기 메서드를 지원한다.

모든 구성 요소는 동일하게 동작하며, 한 번 학습한 인터페이스는 모든 곳에서 사용할 수 있다.

코드 1-10 랭체인의 공통 인터페이스 예시

```python
from langchain_openai.chat_models import ChatOpenAI

model = ChatOpenAI()

completion = model.invoke('반가워요!')
print(completion)
# '안녕하세요! 만나서 반가워요. 무엇을 도와드릴까요?'

completions = model.batch(['반가워요!', '잘 있어요!'])
print(completions)
# ['안녕하세요! 만나서 반가워요! 어떻게 도와드릴까요?', '감사합니다! 제가 여기서 도와줄 수 있는 일이 있으면 말씀해주세요. ^^']

for token in model.stream('잘 있어요!'):
    print(token)
# 잘
# 가
# !
```

```javascript
import { ChatOpenAI } from '@langchain/openai'

const model = new ChatOpenAI()

const completion = await model.invoke('Hi there!')
// '안녕하세요! 만나서 반가워요. 무엇을 도와드릴까요?'

const completions = await model.batch(['Hi there!', 'Bye!'])
// ['안녕하세요! 만나서 반가워요! 어떻게 도와드릴까요?', '감사합니다! 제가 여기서 도와줄 수 있는 일이 있으면 말씀해주세요. ^^']

for await (const token of await model.stream('Bye!')) {
  console.log(token)
  // 잘
  // 가
  // !
}
```

이 예시에서는 세 가지 주요 메서드의 작동 방식을 확인한다.

- invoke(): 하나의 입력을 받아 하나의 출력을 반환한다.
- batch(): 입력 리스트를 받아 출력 리스트를 반환한다.
- stream(): 하나의 입력을 받아 출력의 일부가 준비되는 대로 반환을 반복한다.

컴포넌트가 반복 출력을 지원하지 않아 모든 출력을 하나로 모아 구성하는 경우도 있다.

이때 구성 방식은 두 가지가 있다.

- **명령형**: 직접 model.invoke(...)를 같은 메서드로 구성 요소를 호출한다.
- **선언형**: 랭체인 표현 언어 LangChain Expression Language (LCEL)를 사용한다. 관련 내용은 다음에 살펴본다.

[표 1-1]에 두 방식의 차이점을 정리했다. 뒤에서 실제 작동하는 모습을 확인하며 자세히 살펴보겠다.

표 1-1 명령적 구성과 선언적 구성의 주요 차이점

	명령형	선언형
문법	파이썬 / 자바스크립트	LCEL
병렬 실행	파이썬: 스레드 혹은 코루틴 사용	자동
	자바스크립트: Promise.all 사용	
스트리밍	yield 사용	자동
비동기	비동기 함수 사용	자동

1.5.2 명령형 구성

명령형 구성imperative composition은 단지 익숙하게 코드를 작성하는 방식의 다른 이름이다. 각 구성 요소를 함수와 클래스로 결합하는 행위가 명령형 구성이다. 다음은 프롬프트, 모델, 출력 파서를 결합하는 예시다.

코드 1-11 명령형 구성 예시

```python
from langchain_openai.chat_models import ChatOpenAI
from langchain_core.prompts import ChatPromptTemplate
from langchain_core.runnables import chain

# 구성 요소
template = ChatPromptTemplate.from_messages(
    [
        ('system', '당신은 친절한 어시스턴트입니다.'),
        ('human', '{question}'),
    ]
)

model = ChatOpenAI(model='gpt-3.5-turbo')

# 함수로 결합한다
# 데코레이터 @chain을 추가해 작성한 함수에 Runnable 인터페이스를 추가한다
@chain
def chatbot(values):
```

```python
    prompt = template.invoke(values)
    return model.invoke(prompt)

# 사용한다
response = chatbot.invoke({'question': '거대 언어 모델은 어디서 제공하나요?'})
```

```javascript
import { ChatOpenAI } from '@langchain/openai';
import { ChatPromptTemplate } from '@langchain/core/prompts';
import { RunnableLambda } from '@langchain/core/runnables';

// 구성 요소
const template = ChatPromptTemplate.fromMessages([
  ['system', '당신은 친절한 어시스턴트입니다.'],
  ['human', '{question}'],
]);

const model = new ChatOpenAI({
  model: 'gpt-3.5-turbo',
});

// 함수로 결합한다
// RunnableLambda로 작성한 함수에 Runnable 인터페이스를 추가한다
const chatbot = RunnableLambda.from(async (values) => {
  const prompt = await template.invoke(values);
  return await model.invoke(prompt);
});

// 사용한다
const response = await chatbot.invoke({
  question: '거대 언어 모델은 어디서 제공하나요?',
});
```

출력

> AIMessage(content="거대 언어 모델은 기업, 연구기관, 대학 등에서 제공됩니다. 가장 유명한 거대 언어 모델 중 하나인 GPT-3는 OpenAI에서 제공됩니다. 다른 거대 언어 모델들도 Microsoft, Google, Facebook, Amazon 등의 기업에서 제공되고 있습니다. 이런 거대 언어 모델들은 주로 자연어 처리와 인공지능 분야에서 활용되고 있습니다.")

이 예시는 프롬프트와 채팅 모델을 사용해 구성한 챗봇이다. 보다시피 익숙한 파이썬 문법을 활용하며 함수에 원하는 로직을 추가할 수 있다. 반면, 스트리밍이나 비동기 지원을 활성화하려면 함수를 수정해야 한다. 예를 들어 스트리밍 지원은 다음과 같이 추가한다.

코드 1-12 명령형 구성을 사용한 스트리밍 호출 예시

```python
@chain
def chatbot(values):
    prompt = template.invoke(values)
    for token in model.stream(prompt):
        yield token

for part in chatbot.stream({
    'question': '거대 언어 모델은 어디서 제공하나요?'
}):
    print(part)
```

```javascript
const chatbot = RunnableLambda.from(async function* (values) {
  const prompt = await template.invoke(values);
  for await (const token of await model.stream(prompt)) {
    yield token;
  }
});

for await (const token of await chatbot.stream({
  question: '거대 언어 모델은 어디서 제공하나요?',
})) {
  console.log(token);
}
```

출력

```
AIMessageChunk(content="거대")
AIMessageChunk(content=" 언")
AIMessageChunk(content="어")
...
```

JS나 파이썬 모두 함수에서 스트리밍할 값을 제공한 후 stream을 호출해 스트리밍 기능을 활성화할 수 있다.

비동기 실행을 활성화하려면 함수를 다음과 같이 다시 수정한다. 이 방법은 파이썬에만 적용한다. 자바스크립트는 비동기 실행만 지원하기 때문이다.

코드 1-13 명령형 구성을 사용한 비동기 실행

```python
@chain
async def chatbot(values):
    prompt = await template.ainvoke(values)
    return await model.ainvoke(prompt)

await chatbot.ainvoke({'question': '거대 언어 모델은 어디서 제공하나요?'})
```

출력

```
AIMessage(content='거대 언어 모델은 대개 대규모 기술 기업들이 직접 개발하거나 제공합니다. 몇 가지 대표적인 예로는 OpenAI의 GPT 시리즈, Google의 BERT 및 T5, Facebook의 RoBERTa, Microsoft의 Turing 등이 있습니다. 이 모델들은 일반적으로 인터넷을 통해 연구 논문이나 공개된 데이터셋을 기반으로 학습됩니다. 그러나 이러한 거대 언어 모델들을 활용하려면 해당 기업의 API나 오픈소스 라이브러리를 사용하여 모델에 접근하고 활용해야 합니다.')
```

1.5.3 선언형 구성

LCEL(LangChain Expression Language)은 선언형 언어를 이용해 랭체인 요소를 구성한다. 랭체인은 LCEL 구성을 **최적화된 실행 계획**으로 컴파일한다. 자동 병렬화, 스트리밍, 추적 및 비동기 지원을 수행한다. LCEL로 동일한 예시를 살펴보자.

코드 1-14 선언형 구성 예시

```python
from langchain_openai.chat_models import ChatOpenAI
from langchain_core.prompts import ChatPromptTemplate
```

```python
# 구성 요소
template = ChatPromptTemplate.from_messages(
    [
        ('system', '당신은 친절한 어시스턴트입니다.'),
        ('human', '{question}'),
    ]
)

model = ChatOpenAI()

# 연산자 | 로 결합한다
chatbot = template | model

# 사용한다
response = chatbot.invoke({'question': '거대 언어 모델은 어디서 제공하나요?'})
```

```javascript
import { ChatOpenAI } from '@langchain/openai';
import { ChatPromptTemplate } from '@langchain/core/prompts';

// 구성 요소
const template = ChatPromptTemplate.fromMessages([
  ['system', '당신은 친절한 어시스턴트입니다.'],
  ['human', '{question}'],
]);

const model = new ChatOpenAI({
  model: 'gpt-3.5-turbo',
  streaming: true, // 스트리밍 활성화
});

// 함수에서 구성 요소 결합
const chatbot = template.pipe(model);

// 사용한다
const response = await chatbot.invoke({
  question: '거대 언어 모델은 어디서 제공하나요?',
});
```

출력

```
AIMessage(content="거대 언어 모델은 여러 기업과 연구소에서 제공되고 있습니다. 가장 유
명한 거대 언어 모델은 OpenAI의 GPT 시리즈와 Google의 BERT입니다. 이러한 모델은 해당
회사의 웹사이트나 열린 소스 코드 저장소 등에서 다양한 형태로 제공됩니다. 모델을 사용하려
면 해당 회사의 사용 조건을 확인하고 API 또는 다운로드 옵션을 사용하여 모델을 활용할 수
있습니다.")
```

[코드 1-11]과 [코드 1-14]의 호출이 invoke/stream/batch 순으로 동일하다. 즉, 함수와 LCEL 시퀀스는 동일한 방식으로 사용할 수 있다.

이번에는 스트리밍을 사용하기 위한 별도의 작업이 필요 없다.

코드 1-15 선언형 구성을 사용한 스트리밍 호출 예시

```python
chatbot = template | model

for part in chatbot.stream({
    "question": "거대 언어 모델은 어디서 제공하나요?"
}):
    print(part)
```

```javascript
const chatbot = template.pipe(model);

for await (const token of await chatbot.stream({
  'question': '거대 언어 모델은 어디서 제공하나요?'
})) {
  console.log(token)
}
```

출력

```
AIMessageChunk(content="거대")
AIMessageChunk(content=" 언")
AIMessageChunk(content="어")
...
```

또한, 파이썬은 비동기 메서드를 사용하려면 명령형 구성과 동일하게 수정해야 한다.

코드 1-16 선언형 구성을 사용한 비동기 실행

```Python
chatbot = template | model

await chatbot.ainvoke({
    'question': '거대 언어 모델은 어디서 제공하나요?'
})
```

1.6 요약

이 장에서는 랭체인을 사용해 LLM 애플리케이션을 구축하는 데 필요한 구성 요소를 알아봤다. LLM 애플리케이션은 예측을 수행하는 LLM, 바람직한 결과물을 도출하도록 유도하는 프롬프트 지시 사항, 모델의 출력 형식을 변환하는 출력 파서(선택 사항)로 체인을 형성한다.

모든 랭체인 구성 요소는 다양한 입력과 출력을 처리하는 동일한 인터페이스(invoke, stream, batch 메서드 등)를 공유한다. 랭체인을 직접 호출해 명령형 구성 방식으로 결합하거나, LCEL을 활용해 선언형 구성 방식으로 결합할 수 있다.

많은 사용자 정의 로직을 작성해야 한다면 명령형 구성이 유용하고, 제한된 커스터마이징으로 기존 컴포넌트를 조합해야 한다면 선언형 구성이 적합하다.

2장에서는 AI 챗봇에 외부 데이터를 **컨텍스트**로 제공하는 방법을 익히고, 데이터를 활용해 대화가 가능한 LLM 애플리케이션을 구축해 본다.

CHAPTER

02

RAG 1단계: 데이터 인덱싱

2장에서는 LLM의 한계를 극복하기 위한 검색 증강 생성(RAG)의 첫 단계인 인덱싱 과정을 소개한다. 문서에서 텍스트를 추출하고, 의미 있는 청크로 분할한 후, 이를 임베딩으로 변환해 벡터 저장소에 저장하는 전체 과정을 랭체인의 다양한 도구로 구현한다.

CHAPTER 02
RAG 1단계: 데이터 인덱싱

1장에서는 랭체인으로 LLM 애플리케이션을 구축하는 데 필요한 구성 요소를 살펴보고, LLM이 프롬프트를 전송 받아 답변하는 간단한 AI 챗봇을 구축했다. 하지만 이 단순한 챗봇에는 큰 한계가 있다.

LLM이 학습하지 않은 지식이 필요하다면 어떻게 해야 할까? 예를 들어, 회사 내부에서 필요한 질문에 AI를 사용한다고 가정하자. 하지만 정보는 비공개 PDF 파일 같이 내부 문서에 담겨 있다. 최근 모델 제공업체들이 지속적으로 저장 형식과 관계없이 전 세계의 공개 정보를 학습 데이터셋에 반영하는 가운데, LLM의 지식 코퍼스에는 여전히 두 가지 한계가 존재한다.

- **비공개 데이터**: 공개되지 않은 정보는 당연히 LLM의 훈련 데이터에 포함되지 않는다.
- **현재 정보**: LLM 학습은 상당한 비용이 소요되며 오랜 시간이 필요한 과정이다. 학습은 수년에 걸쳐 진행되기도 하며, 학습 초기 단계에는 데이터 수집을 수행한다. 이에 따라 LLM이 현재 정보를 보유하지 못하는 기준 날짜인 '지식 컷오프knowledge cutoff'가 생긴다. 보통 학습 데이터셋이 최종 확정된 날짜가 지식 컷오프가 된다. 대상 모델에 따라 기준 시점은 과거 몇 달 전일 수도, 몇 년 전일 수도 있다.

어느 경우든, LLM은 환각hallucination(잘못된 정보를 출력하는 현상)을 일으키고 부정확한 정보를 제공할 가능성이 높다. 이는 프롬프트를 수정해도 해결되지 않는다. 모델의 지식 한계로 인해 생기는 문제이기 때문이다.

2.1 목표: LLM을 위한 적절한 컨텍스트 선정

만약 LLM 활용에 필요한 비공개/최신 데이터가 한두 페이지 분량의 텍스트라면 큰 문제가 되지 않는다. 프롬프트에 해당 텍스트 전체를 포함하면 충분하다.

LLM에 데이터를 제공할 때 가장 문제가 되는 요소는 바로 입력 크기 제한이다. 분명 여러분이 가진 정보는 프롬프트에 입력할 수 있는 범위를 초과할 가능성이 크다. 방대한 텍스트를 LLM에 전부 전달할 수는 없기 때문에, 특정 부분만 선택해야 하는데 어느 부분을 전달해야 할까? 다시 말해, LLM이 질문에 답할 때 참고하기에 가장 적합한 텍스트는 어떻게 선정해야 할까? 이 문제를 2장과 3장에서 두 단계에 걸쳐 해결하겠다.

1. **인덱싱**indexing: 애플리케이션이 질문에 가장 적합한 자료를 손쉽게 탐색할 수 있도록 문서를 전처리한다.
2. **검색**retrieval: LLM이 데이터를 바탕으로 정확한 답변을 생성하도록 인덱스에서 외부 데이터를 가져와 **컨텍스트**로 전달한다.

2장에서는 첫 번째 단계인 인덱싱에 초점을 맞추며, 문서를 거대 언어 모델이 이해하고 검색할 수 있는 형식으로 사전 처리하는 과정을 다룬다. 이 기술을 **검색 증강 생성**retrieval-augmented generation(RAG)이라 일컫는다. 본격적으로 나아가기에 앞서, 문서 전처리가 필요한 이유를 논의해 보자.

LLM을 활용해 테슬라Tesla의 2022년 연례 보고서(https://oreil.ly/Bp51E)에 담긴 재무 성과와 위험 요소를 분석하려 한다. 해당 보고서는 PDF 형식으로 저장되어 있다. '2022년에 테슬라가 직면한 주요 위험은 무엇인가?'와 같은 질문에 문서 내 위험 요소risk factor 부분을 기반으로 인간이 할 법한 답변을 받아야 한다. 이를 위해 네 가지 핵심 단계가 필요하다(그림 2-1).

1. 문서에서 텍스트를 추출한다.
2. 텍스트를 효율적으로 처리할 수 있도록 적절한 단위로 분할한다.
3. 텍스트를 컴퓨터가 이해할 수 있는 숫자 체계로 변환한다.

4. 문서에서 주어진 질문에 대한 부분을 손쉽고 신속하게 조회할 수 있도록, 텍스트의 숫자 표현을 적절한 위치에 저장한다.

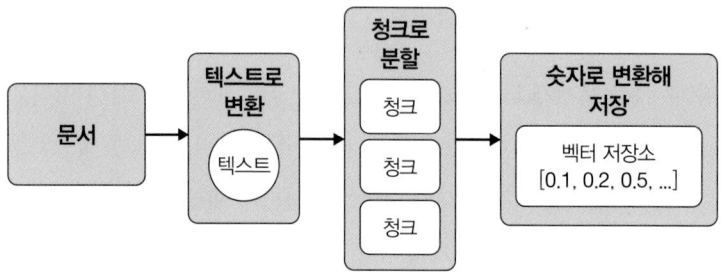

그림 2-1 LLM 활용을 위한 문서 전처리의 핵심 단계

[그림 2-1]은 문서를 전처리하고 변환하는 과정이다. 이 과정을 인제스천이라고 부른다. **인제스천**ingestion은 문서를 컴퓨터가 이해하고 분석하기 좋은 숫자 데이터로 전환한 뒤, 이를 효율적인 검색 증강 생성을 위해 특화된 데이터베이스에 저장한다. 여기서 숫자 데이터는 **임베딩**embedding이라 부르고, 특수한 유형의 데이터베이스를 **벡터 저장소**vector store라 부른다. 이제 임베딩이 무엇이고 왜 중요한지, LLM 기반 임베딩보다 더 간단한 기초적인 임베딩부터 자세히 살펴보겠다.

2.2 임베딩: 텍스트를 숫자로 변환

임베딩은 텍스트를 (긴) 숫자 시퀀스로 표현한다. 이 과정에서 손실이 발생한다. 숫자 시퀀스에서 원본 텍스트를 복원할 수 없다. 따라서 보통 원본 텍스트와 해당 숫자 시퀀스를 함께 저장한다.

원본 텍스트를 저장하는데 굳이 숫자 데이터를 따로 만들어야 할까? 텍스트를 숫자로 변환하면 숫자의 유연함과 강력함을 얻을 수 있다. 즉, 단어도 수학적 연산의 대상으로 바꾸는 것이다. 그 장점을 알아보자.

2.2.1 LLM 이전의 임베딩

LLM의 등장 이전, 컴퓨터 과학자는 임베딩을 웹사이트의 전체 텍스트 검색 기능을 구현하고 스팸 메일을 분류했다.

1. 아래 세 문장을 보자.
   - What a sunny day.
   - Such bright skies today.
   - I haven't seen a sunny day in weeks.

2. 문장을 구성하는 모든 고유 단어를 정리하자. **what**, **a**, **sunny**, **day**, **such**, **bright** 순서로 정리한다.

3. 각 문장에서 단어를 하나씩 확인해, 해당 단어가 문장 내에 나타나지 않으면 0, 한 번 등장하면 1, 두 번 등장하면 2로 숫자를 부여한다.

그 결과를 [표 2-1]에 정리했다.

표 2-1 세 문장에 대한 단어 임베딩

단어	What a sunny day.	Such bright skies today.	I haven't seen a sunny day in weeks.
what	1	0	0
a	1	0	1
sunny	1	0	1
day	1	0	1
such	0	1	0
bright	0	1	0
skies	0	1	0
today	0	1	0
I	0	0	1
haven't	0	0	1
seen	0	0	1
in	0	0	1
weeks	0	0	1

이 모델에서 **I haven't seen a sunny day in weeks**의 숫자 시퀀스는 **0 1 1 1 1 0 0 0 0 1 1 1 1 1**이 된다. 이 모델은 **BoW 모델**bag-of-words model이라 부르며, 시퀀스에 0이 너무 많다는 이유로 임베딩을 **희소 임베딩**sparse embeddings 또는 **희소 벡터**sparse vector(벡터는 숫자 집합을 의미)라 부르기도 한다. 대다수의 영어 문장은 극히 제한된 단어만을 사용한다.

BoW 모델은 다음과 같은 용도에 유용하다.

- **키워드 검색**: 주어진 단어나 단어 조합을 포함한 문서를 찾을 수 있다.
- **문서 분류**: 이전에 분류한 스팸 메일과 일반 메일을 예시 데이터로 삼아 임베딩을 계산한 후 평균을 구하면, 각 분류(스팸 메일 또는 일반 메일)의 평균 단어 빈도를 산출할 수 있다. 이후 신규 문서를 해당 평균값과 비교해 분류한다.

BoW 모델이 사용하는 임베딩 방식의 한계는 모델이 의미가 아닌 사용 단어 자체에 의존한다는 점이다. 예를 들어, **sunny day**(맑은 날)와 **bright skies**(밝은 하늘)의 임베딩 결과는 현저하게 다르다. 의미는 같아도 공유하는 단어가 없기 때문이다. 같은 원리로 이메일 분류에서는 스팸 메일 작성자가 기존까지의 '스팸 단어'를 동의어로 대체하면 필터를 속일 수 있다. 이어서 텍스트의 단어를 그대로 사용하는 대신 의미를 표현해 이 한계를 극복하는 의미론적 임베딩semantic embedding을 알아보겠다.

2.2.2 LLM 기반 임베딩

지금까지 벌어진 모든 머신러닝 발전사는 과감히 생략하고, LLM 기반 임베딩으로 넘어가 본다. 앞서 설명한 단순한 방식이 이제 설명할 세련된 방식으로 점진적으로 발전했다는 사실만 알아두자.

임베딩 모델은 LLM의 학습 과정에서 파생된 결과물로 볼 수 있다. 0장에서 언급한 것처럼 LLM은 방대한 양의 텍스트를 학습해 프롬프트(또는 입력)에 대한 적절한 결과(출력)를 생성할 수 있다. 이 능력은 학습 텍스트에서 단어를 다른 단어와 조합하는 방식을 파악해, 텍스트의 문맥에서 단어와 문장의 의미를 이해하는 데서 기인한다. 이런 프롬프트의 의미에 대한 **이해**는 입력 텍스트를 임베딩으로 표현하는 수치적 기법 형태로 추출해, 다양한 사례에 직접 응용할 수 있다.

실제로, 대부분의 임베딩 모델은 임베딩이라는 목적에 한정해 훈련하며, 효율성과 우수한 품질의 임베딩 산출을 위해 LLM과 유사한 구조와 학습 과정을 사용한다.[1] **임베딩 모델**은 텍스트를 입력받아 그 의미를 수치로 표현하는 알고리즘으로, 보통 100개에서 2,000개의 부동소수점 숫자, 즉 **차원**의 목록을 출력한다. 앞에서 설명한 희소 임베딩과 달리, 모든 차원이 0이 아닌 값을 가져 **밀집 임베딩**dense embedding이라 부른다.

> TIP 모델마다 생성하는 목록의 수와 크기가 다르다. 모든 요소는 모델마다 고유하므로, 리스트의 길이가 동일하더라도 서로 다른 모델에서 생성된 임베딩을 직접 비교할 수 없다. 각기 다른 모델에서 생성된 임베딩은 절대 결합해선 안 된다.

2.2.3 의미론적 임베딩

lion(사자), **pet**(애완동물), **dog**(개)라는 세 단어를 생각해 보자. 직관적으로 드러나는 유사한 특성을 가진 단어 두 개는 무엇인가? 답은 **pet**과 **dog**다. 그러나 컴퓨터는 영어의 미묘한 뉘앙스와 직관을 활용하는 능력이 없다. 컴퓨터가 **lion**, **pet**, **dog**를 구분하도록 하려면, 각 대상을 컴퓨터가 사용하는 언어인 숫자로 변환하는 과정이 필요하다. [그림 2-2]는 각 단어를 본래 의미를 반영한 가상의 숫자 표상으로 전환하는 과정이다.

---

[1] Arvind Neelakantan et al., "Text and Code Embeddings by Contrastive Pre-Training"(https://oreil.ly/Y0Vmh), arXiv, January 21, 2022.

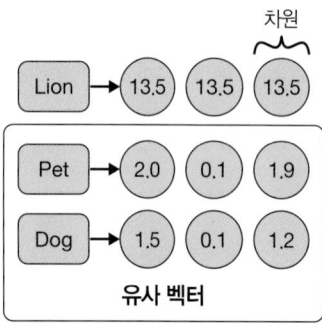

그림 2-2 단어의 의미론적 표현

[그림 2-2]에는 각 단어와 이에 상응하는 의미론적 임베딩이 나란히 배치된다. 숫자 자체는 특별한 의미를 갖지 않으므로, 의미 유사성이 높은 단어나 문장을 표현하는 숫자 배열은 관련성이 없는 경우보다 '**가깝게**' 구성된다. 보다시피 각 숫자는 **부동소수점 값**으로 **의미론적 차원**(시맨틱 차원)을 나타낸다. '가깝게' 의미를 고민해 보자. 3차원 공간에 모든 벡터를 배치하면 [그림 2-3]과 유사한 형태가 나타난다.

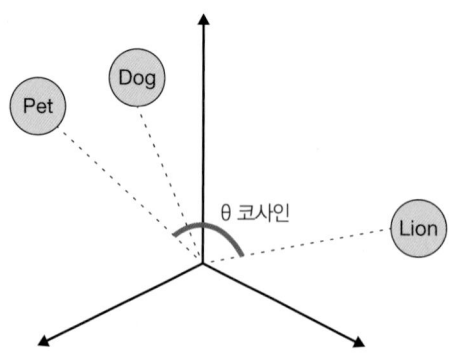

그림 2-3 다차원 공간에 배치한 단어 벡터

[그림 2-3]을 보면 **pet**과 **dog**의 벡터 거리가 **lion**과 다른 단어의 거리보다 가깝다. 또한, 벡터 간 각도는 유사도에 따라 달라진다. [그림 2-3]에서 **pet**과 **lion** 사이의 각도가 **pet**과 **dog** 사이의 각도보다 커서 후자 단어쌍보다 더 유사함을 알 수 있다. 두 벡터 사이의 각도가 작거나 거리가 짧을수록 더욱 유사하다고 판단한다.

다차원 공간 내 두 벡터 간 유사도를 산출하는 효과적인 방법은 코사인 유사도다. **코사인 유사도**cosine similarity는 벡터 간 내적을 계산하고, 각 벡터의 크기의 곱으로 나눈 결과를 −1부터 1까지의 수치로 나타낸다. 0은 벡터끼리 상관관계가 없음을, −1은 전혀 유사하지 않음을, 1은 완전히 유사함을 의미한다. 해당 예시의 세 단어를 보면 **pet**와 **dog**의 코사인 유사도는 0.75이지만, **pet**와 **lion**의 코사인 유사도는 0.1에 그친다.

의미론적 임베딩(시맨틱 임베딩)은 문장을 임베딩으로 변환해 의미를 분석하고, 서로 다른 문장의 감정적 유사도를 계산한다. 이를 통해 LLM을 활용해 테슬라 PDF와 같은 방대한 텍스트 자료에서 질문에 답하는 데 가장 적합한 문서를 찾아낼 수 있다. 이제 큰 그림을 이해했으니, 문서 전처리 과정의 첫 단계인 인덱싱을 다시 살펴보자.

임베딩의 활용 방안

숫자와 벡터로 구성된 숫자 시퀀스는 여러 흥미로운 특성을 가진다.

- 벡터를 고차원 공간 위 한 점으로 간주하면, 서로 인접한 점끼리 유사한 의미를 가지므로 거리 함수를 통해 유사도를 측정할 수 있다.
- 서로 가까이 모인 점은 유사하다고 판단할 수 있다. 따라서 클러스터링 알고리즘을 적용해 주제(또는 점의 집단)를 식별하고, 새로운 입력을 특정 주제로 분류할 수 있다.
- 여러 임베딩의 평균을 해당 집합을 대표하는 값으로 볼 수 있다. 즉, 이 책처럼 긴 문서도 임베딩할 수 있다. 과정은 다음과 같다.
    - 각 페이지를 개별적으로 임베딩한다.
    - 모든 페이지의 임베딩 평균을 도서 임베딩으로 계산한다.
- 덧셈과 뺄셈과 같은 기본 수학 연산을 활용해 '의미'의 영역을 자유롭게 '탐험'할 수 있다. **king − man + woman = queen** 같은 연산을 예로 들 수 있다. **king**(왕)이라는 의미(또는 의미론적 임베딩)에서 **man**(남자)이라는 의미를 빼면, **monarch**(군주)라는 더욱 추상적인 의미에 도달한다. 이후 **woman**(여자)이라는 의미를 추가하면 **queen**(여왕)이라는 의미(또는 임베딩)에 근접한다.
- 텍스트 말고도 이미지, 동영상, 소리와 같은 비텍스트 콘텐츠에 대한 임베딩을 생성하는 모델도 존재한다. 예를 들어, 주어진 문장과 가장 유사하거나 밀접한 관련성을 지닌 이미지를 탐색할 수 있다.

> 이 책에서는 이 모든 속성을 자세하게 다루지는 않지만, 속성을 자세히 알아두면 다양한 애플리케이션(https://oreil.ly/PU2C8)을 만드는 데 유용할 것이다.
> - **검색**: 새로운 질의에 가장 관련성 높은 문서 선택
> - **클러스터링**: 다수의 문서를 기준(예: 주제)에 따라 그룹화
> - **분류**: 새로운 문서를 사전에 식별한 그룹 또는 레이블(예: 주제)에 할당
> - **추천**: 주어진 문서를 토대로 유사한 문서를 도출
> - **이상 탐지**: 이전까지 본 문서와 매우 다른 문서 식별
>
> 지금까지 살펴본 내용을 통해 임베딩이 매우 유용하며, 향후 프로젝트에 효과적으로 활용할 수 있음을 깨닫기를 바란다.

2.3 문서-텍스트 변환

2장 초반에 언급했듯 문서 전처리의 첫 단계는 문서를 텍스트로 변환하는 것이다. 이를 위해 품질 저하 없이 문서의 내용을 파싱 및 추출하는 로직을 구축해야 한다. 다행히, 랭체인은 파싱 로직을 처리하고, 다양한 소스의 데이터를 '로드'하는 **문서 로더**document loader를 제공한다. 이렇게 문서를 텍스트와 관련 메타데이터로 구성된 클래스 Document로 전환할 수 있다.

단순한 .txt 파일을 예로 들겠다. 랭체인 TextLoader 클래스를 임포트하는 것만으로 텍스트를 추출할 수 있다.

코드 2-1 .txt 파일 추출

```python
from langchain_community.document_loaders import TextLoader

loader = TextLoader('./test.txt', encoding='utf-8')
docs = loader.load()
```

> JavaScript
```
import { TextLoader } from 'langchain/document_loaders/fs/text';

const loader = new TextLoader('./test.txt');
const docs = await loader.load();
```

출력

```
[Document(page_content='text content \n', metadata={'line_number': 0, 'source':
    './test.txt'})]
```

현재 디렉터리에 test.txt란 파일이 있다고 가정한다. 랭체인 문서 로더를 사용하는 코드는 모두 구조가 비슷하다.

1. 먼저, 문서 유형에 적합한 로더를 선택한다. 지원 문서 유형은 랭체인 홈페이지(*https://oreil.ly/iLJ33*)에서 확인할 수 있다.

2. 해당 로더의 인스턴스를 생성하고, 문서 위치(파일 경로나 웹 주소)를 비롯한 모든 설정용 매개변수를 함께 지정한다.

3. load()를 호출해 문서를 로드하면, 다음 단계에 전달할 준비가 끝난 문서 목록을 반환한다(추후 설명).

랭체인은 .txt 파일 외에도 .csv, .json, 마크다운(.md) 같은 주요 파일 형식에 대응하는 문서 로더를 제공하며, 슬랙Slack과 노션Notion 등 유명 플랫폼도 지원한다.

WebBaseLoader를 활용하면 웹 URL에서 HTML을 불러와 이를 텍스트로 변환할 수도 있다. 다음 명령어로 웹페이지 파싱 전용 패키지(파이썬: beautifulsoup4, 자바스크립트: cheerio)를 설치한다.

```
# 파이썬
pip install beautifulsoup4

# 자바스크립트
npm install cheerio
```

코드 2-2 웹페이지 추출

```Python
from langchain_community.document_loaders import WebBaseLoader

loader = WebBaseLoader("https://www.langchain.com/")
loader.load()
```

```JavaScript
import { CheerioWebBaseLoader } from '@langchain/community/document_loaders/web/cheerio';

const loader = new CheerioWebBaseLoader('https://www.langchain.com/');
const docs = await loader.load();
```

앞서 예로 든 테슬라 PDF의 경우, 랭체인의 PDFLoader로 PDF 문서의 텍스트를 추출할 수 있다. 다음 명령어로 PDF 전용 패키지(파이썬: pypdf, 자바스크립트: pdf-parse)를 설치한다.

```
# 파이썬
pip install pypdf

# 자바스크립트
npm install pdf-parse
```

코드 2-3 PDF 문서 추출

```Python
from langchain_community.document_loaders import PyPDFLoader

loader = PyPDFLoader('./test.pdf')
pages = loader.load()
```

```JavaScript
import { PDFLoader } from '@langchain/community/document_loaders/fs/pdf';

const loader = new PDFLoader('./test.pdf');
const docs = await loader.load();
```

PDF 문서에서 추출한 텍스트는 Document 클래스에 저장된다. 그러나 문제가 하나 있다. 불러온 문서의 길이가 100,000자를 초과해서 대다수의 LLM 및 임베딩 모델이 제공하는 컨텍스트 윈도에 모두 수용되지 않는다. 이 제한에 대응하려면, Document를 관리 가능한 텍스트 단위로 분할해 추후 임베딩과 의미론적 검색을 할 수 있도록 만들어야 한다. 이는 두 번째 단계인 검색 과정으로 이어진다.

> **TIP** LLM 및 임베딩 모델은 다루는 입력 및 출력 토큰 크기에 대해 엄격한 한계를 둔다. 이 한계는 주로 **컨텍스트 윈도**context window라 칭하며, 일반적으로 입력과 출력의 결합에 적용된다. 예를 들어, 컨텍스트 윈도가 100(단위는 차후 설명)인 경우, 입력 길이가 90이면 출력은 최대 10 길이로 제한된다. 컨텍스트 윈도는 일반적으로 토큰 수를 기준으로 측정한다(예: 8,192 토큰). 0장에서 설명한 것처럼 토큰(텍스트를 수치로 표현)은 보통 영문자 3~4글자다.

2.4 텍스트를 여러 조각으로 분할

언뜻 보면 방대한 텍스트를 여러 조각으로 분할하는 작업은 단순해 보이나, **의미론적**으로 연관(즉, 의미상 관련된) 텍스트 조각끼리 함께 유지하는 작업은 복잡하다. 랭체인은 대량의 문서를 의미 있는 소규모 텍스트 단위(청크chunk)로 손쉽게 분할하는 RecursiveCharacterTextSplitter를 제공한다. RecursiveCharacterTextSplitter는 다음과 같은 작업을 한다.

1. 중요도 순서에 따라 구분자 목록을 작성한다. 기본 구분자 목록은 다음과 같다.
   - 문단 구분자: \n\n
   - 줄 구분자: \n
   - 단어 구분자: 공백 문자
2. 우선 제한된 청크(예: 1,000자)를 만족하도록 단락을 분할하는 작업부터 진행한다.
3. 청크의 허용 크기를 초과하는 단락은 이후에 등장하는 구분자(줄 바꿈)를 기준으로 분할한다. 모든 청크가 목표 길이보다 작아지거나 적용할 추가 구분자가 없을 때까지 이 과정을 반복한다.
4. 각 청크는 Document 형식으로 출력하며, 원본 문서의 메타데이터와 원본 문서에서의 위치에 관한 추가 정보를 함께 제공한다.

예시를 살펴보자.

코드 2-4 문서를 청크로 분할

```python
from langchain_text_splitters import RecursiveCharacterTextSplitter

from langchain_community.document_loaders import TextLoader

loader = TextLoader('./test.txt', encoding='utf-8')
docs = loader.load()

splitter = RecursiveCharacterTextSplitter(chunk_size=1000, chunk_overlap=200)
splitted_docs = splitter.split_documents(docs)
```

```javascript
import { TextLoader } from 'langchain/document_loaders/fs/text';
import { RecursiveCharacterTextSplitter } from '@langchain/textsplitters';

const loader = new TextLoader('./test.txt');
const docs = await loader.load();

const splitter = new RecursiveCharacterTextSplitter({
  chunkSize: 1000,
  chunkOverlap: 200,
});

const splittedDocs = await splitter.splitDocuments(docs);
```

문서 로더가 생성한 문서를 각 1,000자 청크 단위로 분할하고, 일부 청크에는 200자의 중복 구간을 두어 컨텍스트를 유지했다. 결과는 문서로 구성된 목록이다. 각 문서는 텍스트를 단락, 줄 바꿈, 단어 단위로 분리한 최대 1,000자 분량의 텍스트다. 이 방법은 각 청크를 일관되고 가독성 높은 텍스트 조각으로 유지한다.

RecursiveCharacterTextSplitter는 코드와 마크다운 문서를 의미론적 청크로 분할하는 용도로도 활용할 수 있다. 이때 각 언어에 고유한 키워드를 구분자로 활용한다. 이렇게 하면 함수를 여러 부분으로 나누는 대신 단일 청크에 통합해 처리한다. 일반적으로 프로그래밍 언어느 글보다 체계적인 구조를 갖추고 있어, 청크 사이에 중복을 둘 필요가 없다. 랭체인은 파이썬, 자바스크립트, 마크다운, HTML 등 다양한 인기 언어에 맞춘 구분자를 내장한다. 예시를 살펴보자.

코드 2-5 코드의 분할

```python
from langchain_text_splitters import (
    Language,
    RecursiveCharacterTextSplitter,
)

PYTHON_CODE = '''
def hello_world():
    print("Hello, World!")

# Call the function
hello_world()
'''
python_splitter = RecursiveCharacterTextSplitter.from_language(
    language=Language.PYTHON, chunk_size=50, chunk_overlap=0
)
python_docs = python_splitter.create_documents([PYTHON_CODE])
```

```javascript
import { RecursiveCharacterTextSplitter } from '@langchain/textsplitters';

const PYTHON_CODE = '
def hello_world():
  print("Hello, World!")

# Call the function
hello_world()
';

const pythonSplitter = RecursiveCharacterTextSplitter.fromLanguage('python', {
  chunkSize: 50,
  chunkOverlap: 0,
});
```

```javascript
const pythonDocs = await pythonSplitter.createDocuments([PYTHON_CODE]);
```

출력

```
[Document(page_content='def hello_world():\n    print("Hello, World!")'),
    Document(page_content='# Call the function\nhello_world()')]
```

이전 예시와 마찬가지로 RecursiveCharacterTextSplitter를 사용하고, from_language 메서드로 특정 언어에 맞는 인스턴스를 생성한다. 해당 메서드는 언어명과 청크 크기 등 매개변수를 입력받는다. 참고로 이번 코드는 기존에 사용하던 문서 목록 대신 문자열 목록을 입력받는 메서드 create_documents를 사용한다. 이 메서드는 텍스트 문자열만으로 구성된 자료를 분할하는 데 유용하다.

또한, create_documents에서 두 번째 선택 인수를 활용해 각 텍스트 문자열과 연결할 메타데이터 목록을 전달할 수 있다. 메타데이터 목록은 문자열 목록과 같은 길이로 구성해야 하며 반환되는 Document의 메타데이터 필드를 채우는 용도로 활용된다. 메타데이터 인수를 활용한 마크다운 텍스트의 예시를 살펴보자.

코드 2-6 마크다운 텍스트의 분할

```python
from langchain_text_splitters import (
    Language,
    RecursiveCharacterTextSplitter,
)
markdown_text = '''
# 🦜️⛓️ LangChain ⚡ Building applications with LLMs through composability ⚡

## Quick Install
```bash
pip install langchain
```

As an open source project in a rapidly developing field, we are extremely open
    to contributions.
```

```python
...

md_splitter = RecursiveCharacterTextSplitter.from_language(
    language=Language.MARKDOWN, chunk_size=60, chunk_overlap=0
)

md_docs = md_splitter.create_documents(
    [markdown_text], [{'source': 'https://www.langchain.com'}])
```

```javascript
import { RecursiveCharacterTextSplitter } from '@langchain/textsplitters';

const markdownText = '
# 🦜🔗 LangChain ⚡ Building applications with LLMs through composability ⚡
## Quick Install
\'\'\'bash
pip install langchain
\'\'\'
As an open source project in a rapidly developing field, we are extremely open to contributions. ';

const mdSplitter = RecursiveCharacterTextSplitter.fromLanguage('markdown', {
  chunkSize: 60,
  chunkOverlap: 0,
});

const mdDocs = await mdSplitter.createDocuments(
  [markdownText],
  [{ source: 'https://www.langchain.com' }]
);
```

출력

```
[
    Document(metadata={'source': 'https://www.langchain.com'},
        page_content='# 🦜🔗 LangChain ⚡ Building applications with LLMs through'),
    Document(metadata={'source': 'https://www.langchain.com'},
        page_content='composability ⚡ ## Quick Install \'\'\'bash pip install'),
```

```
    Document(metadata={'source': 'https://www.langchain.com'},
        page_content='langchain ''' As an open source project in a rapidly'),
    Document(metadata={'source': 'https://www.langchain.com'},
        page_content='developing field, we are extremely open      to'),
    Document(metadata={'source': 'https://www.langchain.com'},
        page_content='contributions.')
]
```

여기서 두 가지 사실을 알 수 있다.

- 마크다운 문서에 존재하는 자연스러운 중단 지점을 기준으로 텍스트를 분할한다. 예를 들어, 제목은 하나의 청크로 구분하고, 그 아래의 본문은 별도의 청크로 분리하는 식이다.
- 두 번째 인수로 전달한 메타데이터가 각 생성 문서에 첨부된다. 이번 예시에서는 문서의 출처를 첨부했다.

2.5 텍스트 임베딩 생성

랭체인의 Embeddings 클래스는 텍스트 임베딩 모델과 상호작용해 텍스트의 벡터 표현을 생성한다. 해당 클래스는 오픈AI, 코히어Cohere, 허깅페이스Hugging Face 등과 연동된다. Embeddings 클래스는 문서를 임베딩하는 메서드와 질의를 임베딩하는 메서드를 제공한다. 첫 번째 메서드는 텍스트 문자열 목록을 입력받고, 두 번째 메서드는 단일 텍스트 문자열을 입력받는다.

오픈AI의 임베딩 모델(https://oreil.ly/9tnzQ)을 활용해 문서를 임베딩하는 예시를 살펴보자.

코드 2-7 문서의 임베딩 예시

```python
from langchain_openai import OpenAIEmbeddings

model = OpenAIEmbeddings(model='text-embedding-3-small')
embeddings = model.embed_documents([
```

```
  'Hi there!',
  'Oh, hello!',
  'What\'s your name?',
  'My friends call me World',
  'Hello World!'
])
```

```javascript
import { OpenAIEmbeddings } from '@langchain/openai';

const model = new OpenAIEmbeddings();
const embeddings = await model.embedDocuments([
  'Hi there!',
  'Oh, hello!',
  'What\'s your name?',
  'My friends call me World',
  'Hello World!',
]);
```

출력

```
[
  [
    -0.004845875, 0.004899438, -0.016358767, -0.024475135, -0.017341806,
     0.012571548, -0.019156644, 0.009036391, -0.010227379, -0.026945334,
     0.022861943, 0.010321903, -0.023479493, -0.0066544134, 0.007977734,
     0.0026371893, 0.025206111, -0.012048521, 0.012943339, 0.013094575,
    -0.010580265, -0.003509951, 0.004070787, 0.008639394, -0.020631202,
    ... 1511 more items
  ]
  [
    -0.009446913, -0.013253193, 0.013174579, 0.0057552797, -0.038993083,
     0.0077763423, -0.0260478, -0.0114384955, -0.0022683728, -0.016509168,
     0.041797023, 0.01787183, 0.00552271, -0.0049789557, 0.018146982,
    -0.01542166, 0.033752076, 0.006112323, 0.023872782, -0.016535373,
    -0.006623321, 0.016116094, -0.0061090477, -0.0044155475, -0.016627092,
    ... 1511 more items
  ]
  ... 3 more items
]
```

임베딩 모델은 동시에 여러 문서를 임베딩할 수 있으므로, 한 번에 하나씩 임베딩하기보다 동시 임베딩하는 편이 더 좋다. 모델 구성상 동시 임베딩이 더 효율적이기 때문이다. 결과는 여러 개의 숫자 리스트를 포함하는 리스트로, 각 내부 리스트는 앞서 설명한 벡터(임베딩)로 표현한다.

지금까지 살펴본 세 가지 기능을 활용한 전체 예시를 살펴보겠다.

- **문서 로더**: 임의의 문서를 평문으로 변환한다.
- **텍스트 분할기**: 대형 문서를 다수의 소규모 문서로 분할한다.
- **임베딩 모델**: 각 분할 요소의 의미를 수치로 표현한다.

전체 코드는 다음과 같다.

코드 2-8 .txt 파일 로드 후 임베딩

```python
from langchain_community.document_loaders import TextLoader
from langchain_text_splitters import RecursiveCharacterTextSplitter
from langchain_openai import OpenAIEmbeddings

# 문서 로드
loader = TextLoader('./test.txt', encoding='utf-8')
doc = loader.load()

"""
[
    Document(page_content='Document loaders\n\nUse document loaders to load data
        from a source as 'Document'\'s. A 'Document' is a piece of text\nand
        associated metadata. For example, there are document loaders for
        loading a simple '.txt' file, for loading the text\ncontents of any web
        page, or even for loading a transcript of a YouTube video.\n\nEvery
        document loader exposes two methods:\n1. "Load": load documents from
        the configured source\n2. "Load and split": load documents from the
        configured source and split them using the passed in text
        splitter\n\nThey optionally implement:\n\n3. "Lazy load": load
        documents into memory lazily\n', metadata={'source': 'test.txt'})
]
```

```python
"""
# 문서 분할
splitter = RecursiveCharacterTextSplitter(chunk_size=1000, chunk_overlap=200)
chunks = splitter.split_documents(doc)

# 임베딩 생성
embeddings_model = OpenAIEmbeddings(model='text-embedding-3-small')
embeddings = embeddings_model.embed_documents(
    [chunk.page_content for chunk in chunks]
)

"""
[[0.0053587136790156364,
 -0.0004999046213924885,
  0.038883671164512634,
 -0.003001077566295862,
 -0.00900818221271038, ...], ...]
"""
```

```javascript
import { TextLoader } from 'langchain/document_loaders/fs/text';
import { RecursiveCharacterTextSplitter } from '@langchain/textsplitters';
import { OpenAIEmbeddings } from '@langchain/openai';

const loader = new TextLoader('./test.txt');
const docs = await loader.load();

// 문서 분할
const splitter = new RecursiveCharacterTextSplitter({
  chunkSize: 1000,
  chunkOverlap: 200,
});
const chunks = await splitter.splitDocuments(docs);

console.log(chunks);

// 임베딩 생성
const model = new OpenAIEmbeddings();
const embeddings = await model.embedDocuments(chunks.map((c) => c.pageContent));
```

문서에서 임베딩을 생성했으니 벡터 저장소라는 특별한 데이터베이스에 저장할 차례다.

2.6 벡터 저장소에 임베딩 저장

앞서 벡터 간의 유사도를 측정하는 코사인 유사도 계산 방법을 알아봤다. 벡터 저장소vector store는 벡터를 저장해 코사인 유사도 등의 복잡한 계산을 효율적이고 신속하게 처리하도록 설계된 데이터베이스다.

일반적인 데이터베이스는 JSON 문서나 관계형 데이터베이스 스키마에 따른 정형[2] 데이터를 저장하는 데 특화되어 있다. 이에 반해 벡터 저장소는 텍스트와 이미지 등 비정형 데이터를 저장할 수 있다. 벡터 저장소는 정형 데이터베이스와 마찬가지로 생성, 조회, 수정, 삭제(CRUD) 및 검색 연산을 수행할 수 있다.

벡터 저장소를 활용하면 다양한 가능성이 열린다. [그림 2-4]처럼 AI에 대용량 문서를 바탕으로 질의응답할 수 있는 확장성 있는 애플리케이션을 만들 수도 있다.

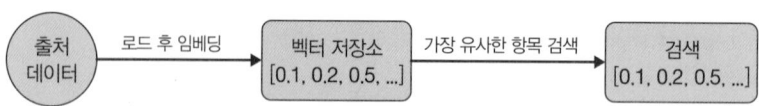

그림 2-4 벡터 저장소에서의 관련 문서 임베딩, 저장, 검색

[그림 2-4]는 벡터 저장소에 문서 임베딩을 삽입하고, 쿼리를 전송해 벡터 저장소에서 유사한 임베딩을 검색하는 과정을 나타낸다.

현재 많은 벡터 저장소가 존재하며, 각 벡터 저장소는 서로 다른 기능에 특화되어 있다. 벡터 저장소는 다중 테넌시, 메타데이터 필터링 기능, 성능, 비용, 확장성 등 핵심 조건을 기준으

---

2 옮긴이_ 데이터는 형태에 따라 정형, 반정형, 비정형으로 분류한다. 정형 데이터는 구조가 고정된 데이터이고, 반정형 데이터는 구조는 있으나 그 값은 유연한 데이터다. 비정형 데이터는 고정된 구조가 없는 데이터(예: 텍스트, 영상)를 말한다.

로 결정해야 한다. 벡터 저장소는 벡터 데이터를 관리하는 데 특화된 데이터베이스지만, 몇 가지 단점이 존재한다.

- 대부분의 벡터 저장소는 비교적 최근 기술로 안정성을 보장하기 어렵다.
- 벡터 저장소의 관리와 최적화는 비교적 가파른 학습 곡선을 요구한다.
- 별도의 데이터베이스를 관리하면 애플리케이션의 복잡성이 증가하며, 귀중한 자원이 소모될 위험이 있다.

다행히도, 최근 오픈소스 관계형 데이터베이스로 널리 사용되는 PostgreSQL에 벡터 저장소 기능인 pgvector가 확장 기능으로 추가됐다. 덕분에 이미 익숙한 데이터베이스를 그대로 활용해, 트랜잭션 테이블(예: 사용자 테이블)과 벡터 검색 테이블까지 함께 구동할 수 있다.

2.6.1 PGVector 환경 구축

PostgreSQL에 PGVector를 사용하려면 몇 가지 설정을 해야 한다.

- OS에 맞는 설치 방법(https://oreil.ly/Gn280)에 따라 도커Docker를 설치한다.
- 터미널에 다음 명령어를 입력해, 포스트그레 인스턴스를 실행한다. 도커 대시보드의 컨테이너 목록을 확인하면 pgvector-container 옆에 녹색 실행 상태 표시가 나타난다.

```
docker run \
    --name pgvector-container \
    -e POSTGRES_USER=langchain \
    -e POSTGRES_PASSWORD=langchain \
    -e POSTGRES_DB=langchain \
    -p 6024:5432 \
    -d pgvector/pgvector:pg16
```

- 코드에서 활용할 수 있도록 연결 정보를 저장하자. 실습에서 재사용할 예정이다.

```
postgresql+psycopg://langchain:langchain@localhost:6024/langchain
```

2.6.2 벡터 저장소 활용

임베딩에 이어서 PGVector를 활용해 문서를 로드해 분할한 후 임베딩을 저장하겠다.

코드 2-9 **PGVector를 활용한 임베딩 저장**

```python
from langchain_community.document_loaders import TextLoader
from langchain_openai import OpenAIEmbeddings
from langchain_text_splitters import RecursiveCharacterTextSplitter
from langchain_postgres.vectorstores import PGVector
from langchain_core.documents import Document
import uuid


# 도커 연결 설정
connection = 'postgresql+psycopg://langchain:langchain@localhost:6024/langchain'

# 문서를 로드 후 분할
raw_documents = TextLoader('./test.txt', encoding='utf-8').load()
text_splitter = RecursiveCharacterTextSplitter(
    chunk_size=1000, chunk_overlap=200)
documents = text_splitter.split_documents(raw_documents)

# 문서에 대한 임베딩 생성
embeddings_model = OpenAIEmbeddings()

db = PGVector.from_documents(
    documents, embeddings_model, connection=connection)
```

```javascript
import { TextLoader } from 'langchain/document_loaders/fs/text';
import { RecursiveCharacterTextSplitter } from '@langchain/textsplitters';
import { OpenAIEmbeddings } from '@langchain/openai';
import { PGVectorStore } from '@langchain/community/vectorstores/pgvector';
import { v4 as uuidv4 } from 'uuid';

// 도커 연결 설정
const connectionString =
  'postgresql://langchain:langchain@localhost:6024/langchain';
```

```
// 문서를 로드 후 분할
const loader = new TextLoader('./test.txt');
const raw_docs = await loader.load();
const splitter = new RecursiveCharacterTextSplitter({
  chunkSize: 1000,
  chunkOverlap: 200,
});
const docs = await splitter.splitDocuments(raw_docs);

// 문서에 대한 임베딩 생성
const model = new OpenAIEmbeddings();
const db = await PGVectorStore.fromDocuments(docs, model, {
  postgresConnectionOptions: {
    connectionString,
  },
});
```

문서를 로드해 문서를 청크로 분할하는 코드는 앞부분의 코드를 재활용했다. 이어서 임베딩 모델을 인스턴스화한다. 지금은 오픈AI의 모델을 활용했으나 랭체인이 지원하는 다른 임베딩 모델도 사용할 수 있다. 이어서 문서, 임베딩 모델 및 연결 정보를 활용해 벡터 저장소를 생성한다. 과정은 다음과 같다.

- 컴퓨터 내에서 실행 중인 PostgreSQL 인스턴스에 연결을 구성한다(자세한 내용은 PGVector 환경 구축 참고).
- 최초 실행에서 문서와 벡터를 보관할 테이블을 생성하는 등 필요한 초기 설정을 수행한다.
- 선택한 모델을 활용해 각 문서에 대한 임베딩을 생성한다.
- PostgreSQL에 임베딩, 문서 메타데이터, 본문을 저장해 쉽게 검색할 수 있도록 준비한다.

문서 검색 과정을 살펴보자.

코드 2-10 PGVector를 활용한 문서 검색

```python
results = db.similarity_search('query', k=4)
```

```javascript
await pgvectorStore.similaritySearch('query', 4);
```

이렇게 하면 이전에 인덱싱한 문서 중 가장 관련성이 높은 문서를 찾아낸다. 과정은 다음과 같다.

- 검색 쿼리(예시 코드 내 query)를 임베딩 모델에 전달해 임베딩을 얻는다.
- PostgreSQL에 질의를 실행해, 입력된 질의와 가장 유사한 임베딩 N개(예시 코드의 경우 4개)를 검색한다.
- 각 임베딩과 연관된 텍스트 내용 및 메타데이터를 가져온다.
- 모델은 질의와의 유사도에 따라 Document 목록을 반환한다. 목록은 가장 유사한 항목부터 차례대로 정렬된다.

기존 데이터베이스에 문서를 추가할 수도 있다. 예시를 살펴보자.

코드 2-11 PGVector를 활용한 문서 추가

```python
ids = [str(uuid.uuid4()), str(uuid.uuid4())]
db.add_documents(
    [
        Document(
            page_content='there are cats in the pond',
            metadata={'location': 'pond', 'topic': 'animals'},
        ),
        Document(
            page_content='ducks are also found in the pond',
            metadata={'location': 'pond', 'topic': 'animals'},
        ),
    ],
    ids=ids,
)
```

```javascript
const ids = [uuidv4(), uuidv4()];
await db.addDocuments(
  [
    {
      pageContent: 'there are cats in the pond',
      metadata: { location: 'pond', topic: 'animals' },
```

```
    },
    {
      pageContent: 'ducks are also found in the pond',
      metadata: { location: 'pond', topic: 'animals' },
    },
  ],
  { ids }
);
```

여기서 사용 중인 add_documents 메서드는 fromDocuments와 유사한 절차를 따른다.

- 선택한 모델을 활용해 각 문서에 대한 임베딩을 생성한다.
- 포스트그레에 임베딩, 문서 메타데이터, 본문을 저장해 쉽게 검색할 수 있도록 준비한다.

예시에서는 선택인수 ids를 활용해 각 문서에 식별자를 부여한다. 이를 통해 추후 문서를 수정하거나 삭제할 수 있다. 다음은 삭제 작업의 예시다.

코드 2-12 PGVector를 활용한 문서 삭제

Python
```
db.delete(ids=[1])
```

JavaScript
```
await db.delete({ ids: [ids[1]] })
```

이 코드는 범용 고유 식별자Universally Unique Identifier(UUID)를 활용해 두 번째로 추가된 문서를 삭제한다. 이제 보다 체계적인 방법을 검토해 보겠다.

2.7 문서의 변경 사항 추적

데이터가 지속적으로 변화하는 상황에서 벡터 저장소는 데이터를 다시 인덱싱한다. 이로 인해 계산 비용이 발생하고, 기존 콘텐츠가 중복되기도 한다.

다행히도, 랭체인은 인덱싱 API를 통해 문서를 벡터 저장소와 손쉽게 동기화할 수 있다. 인덱싱 API는 벡터 저장소에 문서가 기록되는 상황을 관리하기 위해 RecordManager 클래스를 사용한다. 인덱싱을 하면 각 문서의 해시값이 산출되어, 다음 정보가 RecordManager에 저장된다.

- 문서 해시(페이지 내용과 메타데이터에 대한 해시값)
- 작성 시간
- 출처 ID(각 문서의 메타데이터에 해당 문서의 최종 출처를 판별할 수 있도록 정보를 반드시 포함해야 함)

또한 인덱싱 API는 벡터 저장소에 저장된 문서 삭제 방식을 결정하는 데 도움을 주는 클린업 모드를 제공한다. 예를 들어, 인제스천 이전에 문서를 처리하는 방식에 변화가 있거나 원본 문서가 수정된 경우, 인덱싱되는 새 문서와 같은 출처에서 기존 문서를 제거하는 편이 좋다. 일부 문서가 삭제됐다면, 벡터 저장소에 보관된 모든 기존 문서를 삭제한 후 인덱싱을 새로 수행한 문서로 교체하길 권한다.

클린업 모드는 다음과 같다.

- None 모드: 자동 정리 기능을 수행하지 않으며, 기존 콘텐츠를 수동으로 정리할 수 있다.
- Incremental 모드, full 모드: 원본 문서나 파생 문서의 내용이 변경된 경우 기존 버전의 콘텐츠를 삭제한다.
- Full 모드: 현재 인덱싱 중인 문서에 포함되지 않은 모든 문서를 추가로 삭제한다.

PostgreSQL 데이터베이스를 레코드 관리자로 설정하는 인덱싱 API 사용 예시를 살펴보자.

코드 2-13 문서를 변경한 후 재저장

```python
from langchain.indexes import SQLRecordManager, index
from langchain_postgres.vectorstores import PGVector
from langchain_openai import OpenAIEmbeddings
from langchain.docstore.document import Document

connection = 'postgresql+psycopg://langchain:langchain@localhost:6024/langchain'
collection_name = 'my_docs'
```

```python
embeddings_model = OpenAIEmbeddings(model='text-embedding-3-small')
namespace = 'my_docs_namespace'

vectorstore = PGVector(
    embeddings=embeddings_model,
    collection_name=collection_name,
    connection=connection,
    use_jsonb=True,
)

record_manager = SQLRecordManager(
    namespace,
    db_url='postgresql+psycopg://langchain:langchain@localhost:6024/langchain',
)

# 스키마가 없으면 생성
record_manager.create_schema()

# 문서 생성
docs = [
    Document(page_content='there are cats in the pond', metadata={
            'id': 1, 'source': 'cats.txt'}),
    Document(page_content='ducks are also found in the pond', metadata={
            'id': 2, 'source': 'ducks.txt'}),
]

# 문서 인덱싱 1회차
index_1 = index(
    docs,
    record_manager,
    vectorstore,
    cleanup='incremental',    # 문서 중복 방지
    source_id_key='source',   # 출처를 source_id로 사용
)

print('인덱싱 1회차:', index_1)

# 문서 인덱싱 2회차, 중복 문서 생성 안 됨
index_2 = index(
    docs,
    record_manager,
```

```
    vectorstore,
    cleanup='incremental',
    source_id_key='source',
)

print('인덱싱 2회차:', index_2)

# 문서를 수정하면 새 버전을 저장하고, 출처가 같은 기존 문서는 삭제

docs[0].page_content = 'I just modified this document!'

index_3 = index(
    docs,
    record_manager,
    vectorstore,
    cleanup='incremental',
    source_id_key='source',
)

print('인덱싱 3회차:', index_3)
```

```javascript
import { PostgresRecordManager } from '@langchain/community/indexes/postgres';
import { index } from 'langchain/indexes';
import { OpenAIEmbeddings } from '@langchain/openai';
import { PGVectorStore } from '@langchain/community/vectorstores/pgvector';
import { v4 as uuidv4 } from 'uuid';

const tableName = 'test_langchain';
const connectionString =
  'postgresql://langchain:langchain@localhost:6024/langchain';

// 문서 로드 후 청크로 분할
const config = {
  postgresConnectionOptions: {
    connectionString,
  },
  tableName: tableName,
  columns: {
    idColumnName: 'id',
```

```
    vectorColumnName: 'vector',
    contentColumnName: 'content',
    metadataColumnName: 'metadata',
  },
};

const vectorStore = await PGVectorStore.initialize(
  new OpenAIEmbeddings(),
  config
);

// 레코드 관리자 설정
const recordManagerConfig = {
  postgresConnectionOptions: {
    connectionString,
  },
  tableName: 'upsertion_records',
};
const recordManager = new PostgresRecordManager(
  'test_namespace',
  recordManagerConfig
);

// 스키마가 없으면 생성
await recordManager.createSchema();

const docs = [
  {
    pageContent: 'there are cats in the pond',
    metadata: { id: uuidv4(), source: 'cats.txt' },
  },
  {
    pageContent: 'ducks are also found in the pond',
    metadata: { id: uuidv4(), source: 'ducks.txt' },
  },
];

// 문서 인덱싱 1회차
const index_attempt_1 = await index({
  docsSource: docs,
  recordManager,
```

```
    vectorStore,
    options: {
      cleanup: 'incremental', // 문서 중복 방지
      sourceIdKey: 'source', // 출처를 source_id로 사용
    },
});

console.log(index_attempt_1);

// 문서 인덱싱 2회차, 중복 문서 생성 안 됨
const index_attempt_2 = await index({
    docsSource: docs,
    recordManager,
    vectorStore,
    options: {
      cleanup: 'incremental',
      sourceIdKey: 'source',
    },
});

console.log(index_attempt_2);

// 문서를 수정하면 새 버전을 저장하고, 출처가 같은 기존 문서는 삭제
docs[0].pageContent = 'I modified the first document content';
const index_attempt_3 = await index({
    docsSource: docs,
    recordManager,
    vectorStore,
    options: {
      cleanup: 'incremental',
      sourceIdKey: 'source',
    },
});

console.log(index_attempt_3);
```

출력

```
인덱싱 1회차: {'num_added': 2, 'num_updated': 0, 'num_skipped': 0, 'num_deleted': 0}
인덱싱 2회차: {'num_added': 0, 'num_updated': 0, 'num_skipped': 2, 'num_deleted': 0}
```

```
인덱싱 3회차: {'num_added': 1, 'num_updated': 0, 'num_skipped': 1, 'num_deleted': 1}
```

먼저, 기존에 인덱싱한 문서를 관리할 레코드 관리자를 생성한다. 그 후, `index` 기능을 사용해 벡터 저장소와 새 문서 목록을 동기화한다. 예시에서는 증분 모드를 적용해, 이전과 같은 ID를 가진 문서가 새 버전으로 대체된다.

2.8 인덱싱 최적화

기본 RAG 인덱싱 단계는 주어진 문서를 청크 단위로 단순하게 텍스트 분할한 후 임베딩한다. 이 기본 기법은 데이터 소스에 이미지와 표가 포함된 경우, 검색 결과의 일관성이 떨어지고 허위 생성 현상이 비교적 자주 발생한다.

인덱싱 단계에서 정확도와 성능을 제고하는 다양한 전략이 존재한다. 다음 절에서는 MultiVectorRetriever, RAPTOR, ColBERT에 대해 알아보겠다.

2.8.1 MultiVectorRetriever

텍스트와 표가 혼합된 문서를 단순히 텍스트 기준으로 분할해 컨텍스트에 임베딩할 경우 전체 표가 누락되는 문제가 발생한다. 이를 해결하기 위해 답안 합성에 활용되는 문서와 검색에 활용되는 참조 자료를 분리하는 방법이 있다. [그림 2-5]는 해당 방법을 설명한 다이어그램이다.

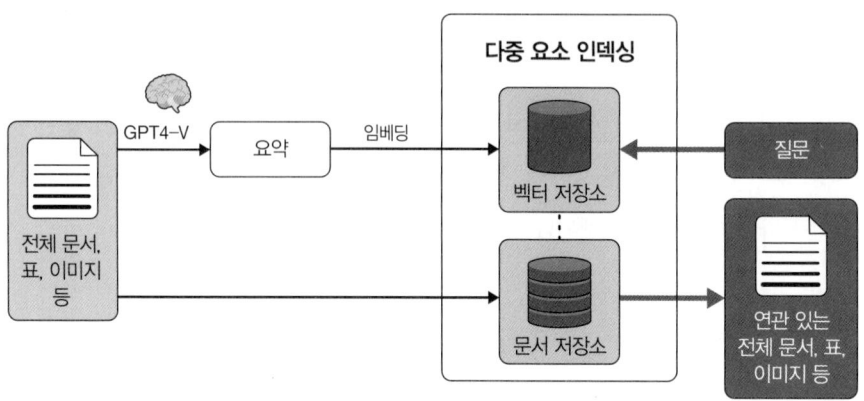

그림 2-5 단일 문서에 있는 여러 요소의 인덱싱 과정

예를 들어, 표가 포함된 문서는 표에 대한 요약을 먼저 생성해 임베딩하고, 각 요약에 전체 원본 표를 참조하는 id를 포함한다. 다음 단계에서는 참조할 원본 테이블을 모두 별도의 문서 저장소에 보관한다. 최종적으로 사용자의 질의 결과에서 표 요약이 검색되면, 참조된 원본 테이블 전체를 답변에 참고해야 하므로 LLM에 전송되는 최종 프롬프트의 컨텍스트로 포함시킨다. 이 방법을 활용하면 질문에 답변하는 데 필수적인 정보의 전체 컨텍스트를 LLM에 제공할 수 있다.

예시를 살펴보자. 먼저, 문서 요약 생성을 위해 LLM을 활용한다. 다음으로 원시 요약 및 해당 임베딩을 저장할 벡터 저장소와 문서 저장소 docstore를 정의한다. 마지막으로, 질의를 토대로 관련된 전체 컨텍스트 문서를 검색한다.

코드 2-14 LLM을 활용한 문서 요약 후 임베딩

```python
from langchain_community.document_loaders import TextLoader
from langchain_text_splitters import RecursiveCharacterTextSplitter
from langchain_openai import OpenAIEmbeddings
from langchain_postgres.vectorstores import PGVector
from langchain_core.output_parsers import StrOutputParser
from langchain_core.prompts import ChatPromptTemplate
from pydantic import BaseModel
from langchain_core.runnables import RunnablePassthrough
from langchain_openai import ChatOpenAI
```

```python
from langchain_core.documents import Document
from langchain.retrievers.multi_vector import MultiVectorRetriever
from langchain.storage import InMemoryStore
import uuid

connection = 'postgresql+psycopg://langchain:langchain@localhost:6024/langchain'
collection_name = 'summaries'
embeddings_model = OpenAIEmbeddings()

# 문서 로드
loader = TextLoader('./test.txt', encoding='utf-8')
docs = loader.load()

print('length of loaded docs: ', len(docs[0].page_content))

# 문서 분할
splitter = RecursiveCharacterTextSplitter(chunk_size=1000, chunk_overlap=200)
chunks = splitter.split_documents(docs)

# 나머지 코드는 동일하게 유지
prompt_text = '다음 문서의 요약을 생성하세요:\n\n{doc}'

prompt = ChatPromptTemplate.from_template(prompt_text)
llm = ChatOpenAI(temperature=0, model='gpt-4o-mini')
summarize_chain = {
    'doc': lambda x: x.page_content} | prompt | llm | StrOutputParser()

summaries = summarize_chain.batch(chunks, {'max_concurrency': 5})

# 벡터 저장소는 하위 청크를 인덱싱하는 데 사용
vectorstore = PGVector(
    embeddings=embeddings_model,
    collection_name=collection_name,
    connection=connection,
    use_jsonb=True,
)
# 상위 문서를 위한 스토리지 레이어
store = InMemoryStore()
id_key = 'doc_id'
```

```
# 원본 문서를 문서 저장소에 보관하면서 벡터 저장소에 요약을 인덱싱
retriever = MultiVectorRetriever(
    vectorstore=vectorstore,
    docstore=store,
    id_key=id_key,
)

# 문서와 동일한 길이가 필요하므로 summaries에서 chunks로 변경
doc_ids = [str(uuid.uuid4()) for _ in chunks]

# 각 요약은 doc_id를 통해 원본 문서와 연결
summary_docs = [
    Document(page_content=s, metadata={id_key: doc_ids[i]})
    for i, s in enumerate(summaries)
]

# 유사도 검색을 위해 벡터 저장소에 문서 요약을 추가
retriever.vectorstore.add_documents(summary_docs)

# doc_ids를 통해 요약과 연결된 원본 문서를 문서 저장소에 저장
# 이를 통해 먼저 요약을 효율적으로 검색한 다음, 필요할 때 전체 문서를 가져옴
retriever.docstore.mset(list(zip(doc_ids, chunks)))

# 벡터 저장소가 요약을 검색
sub_docs = retriever.vectorstore.similarity_search(
    'chapter on philosophy', k=2)

print('sub docs: ', sub_docs[0].page_content)

print('length of sub docs:\n', len(sub_docs[0].page_content))

# retriever는 더 큰 원본 문서 청크를 반환
retrieved_docs = retriever.invoke('chapter on philosophy')

print('length of retrieved docs: ', len(retrieved_docs[0].page_content))
```

`JavaScript`

```
import * as uuid from 'uuid';
import { MultiVectorRetriever } from 'langchain/retrievers/multi_vector';
import { OpenAIEmbeddings } from '@langchain/openai';
import { RecursiveCharacterTextSplitter } from '@langchain/textsplitters';
```

```javascript
import { InMemoryStore } from '@langchain/core/stores';
import { TextLoader } from 'langchain/document_loaders/fs/text';
import { Document } from '@langchain/core/documents';
import { PGVectorStore } from '@langchain/community/vectorstores/pgvector';
import { ChatOpenAI } from '@langchain/openai';
import { PromptTemplate } from '@langchain/core/prompts';
import { RunnableSequence } from '@langchain/core/runnables';
import { StringOutputParser } from '@langchain/core/output_parsers';

const connectionString =
  'postgresql://langchain:langchain@localhost:6024/langchain';
const collectionName = 'summaries';

const textLoader = new TextLoader('./test.txt');
const parentDocuments = await textLoader.load();
const splitter = new RecursiveCharacterTextSplitter({
  chunkSize: 10000,
  chunkOverlap: 20,
});
const docs = await splitter.splitDocuments(parentDocuments);

const prompt = PromptTemplate.fromTemplate(
  '다음 문서의 요약을 생성하세요:\n\n{doc}'
);

const llm = new ChatOpenAI({ modelName: 'gpt-4o-mini' });

const chain = RunnableSequence.from([
  { doc: (doc) => doc.pageContent },
  prompt,
  llm,
  new StringOutputParser(),
]);

const summaries = await chain.batch(docs, {
  maxConcurrency: 5,
});

const idKey = 'doc_id';
const docIds = docs.map((_) => uuid.v4());
```

```
// 각 요약은 doc_id를 통해 원본 문서와 연결
const summaryDocs = summaries.map((summary, i) => {
  const summaryDoc = new Document({
    pageContent: summary,
    metadata: {
      [idKey]: docIds[i],
    },
  });
  return summaryDoc;
});

// 기존 청크를 저장할 바이트스토어
const byteStore = new InMemoryStore();

// 요약을 저장할 벡터 저장소
const vectorStore = await PGVectorStore.fromDocuments(
  docs,
  new OpenAIEmbeddings(),
  {
    postgresConnectionOptions: {
      connectionString,
    },
  }
);

const retriever = new MultiVectorRetriever({
  vectorstore: vectorStore,
  byteStore,
  idKey,
});

const keyValuePairs = docs.map((originalDoc, i) => [docIds[i], originalDoc]);

// retriever로 청크를 문서 저장소에 추가
await retriever.docstore.mset(keyValuePairs);

// 벡터 저장소가 요약을 검색
const vectorstoreResult = await retriever.vectorstore.similaritySearch(
  'chapter on philosophy',
  2
);
```

```
  console.log('summary: ${vectorstoreResult[0].pageContent}');
  console.log(
    'summary retrieved length: ${vectorstoreResult[0].pageContent.length}'
  );

  // retriever는 더 큰 원본 문서 청크를 반환
  const retrieverResult = await retriever.invoke('chapter on philosophy');
  console.log(
    'multi-vector retrieved chunk length: ${retrieverResult[0].pageContent.length}'
  );
```

2.8.2 RAPTOR

RAG 시스템은 단일 문서에 존재하는 특정 사실을 참조하는 하위 수준의 질문과 여러 문서에 걸쳐 산출된 아이디어를 도출하는 상위 수준의 질문을 모두 처리할 수 있어야 한다. 문서 청크를 대상으로 하는 일반적인 k-최근접 이웃$^{\text{k-nearest neighbors}}$(k-NN) 검색 방식을 적용하면, 두 가지 유형의 질문을 모두 처리하는 데 어려움이 발생한다.

트리 형태 검색을 위한 재귀적 추상 처리$^{\text{Recursive abstractive processing for tree-organized retrieval}}$(RAPTOR)는 상위 개념을 반영하는 문서 요약을 작성하고 문서의 임베딩 및 클러스터링을 수행한 후 각 클러스터를 재요약(https://oreil.ly/VdIpJ)하는 효과적인 전략이다.[3] 이러한 과정을 재귀적으로 진행해 점차 상위 개념을 반영하는 요약 트리를 형성한다. 요약본과 초기 문서를 함께 인덱싱해서 사용자의 기초적인 질문부터 고급적인 질문까지 포괄적으로 다룰 수 있도록 구성한다. [그림 2-6]을 살펴보자.

---

[3] Parth Sarthi et al., "RAPTOR: Recursive Abstractive Processing for Tree-Organized Retrieval"(https://oreil.ly/hS4NB), arXiv, January 31, 2024. Paper published at ICLR 2024.

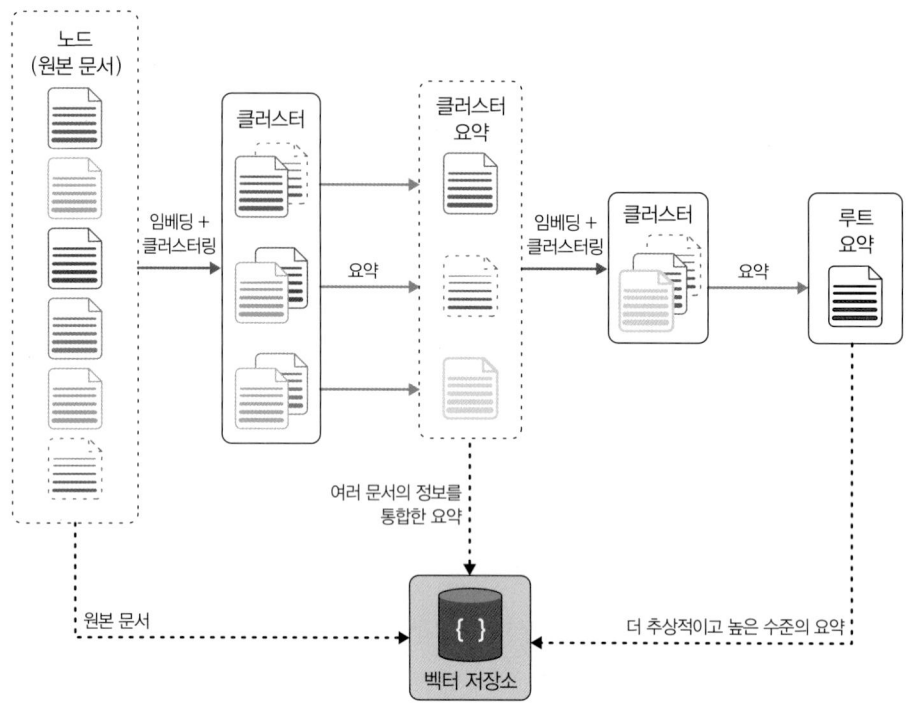

그림 2-6 문서의 재귀적 요약

2.8.3 ColBERT

인덱싱 단계에서 임베딩 모델을 사용하면, 텍스트 전체가 고정 길이의 벡터로 표현되기 때문에 문서의 의미는 담을 수 있지만, 세부적인 문맥이나 구조 정보는 손실될 수 있다는 한계가 있다. 압축은 검색에 유용하더라도, 관련이 없거나 중복된 내용의 임베딩은 LLM의 출력 단계에서 환각을 유발할 수 있다.

해당 문제를 해결할 수 있는 방법 한 가지는 다음과 같다.

1. 문서 및 질의의 각 토큰에 대한 컨텍스트 임베딩을 생성한다.
2. 각 쿼리 토큰과 문서 내 모든 토큰 간의 유사도를 산출하고 평가한다.

3. 모든 질의 임베딩과 해당 문서 임베딩 간의 유사도 중 최댓값을 추출한 후, 이를 모두 합산해 각 문서의 점수를 산정한다.

세밀하고 효과적인 임베딩 접근법으로 검색 성능을 크게 향상시킬 수 있다. 다행스럽게도, ColBERT라는 임베딩 모델이 해당 방법을 구현한다.[4] ColBERT를 통해 데이터를 효과적으로 임베딩할 수 있다.

코드 2-15 ColBERT를 활용한 임베딩[5]

```python
from ragatouille import RAGPretrainedModel
RAG = RAGPretrainedModel.from_pretrained("colbert-ir/colbertv2.0")

import requests

def get_wikipedia_page(title: str):
    """
    위키백과의 페이지를 불러온다.

    :param title: str - 위키백과 페이지의 제목
    :return: str - 페이지의 전체 텍스트를 raw 문자열로 반환
    """
    # 위키백과 API 엔드포인트
    URL = "https://en.wikipedia.org/w/api.php"

    # API 요청 파라미터
    params = {
        "action": "query",
        "format": "json",
        "titles": title,
        "prop": "extracts",
        "explaintext": True,
    }
```

---

[4] Keshav Santhanam et al., "ColBERTv2: Effective and Efficient Retrieval via Lightweight Late Interaction"(https://oreil.ly/9spW2), arXiv, December 2, 2021.

[5] 옮긴이_ 해당 실습에서 사용하는 ragatouille는 macOS에서만 작동하는 파이썬 라이브러리이므로 해당 환경에서만 실행이 가능하다 (2025년 4월).

```python
    # 위키백과의 데이터를 받아올 헤더 설정
    headers = {"User-Agent": "RAGatouille_tutorial/0.0.1"}

    response = requests.get(URL, params=params, headers=headers)
    data = response.json()

    # 페이지 컨텐츠 추출
    page = next(iter(data["query"]["pages"].values()))
    return page["extract"] if "extract" in page else None

full_document = get_wikipedia_page("Hayao_Miyazaki")

# 인덱스 설정
RAG.index(
    collection=[full_document],
    index_name="Miyazaki-123",
    max_document_length=180,
    split_documents=True,
)

# 쿼리
results = RAG.search(query="What animation studio did Miyazaki found?", k=3)
results

# 랭체인에 전달
retriever = RAG.as_langchain_retriever(k=3)
retriever.invoke("What animation studio did Miyazaki found?")
```

ColBERT는 LLM에서 컨텍스트로 활용하는 검색 문서의 관련성을 제고할 수 있다.

2.9 요약

이 장에서는 다양한 랭체인의 모듈을 통해 LLM 애플리케이션에 필요한 문서를 준비하고 전처리하는 방법을 알아봤다. 문서 로더는 데이터 소스에서 텍스트를 추출할 수 있게 하며, 텍스트 분할기는 문서를 의미상 유사한 청크들로 분할하고, 임베딩 모델은 각 청크의 의미를 파악해 벡터 표현으로 변환한다.

별도로, 벡터 저장소는 임베딩에 대한 CRUD 작업과 복잡한 계산을 통해 의미가 유사한 텍스트 청크를 산출하는 기능을 제공한다. 끝으로, 인덱싱 최적화 전략을 통해 임베딩 품질을 향상시키고 반정형 데이터$^{\text{semi-structured data}}$(예를 들어 표가 포함된 문서)를 정확히 검색하는 AI 애플리케이션을 구현할 수 있다.

3장에서는 질의를 바탕으로 벡터 저장소 내에서 가장 유사한 문서 청크를 효율적으로 검색하는 기법과 검색된 정보를 LLM이 인식할 수 있는 컨텍스트로 제공해, LLM이 정확한 출력을 생성하도록 만드는 방법을 설명한다.

CHAPTER

03

RAG 2단계: 데이터 기반 대화

3장에서는 검색 증강 생성(RAG)의 두 번째 단계인 검색과 생성 과정을 다룬다. 사용자 질의를 임베딩하고 벡터 저장소에서 관련 문서를 찾아 프롬프트에 컨텍스트로 제공하는 방법을 설명한다. 더 정확한 답변을 위한 쿼리 변환, 다양한 데이터 소스를 활용하기 위한 쿼리 라우팅, 자연어를 구조화된 쿼리로 전환하는 방법까지 실제 운영 환경에서 사용할 수 있는 고급 RAG 기법들을 다양한 코드 예시와 함께 소개한다.

CHAPTER 03
RAG 2단계: 데이터 기반 대화

2장에서는 데이터를 처리하고 임베딩을 생성해 벡터 저장소에 저장하는 방법을 배웠다. 이번 장에서는 사용자의 질의를 바탕으로 가장 연관성 높은 임베딩과 청크를 효율적으로 검색하는 방법을 설명한다. 이를 통해 관련 문서를 컨텍스트로 활용한 프롬프트를 구성해 LLM의 최종 출력 정확도를 향상시킬 수 있다.

사용자 질의를 임베딩하고 데이터 소스에서 유사 문서를 검색한 후, 이를 프롬프트에 컨텍스트로 활용하는 과정을 **검색 증강 생성**retrieval-augmented generation(RAG)이라 부른다. RAG는 채팅 LLM 애플리케이션 구축에 필수적인 구성 요소로 정확하고 효율적이며 최신 정보를 제공한다. 이번 장에서는 기초부터 심화까지 단계별로 안내해, 벡터 저장소와 데이터베이스 등 다양한 데이터 소스 및 구조화와 비구조화 데이터를 활용한 효과적인 RAG 시스템 구축 방법을 다룬다. 먼저 RAG의 개념을 정립하고 그 장점을 살펴보자.

3.1 RAG 시작하기

RAG는 외부 자료에서 얻은 컨텍스트를 제공해 LLM의 생성 정확도를 높이는 기법이다. 해당 용어는 메타Meta AI 연구진의 논문에서 처음 제시됐으며, RAG 기법을 적용해 훈련한 모델

이 그렇지 않은 모델보다 정확도와 구체성이 뛰어나다는 것이 입증되었다.[1]

RAG를 사용하지 않는 경우, LLM은 오직 사전 학습한 데이터를 기반으로만 작동한다. 이 데이터는 최신 정보를 반영하지 못할 수 있다. 가까운 예로 챗GPT에 최근 사건과 관해 질문하고 응답을 확인하자.

FIFA 남자 월드컵의 최근 우승국은 어느 나라인가?

가장 최근에 개최된 FIFA 월드컵 우승국은 2018년 대회에서 우승한 프랑스입니다.

LLM의 응답은 사실이 아니며, 시대에 뒤떨어진 정보를 담고 있다. 2025년 기준, 최근 월드컵 우승국은 2022년에 우승한 아르헨티나. 사소한 질문이지만, 사실 확인이나 중대한 의사 결정에서 LLM의 답변에 의존하면 환각으로 인해 치명적인 결과를 불러올 수 있다.

이 문제를 해결하려면 LLM에 사실에 기반한 최신 정보를 제공해 정확한 응답을 하도록 유도해야 한다. 앞선 예시에 이어, 위키백과^{Wikipedia}의 'FIFA World Cup' 홈페이지(*https://oreil.ly/LpLOV*)로 접속해 소개 문단을 복사한다. 복사한 내용을 챗GPT에 제출할 프롬프트에 **컨텍스트**로 첨부한다.

FIFA 남자 월드컵의 최근 우승국은 어느 나라인가?

다음 컨텍스트를 참고하라.

FIFA 월드컵은 흔히 월드컵이라 불리며, 국제 축구 연맹(FIFA)의 회원국에 소속된 남자 성인 대표팀들이 참가하는 국제 협회 축구 대회. 이 대회는 축구의 글로벌 총괄 기구인 국제 축구 연맹이 주관한다. 1930년 첫 대회 이후 4년마다 개최되었으나, 제2차 세계대전으로 인해 1942년과 1946년은 개최되지 않았다. 현재 챔피언은 아르헨티나로, 2022년 대회에서 세 번째 우승 타이틀을 획득했다.

---

[1] Patrick Lewis et al., "Retrieval-Augmented Generation for Knowledge-Intensive NLP Tasks"(*https://oreil.ly/Qzd2K*), arXiv, April 12, 2021.

마지막 문장에 LLM이 정확한 답변을 하는 데 필요한 정보가 담겨있다. LLM의 답변을 살펴보자.

 최신 남자 FIFA 월드컵 우승국은 아르헨티나로, 2022년 대회에서 세 번째 우승을 달성했다.

추가 컨텍스트로 최신 정보를 제공한 덕에 LLM은 프롬프트에 대한 정확한 응답을 생성했다. 그러나 관련 정보를 컨텍스트로 복사해 붙여넣는 방식은 실제 운영하는 AI 애플리케이션에 실효성이 없고 확장성 또한 부족하다. 사용자 질문에 근거해 관련 정보를 자동으로 검색해, 이를 LLM에 전달할 프롬프트의 컨텍스트로 첨부하는 자동화 시스템이 필요하다.

3.1.1 관련 문서 검색

AI 애플리케이션에 사용할 RAG 시스템은 세 가지 기본 단계를 거친다.

- **인덱싱**: 외부 데이터 소스를 전처리한 후, 데이터를 나타내는 임베딩을 손쉽게 조회하도록 벡터 저장소에 저장
- **검색**: 질문을 바탕으로 벡터 저장소에 보관된 관련 임베딩 및 데이터를 추출
- **생성**: 원래 프롬프트와 검색 증강 생성에서 활용한 관련 문서를 종합해 하나의 최종 프롬프트를 구성한 후, 이를 LLM에 전달해 예측 수행

세 가지 기본 단계는 [그림 3-1]과 같이 구성된다.

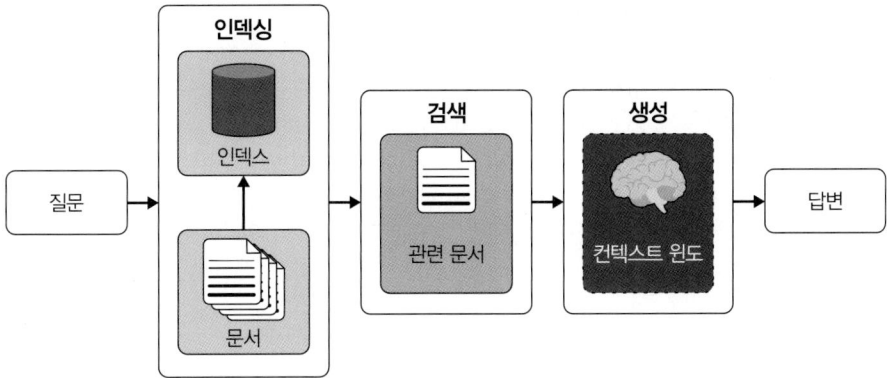

그림 3-1 RAG의 기본 단계

인덱싱 단계는 2장에서 자세히 살펴봤다. 문서 로더와 텍스트 분할기, 벡터 저장소에 대한 내용은 2장을 참고하기 바란다. 예시를 인덱싱 단계부터 다시 살펴보겠다.

코드 3-1 기존 인덱싱 작업

```python
from langchain_community.document_loaders import TextLoader
from langchain_openai import OpenAIEmbeddings
from langchain_text_splitters import RecursiveCharacterTextSplitter
from langchain_postgres.vectorstores import PGVector
from langchain_openai import ChatOpenAI
from langchain_core.prompts import ChatPromptTemplate
from langchain_core.runnables import chain


connection = 'postgresql+psycopg://langchain:langchain@localhost:6024/langchain'

# 문서를 로드 후 분할
raw_documents = TextLoader('./test.txt', encoding='utf-8').load()
text_splitter = RecursiveCharacterTextSplitter(
    chunk_size=1000, chunk_overlap=200)
documents = text_splitter.split_documents(raw_documents)

# 문서에 대한 임베딩 생성
embeddings_model = OpenAIEmbeddings()

db = PGVector.from_documents(
```

3장 RAG 2단계: 데이터 기반 대화   117

```
    documents, embeddings_model, connection=connection)
```

```javascript
import { TextLoader } from "langchain/document_loaders/fs/text";
import { RecursiveCharacterTextSplitter } from "@langchain/textsplitters";
import { OpenAIEmbeddings } from "@langchain/openai";
import { PGVectorStore } from "@langchain/community/vectorstores/pgvector";

const connectionString =
  'postgresql://langchain:langchain@localhost:6024/langchain';

// 문서를 로드 후 분할
const loader = new TextLoader('./test.txt');
const raw_docs = await loader.load();
const splitter = new RecursiveCharacterTextSplitter({
  chunkSize: 1000,
  chunkOverlap: 200,
});
const splitDocs = await splitter.splitDocuments(raw_docs);

// 각 청크를 임베딩하고 벡터 저장소에 삽입
const model = new OpenAIEmbeddings();

const db = await PGVectorStore.fromDocuments(splitDocs, model, {
  postgresConnectionOptions: {
    connectionString,
  },
});
```

2장에서 인덱싱을 자세히 설명함으로써 이제 인덱싱 내용은 마무리됐다.

검색 단계에는 사용자 질문과 저장된 임베딩 사이에서 유사도 계산(예: 코사인 유사도)을 수행해 인덱싱한 문서에서 관련 청크를 추출한다(그림 3-2). [그림 3-2]는 RAG 과정의 단계를 나타낸다.

1. 입력된 질의를 임베딩 형태로 변환
2. 벡터 저장소에서 사용자 질의와 가장 유사한 임베딩을 산출

3. 관련 문서 임베딩과 해당 청크를 조회

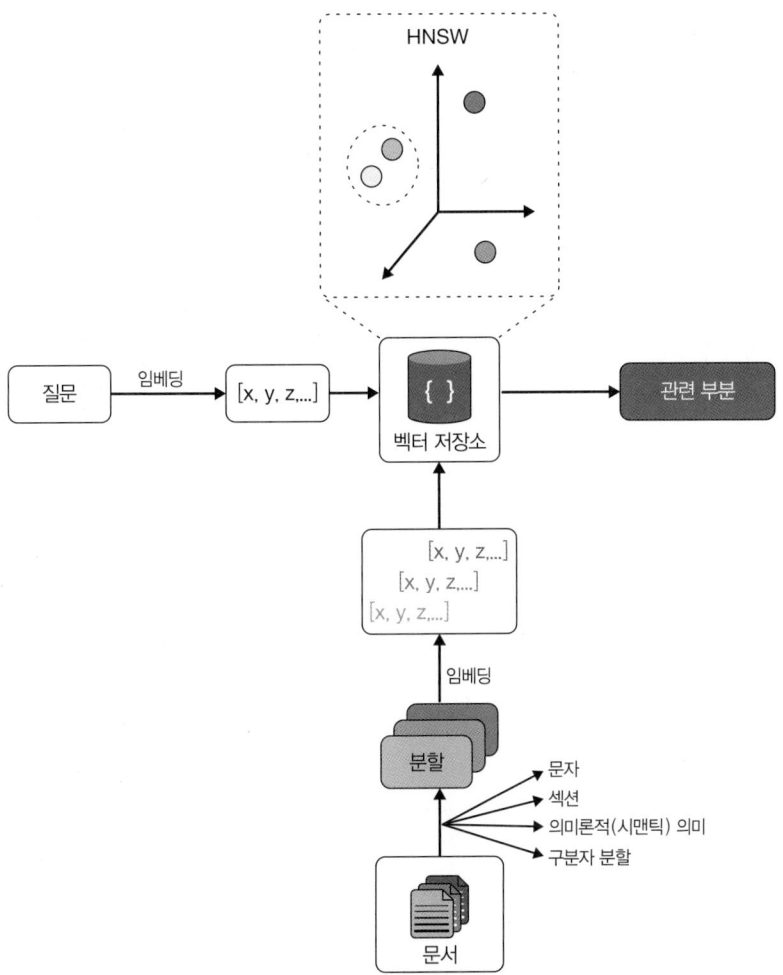

그림 3-2 벡터 저장소에서 관련 문서를 검색하는 동시에 문서를 인덱싱하는 예시 흐름. 계층적 탐색 소형 세계(Hierarchical Navigable Small World, HNSW) 상자는 문서와 질의 간의 유사도 계산 과정을 나타냄

랭체인을 활용해 프로그래밍 방식으로 해당 단계를 구현할 수 있다.

코드 3-2 관련 문서 검색

```python
# 벡터 저장소에서 관련 문서 검색
retriever = db.as_retriever()
```

```python
query = '고대 그리스 철학사의 주요 인물은 누구인가요?'

# 관련 문서 받아오기
print(retriever.invoke(query))
```

```javascript
const retriever = db.asRetriever()
const docs = await retriever.invoke('Who are the key figures in the ancient
    greek history of philosophy?')
```

이전에는 접하지 못한 벡터 저장소 메서드 as_retriever를 사용한다. 이 메서드는 질의 임베딩과 벡터 저장소에서 실행하는 유사도 검색 계산 로직을 추상화해, 관련 문서를 효과적으로 검색하도록 설계됐다. 또한, 인자 k로 벡터 저장소에서 가져올 관련 문서의 수를 결정한다.

코드 3-3 관련 문서 2개 검색

```python
# 벡터 저장소에서 2개의 관련 문서 검색
retriever = db.as_retriever(search_kwargs={'k': 2})
query = '고대 그리스 철학사의 주요 인물은 누구인가요?'

# 관련 문서 받아오기
docs = retriever.invoke(query)
```

```javascript
// 벡터 저장소에서 2개의 관련 문서 검색
const retriever = db.asRetriever({ k: 2 });

const query =
    '고대 그리스 철학사의 주요 인물은 누구인가요?';

// 관련 문서 받아오기
const docs = await retriever.invoke(query);
```

예시 코드에서 k를 2로 설정했다. 벡터 저장소는 이 설정에 따라 사용자의 질의와 관련성이 높은 순서로 문서 두 개를 반환한다. k 값을 낮게 설정하는 것이 직관에 반하는 것처럼 보이지만, 문서를 많이 검색한다고 반드시 더 우수한 결과가 나온다는 보장은 없다. 문서 검색 횟수가 늘어날수록 애플리케이션의 성능은 저하되고, 프롬프트의 크기(및 이에 따른 호출 비용)는 커지며, 무관한 정보가 포함된 청크가 검색될 가능성이 높아진다. 이러한 현상은 LLM이 허위 정보를 생성하는 원인이 된다.

RAG 시스템의 검색 단계를 살펴봤으니 마지막인 생성 단계를 살펴보겠다.

3.1.2 관련 문서를 활용한 LLM 예측 생성

사용자 쿼리를 바탕으로 관련 문서를 조회한 후, 마지막으로 해당 문서를 원본 프롬프트의 컨텍스트에 추가한 다음 LLM을 호출해 최종 출력을 생성한다(그림 3-3).

다음은 앞서 다룬 예시를 바탕으로 작성한 코드다.

코드 3-4 관련 문서를 사용한 답변 생성

```python
from langchain_openai import ChatOpenAI
from langchain_core.prompts import ChatPromptTemplate

retriever = db.as_retriever()

prompt = ChatPromptTemplate.from_template(
    '''다음 컨텍스트만 사용해 질문에 답하세요.
컨텍스트:{context}

질문: {question}
'''
)

llm = ChatOpenAI(model_name='gpt-4o-mini', temperature=0)
llm_chain = prompt | llm

# 관련 문서를 사용한 답변
result = llm_chain.invoke({'context': docs, 'question': query})

print(result)
```

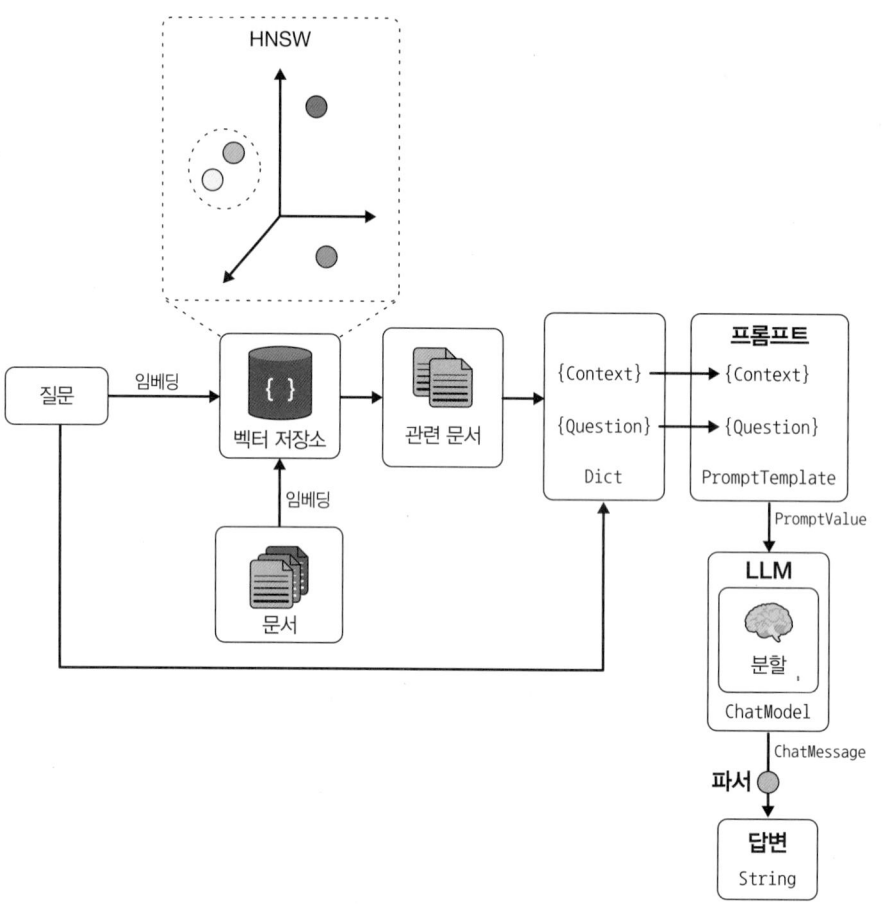

그림 3-3 문서 인덱싱, 벡터 저장소에서 관련 문서 검색 후 검색된 문서를 LLM 프롬프트의 컨텍스트로 포함하는 예시의 흐름

```JavaScript
import {ChatOpenAI} from '@langchain/openai'
import {ChatPromptTemplate} from '@langchain/core/prompts'

const retriever = db.asRetriever()

const prompt = ChatPromptTemplate.fromTemplate(
  '다음 컨텍스트만 사용해 질문에 답변하세요.\n 컨텍스트: {context}\n\n질문: {question}'
);

const llm = new ChatOpenAI({ temperature: 0, modelName: 'gpt-4o-mini' });
```

```
const chain = prompt.pipe(llm);

const result = await chain.invoke({
  context: docs,
  question: query,
});
```

다음과 같은 사항이 변경됐다.

- 프롬프트에 context와 question 변수를 도입해 응답 생성을 위해 활용될 동적 ChatPromptTemplate를 정의했다.
- LLM 역할을 맡을 ChatOpenAI 인터페이스를 정의했다. LLM의 출력 결과에 창의성을 배제하도록 temperature를 0으로 설정했다.
- 프롬프트와 LLM 구성을 위해 체인을 생성했다. | 연산자(또는 JS의 pipe 메서드)는 prompt의 출력을 입력으로 활용한다.
- 최종 결과물 생성을 위해 context 변수(관련 문서 포함)와 사용자 질문을 체인에 전달한 후, 체인을 invoke해 처리한다.

해당 검색 로직은 단일 함수로 캡슐화할 수 있다.

코드 3-5 관련 문서를 사용한 답변 생성(캡슐화)

```python
from langchain_openai import ChatOpenAI
from langchain_core.prompts import ChatPromptTemplate
from langchain_core.runnables import chain

retriever = db.as_retriever()

prompt = ChatPromptTemplate.from_template(
    '''다음 컨텍스트만 사용해 질문에 답하세요.
컨텍스트:{context}

질문: {question}
'''
)
```

```python
llm = ChatOpenAI(model_name='gpt-4o-mini', temperature=0)

@chain
def qa(input):
    # 관련 문서 검색
    docs = retriever.invoke(input)
    # 프롬프트 포매팅
    formatted = prompt.invoke({'context': docs, 'question': input})
    # 답변 생성
    answer = llm.invoke(formatted)
    return answer


# 실행
result = qa.invoke(query)
print(result.content)
```

```javascript
import {ChatOpenAI} from '@langchain/openai'
import {ChatPromptTemplate} from '@langchain/core/prompts'
import {RunnableLambda} from '@langchain/core/runnables'

const retriever = db.asRetriever()

const prompt = ChatPromptTemplate.fromTemplate(
  '다음 컨텍스트만 사용해 질문에 답변하세요.\n 컨텍스트: {context}\n\n질문: {question}'
);

const llm = new ChatOpenAI({ temperature: 0, modelName: 'gpt-4o-mini' });

const qa = RunnableLambda.from(async (input) => {
  // 관련 문서 검색
  const docs = await retriever.invoke(input);
  // 프롬프트 포매팅
  const formatted = await prompt.invoke({ context: docs, question: input });
  // 답변 생성
  const answer = await llm.invoke(formatted);
  return answer;
});

const finalResult = await qa.invoke(query);
```

새롭게 추가된 러너블 함수 qa는 단순한 질문으로도 호출할 수 있다. 우선 컨텍스트에 필요한 관련 문서를 불러온 후 프롬프트에 맞춰 배치하고 답변을 생성한다. 파이썬 코드에서 @chain 데코레이터는 함수를 러너블 체인으로 전환해 invoke()와 batch() 메서드를 사용할 수 있게 만든다. 여러 단계를 하나의 함수로 캡슐화하면 거대 언어 모델로 흥미로운 애플리케이션을 개발하는 데 유용하게 사용할 수 있다.

검색된 문서를 출력하도록 함수를 수정할 수도 있다.

코드 3-6 검색된 문서를 반환

```python
@chain
def qa(input):
    # 관련 문서 검색
    docs = retriever.invoke(input)
    # 프롬프트 포매팅
    formatted = prompt.invoke({'context': docs, 'question': input})
    # 답변 생성
    answer = llm.invoke(formatted)
    return {"answer": answer, "docs": docs}
```

```javascript
const qa = RunnableLambda.from(async (input) => {
  // 관련 문서 검색
  const docs = await retriever.invoke(input);
  // 프롬프트 포매팅
  const formatted = await prompt.invoke({ context: docs, question: input });
  // 답변 생성
  const answer = await llm.invoke(formatted);
  return {answer, docs}
})
```

축하한다! 개인용 애플리케이션에 기본 RAG 기능을 추가했다. 그러나 다수의 사용자가 이용하는 AI 애플리케이션은 보다 고도화된 RAG 시스템을 구축해야 한다. 견고한 RAG 시스템을 구축하려면 다음 질문에 답할 수 있어야 한다.

- 사용자마다 입력 품질이 다르다면 어떻게 처리할까?
- 다양한 데이터 소스에서 데이터를 검색하려면 쿼리를 어떻게 라우팅할까?
- 자연어를 대상 데이터 소스의 쿼리 언어로 전환하는 방법은 무엇인가?
- 인덱싱 과정(임베딩, 텍스트 분할 등)의 최적화 방안은 무엇인가?

이어서 최신 연구 결과를 토대로 세운 대응책을 통해 해답을 모색하고, 실제 서비스에 사용할 수 있는 RAG 시스템의 구축 방안을 살펴보겠다. [그림 3-4]에 각 방안을 요약하겠다.

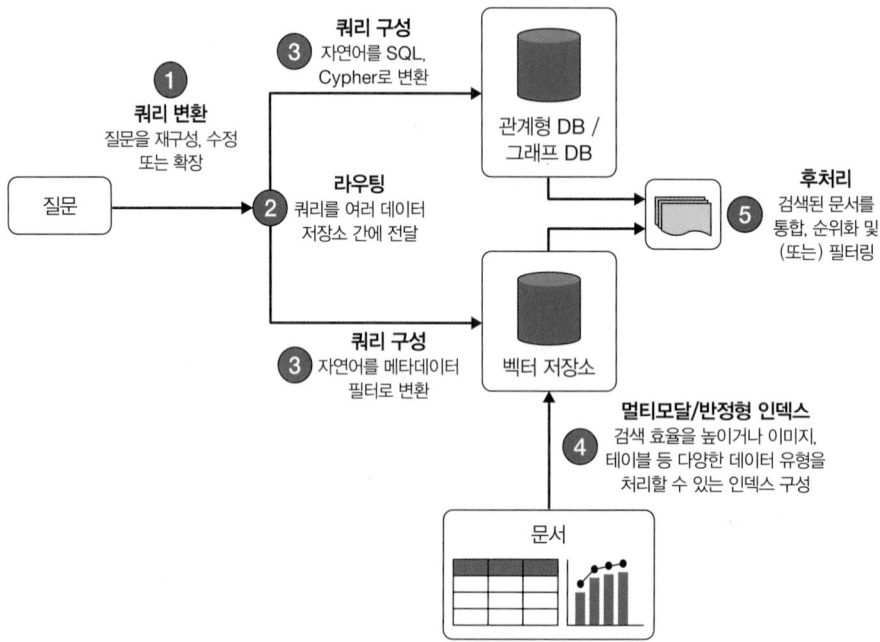

그림 3-4 RAG 시스템의 정확도를 극대화하는 효과적인 방안

> **NOTE** 이 장의 나머지 코드 블록은 초반부에 구축한 벡터 저장소를 활용한다.

3.2 쿼리 변환

기본 RAG 시스템은 사용자가 입력한 쿼리의 품질에 과도하게 영향을 받는다. 그래서 쿼리의 품질이 좋지 않아 정확한 출력을 도출하지 못하는 경우가 발생한다. 프로덕션 환경에서는 불완전한 쿼리나 모호한 쿼리, 미흡하게 표현된 쿼리가 모델의 환각을 일으킬 확률이 크다.

쿼리 변환query transformation은 사용자의 입력을 수정하는 전략 중 하나다. 이 방법은 견고한 RAG 시스템 만드는 첫번째 질문에 대한 답이다. 사용자마다 입력 품질이 다르다면 어떻게 처리할까? [그림 3-5]는 정확한 LLM 출력을 생성하기 위해 사용자의 쿼리 입력을 추상적이나 구체적으로 변환하는 다양한 쿼리 변환 전략이다. 다음으로 중도적 전략을 살펴본다.

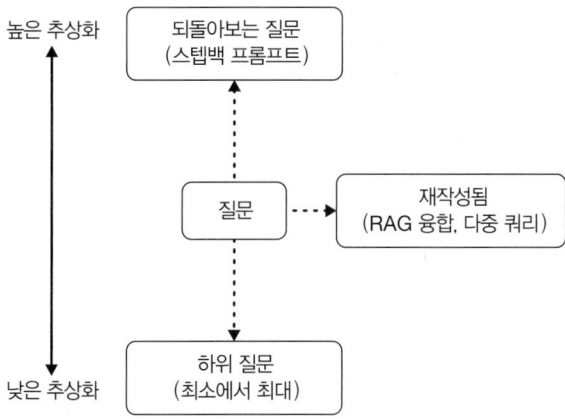

그림 3-5 추상화 수준에 따라 사용자 쿼리를 변환하는 다양한 방식

3.2.1 재작성-검색-읽기

마이크로소프트 연구팀이 제안한 재작성-검색-읽기Rewrite-Retrieve-Read (RRR) 전략은 검색을 수행하기 전에 LLM에 사용자의 쿼리를 재작성하도록 프롬프트를 전송한다.[2] 이전 절에서 구

---

[2] Xinbei Ma et al., "Query Rewriting for Retrieval-Augmented Large Language Models"(https://oreil.ly/zyw5E), arXiv, October 23, 2023. Research commissioned by Microsoft Research Asia.

축한 체인을 다시 살펴보자. 이번에는 표현이 미흡한 사용자의 쿼리를 실행해 보겠다.

코드 3-7 불필요한 정보를 담은 쿼리로 호출

```python
@chain
def qa(input):
    # 관련 문서 검색
    docs = retriever.invoke(input)
    # 프롬프트 포매팅
    formatted = prompt.invoke({"context": docs, "question": input})
    # 답변 생성
    answer = llm.invoke(formatted)
    return answer

# 관련 질문을 하기 전에 관련 없는 정보로 시작하는 쿼리
query = '일어나서 이를 닦고 뉴스를 읽었어요. 그러다 전자레인지에 음식을 넣어둔 걸 깜빡했네요. 고대 그리스 철학사의 주요 인물은 누구인가요?'

qa.invoke(query)
```

```javascript
const query =
    '일어나서 이를 닦고 뉴스를 읽었어요. 그러다 전자레인지에 음식을 넣어둔 걸 깜빡했네요. 고대 그리스 철학사의 주요 인물은 누구인가요?';

const qa = RunnableLambda.from(async (input) => {
    // 관련 문서 검색
    const docs = await retriever.invoke(input);
    // 프롬프트 포매팅
    const formatted = await prompt.invoke({ context: docs, question: input });
    // 답변 생성
    const answer = await llm.invoke(formatted);
    return { answer, docs };
});

const result = await qa.invoke(query);
```

출력(실행마다 결과는 달라짐)

> 고대 그리스 철학사의 주요 인물에 대한 정보는 제공된 컨텍스트에 포함되어 있지 않습니다. 컨텍스트는 고대 그리스의 신화와 문학에 대한 내용에 집중하고 있습니다. 고대 그리스 철학의 주요 인물로는 소크라테스, 플라톤, 아리스토텔레스 등이 있지만, 이들은 컨텍스트에 언급되지 않았습니다.

사용자의 쿼리가 상관없는 정보를 전달해 LLM이 질문에 답하지 못했다.

이제 재작성-검색-읽기(RRR) 프롬프트를 구현하겠다.

코드 3-8 쿼리 재작성 프롬프트를 사용한 호출

```python
# 쿼리를 재작성하여 정확도를 높이기
print('\nRewrite the query to improve accuracy\n')

rewrite_prompt = ChatPromptTemplate.from_template(
    '''
웹 검색 엔진이 주어진 질문에 답할 수 있도록 더 나은 영문 검색어를 제공하세요. 쿼리는 \'**\'로 끝내세요.

질문: {x}

답변:
''')

def parse_rewriter_output(message):
    return message.content.strip('\'').strip('**')

rewriter = rewrite_prompt | llm | parse_rewriter_output

@chain
def qa_rrr(input):
    # 쿼리 재작성
    new_query = rewriter.invoke(input)
    print('재작성한 쿼리: ', new_query)
    # 관련 문서 검색
    docs = retriever.invoke(new_query)
    # 프롬프트 포매팅
    formatted = prompt.invoke({'context': docs, 'question': input})
```

```
    # 답변 생성
    answer = llm.invoke(formatted)
    return answer

print('\n재작성한 쿼리로 모델 호출\n')

# 재작성한 쿼리로 재실행
result = qa_rrr.invoke(query)
print(result.content)
```

```javascript
const rewritePrompt = ChatPromptTemplate.fromTemplate(
  '웹 검색 엔진이 주어진 질문에 답할 수 있도록 더 나은 영문 검색어를 제공하세요. 쿼리는 '**'로 끝내세요.\n\n 질문: {question} 답변:'
);

const rewriter = rewritePrompt.pipe(llm).pipe((message) => {
  return message.content.replaceAll('"', '').replaceAll('**');
});

const rewriterQA = RunnableLambda.from(async (input) => {
  const newQuery = await rewriter.invoke({ question: input });
  const docs = await retriever.invoke(newQuery);
  const formatted = await prompt.invoke({ context: docs, question: input });
  const answer = await llm.invoke(formatted);
  return answer;
});

const finalResult = await rewriterQA.invoke(query);
```

출력

> 재작성한 쿼리: "Key figures in ancient Greek philosophy"
> 고대 그리스 철학사의 주요 인물 중 한 명은 탈레스(Thales)입니다. 그는 물이 모든 물질의 근본적인 요소라고 제안했습니다. 또 다른 중요한 인물로는 아낙시만드로스(Anaximander)가 있으며, 그는 모든 것의 기원으로서 '무한(apeiron)' 개념을 도입했습니다.

LLM이 산만한 초기 쿼리를 명확하게 재작성하고, 다듬은 쿼리를 검색기에 전달해 가장 관련성 높은 문서를 추출한다. 참고로 이 기법은 지금처럼 벡터 저장소를 사용하는 경우뿐만 아니라, 웹 검색 같은 다른 검색 과정에도 사용할 수 있다. 이 방식은 LLM 호출을 두 번 연속으로 수행해야 하기 때문에 체인에 추가적인 지연이 발생한다는 단점이 있다.

3.2.2 다중 쿼리 검색

쿼리 하나만으로는 포괄적인 답변을 하는 데 필요한 모든 정보를 충분히 반영하기 어려울 수 있다. 다중 쿼리 검색은 초기 쿼리를 바탕으로 LLM에 여러 개의 쿼리를 생성하도록 지시한 후, 데이터 소스에서 각 쿼리에 대한 병렬 검색을 수행한다. 검색 이후 결과들을 프롬프트 컨텍스트에 삽입해 최종 모델 출력물을 생성하는 방식이다. [그림 3-6]을 보자.

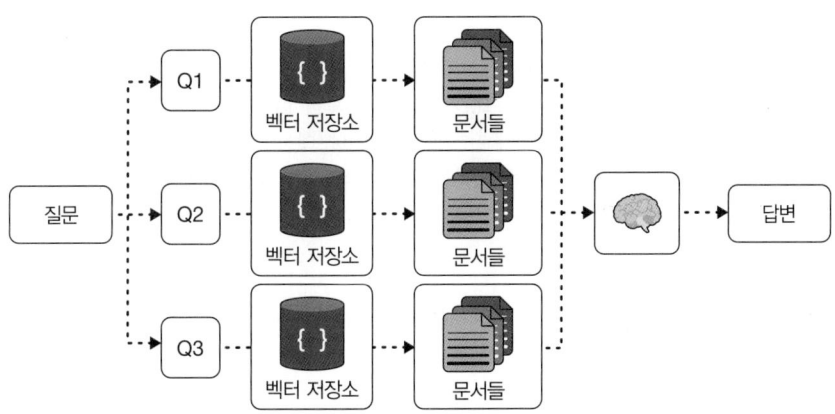

그림 3-6 다중 쿼리 검색 예시

여러 관점을 고려한 포괄적인 답변 작성에는 이 방식이 특히 효과적이다. 다중 쿼리 검색을 실제로 구현하는 코드를 살펴보자.

코드 3-9 다중 쿼리 구성

```python
from langchain.prompts import ChatPromptTemplate

# 다중 쿼리를 위한 프롬프트
perspectives_prompt = ChatPromptTemplate.from_template(
```

```python
    '''당신은 AI 언어 모델 어시스턴트입니다. 주어진 사용자 질문의 다섯 가지 버전을 생성하
    여 벡터 데이터베이스에서 관련 문서를 검색하세요.
    사용자 질문에 대한 다양한 관점을 생성함으로써 사용자가 거리 기반 유사도 검색의 한계를
    극복할 수 있도록 돕는 것이 목표입니다.
    이러한 대체 질문을 개행으로 구분하여 제공하세요.
    원래 질문: {question}''')

llm = ChatOpenAI(model='gpt-4o-mini')


def parse_queries_output(message):
    return message.content.split('\n')


query_gen = perspectives_prompt | llm | parse_queries_output
```

```javascript
const perspectivesPrompt = ChatPromptTemplate.fromTemplate(
  '당신은 AI 언어 모델 어시스턴트입니다. 주어진 사용자 질문의 다섯 가지 버전을 생성하여 벡
  터 데이터베이스에서 관련 문서를 검색하세요. 사용자 질문에 대한 다양한 관점을 생성함으로써
  사용자가 거리 기반 유사도 검색의 한계를 극복할 수 있도록 돕는 것이 목표입니다. 이러한 대
  체 질문을 개행으로 구분하여 제공하세요. 원래 질문: {question}'
);

const queryGen = perspectivesPrompt.pipe(llm).pipe((message) => {
  return message.content.split('\n');
});
```

프롬프트 템플릿은 초기 쿼리를 바탕으로 다양한 형태의 질문 변형을 생성한다.

생성된 쿼리 목록을 활용해 각 쿼리에 대해 관련성이 높은 문서를 병렬로 검색한 후, 문서를 모아 중복을 제거한 전체 관련 문서 집합을 만든다.

코드 3-10 관련 문서 집합

```python
def get_unique_union(document_lists):
    # 목록 여러 개를 포함한 리스트를 평탄화하고 중복 제거
    deduped_docs = {
```

```
        doc.page_content: doc for sublist in document_lists for doc in sublist}
    # 고유한 문서만 반환
    return list(deduped_docs.values())

retrieval_chain = query_gen | retriever.batch | get_unique_union
```

```javascript
const retrievalChain = queryGen
  .pipe(retriever.batch.bind(retriever))
  .pipe((documentLists) => {
    const dedupedDocs = {};
    documentLists.flat().forEach((doc) => {
      dedupedDocs[doc.pageContent] = doc;
    });
    return Object.values(dedupedDocs);
  });
```

동일한 검색기로 여러 관련 쿼리를 통해 문서를 검색하는 경우, 일부 문서가 중복될 가능성이 있다. 질문에 대한 답변에 활용할 컨텍스트로 사용하기 전, 중복을 제거해 각 항목이 단 한 번씩만 존재하도록 해야 한다. 문서의 내용을 문자열로 활용해 딕셔너리(또는 자바스크립트 객체)의 키로 지정해 중복된 문서를 제거한다. 각 키에는 단 하나의 항목만 등록할 수 있기 때문이다. 모든 문서를 순회한 후, 중복을 제거한 딕셔너리의 값들을 추출한다.

.batch를 활용해 생성된 모든 쿼리를 병렬로 실행한 후, 결과 목록(코드 3-10에서는 관련 문서의 목록)을 받았다. 문서 목록은 앞서 설명한 바와 같이 단일 목록으로 평탄화해 중복 항목을 제거했다.

마지막으로 사용자 질문과 검색된 관련 문서를 결합한 프롬프트를 구성해 예측 생성을 위한 모델 인터페이스를 마련한다.

코드 3-11 프롬프트 구성

```python
prompt = ChatPromptTemplate.from_template(
    '''
    다음 컨텍스트만 사용해 질문에 답하세요.
```

```
컨텍스트:{context}

질문: {question}
'''
)

query = '고대 그리스 철학사의 주요 인물은 누구인가요?'


@chain
def multi_query_qa(input):
    # 관련 문서 검색
    docs = retrieval_chain.invoke(input)
    formatted = prompt.invoke(
        {'context': docs, 'question': input})
    answer = llm.invoke(formatted)
    return answer


# 실행
print('다중 쿼리 검색\n')
result = multi_query_qa.invoke(query)
print(result.content)
```

```javascript
const prompt = ChatPromptTemplate.fromTemplate(
  '다음 컨텍스트만 사용해 질문에 답변하세요.\n 컨텍스트: {context}\n\n질문: {question}'
);

console.log('다중 쿼리 검색\n');
const multiQueryQa = RunnableLambda.from(async (input) => {
  // 관련 문서 검색
  const docs = await retrievalChain.invoke({ question: input });
  // 프롬프트 포매팅
  const formatted = await prompt.invoke({ context: docs, question: input });
  // 답변 생성
  const answer = await llm.invoke(formatted);
  return answer;
});

const result = await multiQueryQa.invoke(
```

```
    '고대 그리스 철학사의 주요 인물은 누구인가요?'
);
```

출력

> 고대 그리스 철학사의 주요 인물로는 소크라테스(Socrates)와 그의 제자인 플라톤(Plato)이 있습니다. 소크라테스는 지혜와 도덕적 이상으로 유명하며, 그의 사상은 이후 철학에 큰 영향을 미쳤습니다.

이번 코드는 앞서 살펴본 QA 체인과 크게 다르지 않다. 다중 쿼리 검색을 위한 새로운 로직은 retrieval_chain에 포함되어 있다. 이러한 기법을 효과적으로 활용하려면 각 기법을 독립적인 체인(이 경우 retrieval_chain 형태)으로 구현하는 것이 중요하다. 체인을 독립적으로 구성하면 기법을 선택하고 결합하기 편해진다.

3.2.3 RAG 융합

RAG 융합은 다중 쿼리 검색과 유사하나, 모든 검색된 문서에 대해 최종 재정렬 단계를 추가로 실행한다.[3] 최종 재정렬 단계에서는 **상호 순위 융합**reciprocal rank fusion(RRF) 알고리즘을 활용해, 서로 다른 검색 결과의 순위를 결합해 하나의 통합된 순위를 산출한다. 여러 쿼리의 순위를 결합해 최종 목록 상단에 관련성이 가장 높은 문서를 배치한다. RRF는 규모가 다르거나 점수 분포가 다른 쿼리들의 결과를 결합하는 데 사용할 수 있다.

RAG 융합 코드를 살펴보자. 먼저, 사용자 쿼리를 바탕으로 쿼리 목록을 생성하도록 다중 쿼리 검색 전략과 유사한 프롬프트를 작성한다.

코드 3-12 쿼리 목록을 생성하는 프롬프트

```python
from langchain.prompts import ChatPromptTemplate
```

---

[3] Zackary Rackauckas, "RAG-Fusion: A New Take on Retrieval-Augmented Generation"(https://oreil.ly/k7TTY), arXiv, February 21, 2024. From the International Journal on Natural Language Computing, vol. 13, no. 1 (February 2024).

```python
from langchain_openai import ChatOpenAI

prompt_rag_fusion = ChatPromptTemplate.from_template(
    '''
하나의 입력 쿼리를 기반으로 여러 개의 검색 쿼리를 생성하는 유용한 어시스턴트입니다.
다음과 관련된 여러 검색 쿼리를 영문으로 생성합니다:
{question}

출력(쿼리 4개):
''')

def parse_queries_output(message):
    return message.content.split('\n')

llm = ChatOpenAI(model='gpt-4o-mini', temperature=0)
query_gen = prompt_rag_fusion | llm | parse_queries_output
```

```javascript
import {ChatPromptTemplate} from '@langchain/core/prompts';
import {ChatOpenAI} from '@langchain/openai';
import {RunnableLambda} from '@langchain/core/runnables';

const perspectivesPrompt = ChatPromptTemplate.fromTemplate(
  '하나의 입력 쿼리를 기반으로 여러 개의 검색 쿼리를 생성하는 유용한 어시스턴트입니다. \n
   다음과 관련된 여러 검색 쿼리를 영문으로 생성합니다: {question} \n 출력(쿼리 4개):'
);

const queryGen = perspectivesPrompt.pipe(llm).pipe((message) => {
  return message.content.split('\n');
});
```

쿼리를 생성한 후 각 쿼리에 대해 관련 문서를 수집하고 함수에 전달해 관련 문서 목록을 (관련도에 따라) **재정렬**한다.

reciprocal_rank_fusion 함수는 각 쿼리의 검색 결과 목록, 즉 각 쿼리에 대해 관련도 순으로 정렬된 문서들의 목록을 입력으로 받는다. RRF 알고리즘은 각 문서가 여러 목록에서 차지한 순위를 참고해 새로운 점수를 산출한 후, 이를 정렬해 최종 재정렬한 목록을 생성한다.

결합된 점수를 산출한 후, 이 점수를 기준으로 문서들을 내림차순으로 정렬해 최종 재정렬한 목록을 반환한다.

코드 3-13 문서를 재정렬하는 **RRF** 알고리즘

```Python
def reciprocal_rank_fusion(results: list[list], k=60):
    '''여러 순위 문서 목록에 대한 상호 순위 융합 및 RRF 공식에 사용되는 선택적 매개변수 k 입니다.'''
    # 사전을 초기화해 각 문서에 대한 융합된 점수를 보관합니다.
    # 고유성을 보장하기 위해 문서가 콘텐츠별로 키로 만듭니다.
    fused_scores = {}
    documents = {}
    for docs in results:
        # 목록에 있는 각 문서를 순위(목록 내 위치)에 따라 반복
        for rank, doc in enumerate(docs):
            doc_str = doc.page_content
            if doc_str not in fused_scores:
                fused_scores[doc_str] = 0
                documents[doc_str] = doc
            fused_scores[doc_str] += 1 / (rank + k)
    # 융합된 점수를 기준으로 문서를 내림차순으로 정렬하여 최종 재순위 결과를 정리
    reranked_doc_strs = sorted(
        fused_scores, key=lambda d: fused_scores[d], reverse=True)
    return [documents[doc_str] for doc_str in reranked_doc_strs]


retrieval_chain = query_gen | retriever.batch | reciprocal_rank_fusion
```

```JavaScript
function reciprocalRankFusion(results, k = 60) {

  const fusedScores = {};
  const documents = {};
  results.forEach((docs) => {
    docs.forEach((doc, rank) => {
      const key = doc.pageContent;
      // 문서가 아직 본 적 없으면
      // - 점수를 0으로 초기화
      // - 나중에 사용하기 위해 저장
```

```
      if (!(key in fusedScores)) {
        fusedScores[key] = 0;
        documents[key] = 0;
      }
      // RRF 공식을 사용하여 문서의 점수 업데이트
      // 1 / (rank + k)
      fusedScores[key] += 1 / (rank + k);
    });
  });
  // 결합된 점수에 따라 문서를 내림차순으로 정렬하여 최종 재정렬된 결과 가져오기
  const sorted = Object.entries(fusedScores).sort((a, b) => b[1] - a[1]);
  // 각 키에 대한 해당 문서 검색
  return sorted.map(([key]) => documents[key]);
}

const retrievalChain = queryGen
  .pipe(retriever.batch.bind(retriever))
  .pipe(reciprocalRankFusion);
```

함수는 매개변수 k를 추가로 입력받는다. 이 매개변수는 각 쿼리의 결과 집합에 포함된 문서가 최종 문서 목록에 미치는 영향력을 결정한다. 수치가 높으면 하위 순위 문서의 영향력이 더욱 커졌다는 의미다. 마지막으로, RRF를 적용한 새로운 검색 체인을 전체 체인에 결합하겠다.

코드 3-14 전체 체인 실행

```python
prompt = ChatPromptTemplate.from_template(
    '''
다음 컨텍스트만 사용해 질문에 답하세요.
컨텍스트:{context}

질문: {question}
'''
)

query = '고대 그리스 철학사의 주요 인물은 누구인가요?'


@chain
def rag_fusion(input):
```

```python
    docs = retrieval_chain.invoke(input)
    formatted = prompt.invoke(
        {'context': docs, 'question': input})
    answer = llm.invoke(formatted)
    return answer


# 실행
print('RAG 융합 실행\n')
result = rag_fusion.invoke(query)
print(result.content)
```

```javascript
const prompt = ChatPromptTemplate.fromTemplate(
  '다음 컨텍스트만 사용해 질문에 답변하세요.\n 컨텍스트: {context}\n\n질문: {question}'
);

const llm = new ChatOpenAI({ temperature: 0, modelName: 'gpt-4o-mini' });

const ragFusion = RunnableLambda.from(async (input) => {
  // 관련 문서 검색
  const docs = await retrievalChain.invoke({ question: input });
  // 프롬프트 포매팅
  const formatted = await prompt.invoke({ context: docs, question: input });
  // 답변 생성
  const answer = await llm.invoke(formatted);
  return answer;
});

const result = await ragFusion.invoke(
  '고대 그리스 철학사의 주요 인물은 누구인가요?'
);
```

출력

> 고대 그리스 철학사의 주요 인물로는 소크라테스, 플라톤, 아리스토텔레스가 있습니다. 소크라테스는 윤리적 질문과 대화법을 중심으로 한 철학을 발전시켰고, 플라톤은 아카데미를 설립하여 이상형과 정치 철학을 탐구했습니다. 아리스토텔레스는 리케이온을 설립하고 논리, 생물학, 윤리학, 미학 등 다양한 분야에 기여했습니다.

RAG 융합은 사용자가 의도한 표현을 정확하게 파악하고 복잡한 쿼리를 원활하게 처리해, 검색된 문서의 범위를 확장해 뜻밖의 가능성을 연다는 장점이 있다.

3.2.4 가상 문서 임베딩

가상 문서 임베딩 Hypothetical Document Embeddings(HyDE)은 사용자 쿼리를 토대로 가상의 문서를 작성하고, 해당 문서를 임베딩하며, 벡터 유사도에 기반해 관련 문서를 검색하는 방식이다.[4] HyDE는 LLM이 생성한 가상의 문서가 원래의 쿼리보다 관련성이 높은 문서와 유사할 것이라고 가정한다(그림 3-7).

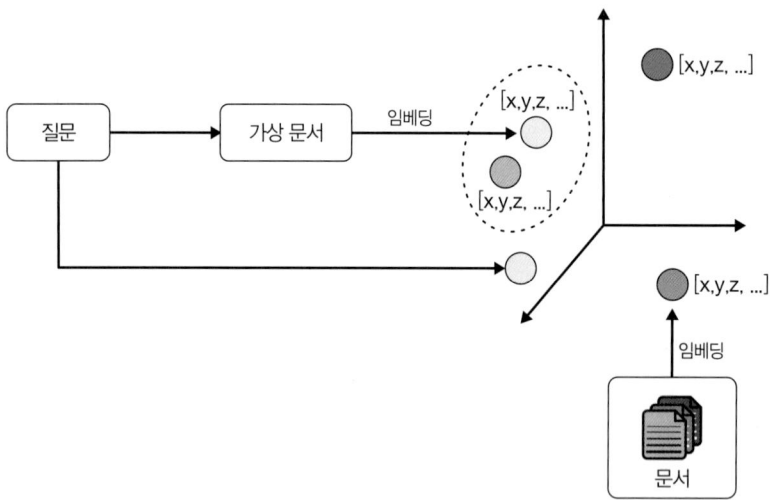

그림 3-7 벡터 공간에서 일반 쿼리 임베딩보다 문서의 임베딩에 더 근접한 가상 문서 임베딩

먼저, 가상 문서를 생성하는 프롬프트를 정의한다.

---

[4] Luyu Gao et al., "Precise Zero-Shot Dense Retrieval Without Relevance Labels"(https://oreil.ly/7aTnS), arXiv, December 20, 2022.

코드 3-15 가상 문서 생성

```python
from langchain.prompts import ChatPromptTemplate
from langchain_core.output_parsers import StrOutputParser
from langchain_openai import ChatOpenAI

prompt_hyde = ChatPromptTemplate.from_template(
    '''
질문에 답할 구절을 작성해 주세요.
질문: {question}

구절:''')

generate_doc = (prompt_hyde | ChatOpenAI(temperature=0) | StrOutputParser())
```

```javascript
import {ChatOpenAI} from '@langchain/openai'
import {ChatPromptTemplate} from '@langchain/core/prompts'
import {RunnableLambda} from '@langchain/core/runnables';

const hydePrompt = ChatPromptTemplate.fromTemplate(
    '질문에 답할 구절을 영문으로 작성해 주세요.\n 질문: {question} \n 구절:'
);

const llm = new ChatOpenAI({ temperature: 0, modelName: 'gpt-4o-mini' });

const generatedDoc = hydePrompt.pipe(llm).pipe((msg) => msg.content);
```

다음으로 가상 문서를 retriever의 입력으로 전달해 임베딩을 생성한다. 그리고 벡터 저장소에서 유사한 문서를 찾는다.

코드 3-16 문서 검색 체인

```python
retrieval_chain = generate_doc | retriever
```

```javascript
const retrievalChain = generatedDoc.pipe(retriever);
```

마지막으로 검색한 문서를 최종 프롬프트에 컨텍스트로 전달해 LLM이 출력을 생성하도록 지시한다.

코드 3-17 HyDE 실행

```python
prompt = ChatPromptTemplate.from_template(
    '''
다음 컨텍스트만 사용해 질문에 답하세요.
컨텍스트:{context}

질문: {question}
'''
)

llm = ChatOpenAI(model='gpt-4o-mini', temperature=0)


@chain
def qa(input):
    docs = retrieval_chain.invoke(input)
    formatted = prompt.invoke({'context': docs, 'question': input})
    answer = llm.invoke(formatted)
    return answer


print('HyDE 실행\n')
result = qa.invoke(query)
```

```javascript
const prompt = ChatPromptTemplate.fromTemplate(
  '다음 컨텍스트만 사용해 질문에 답변하세요.\n 컨텍스트: {context}\n\n질문: {question}'
);

const llm = new ChatOpenAI({ temperature: 0, modelName: 'gpt-4o-mini' });

const hydeQa = RunnableLambda.from(async (input) => {
  // 관련 문서 검색
  const docs = await retrievalChain.invoke({ question: input });
  // 프롬프트 포매팅
```

```
    const formatted = await prompt.invoke({ context: docs, question: input });
    // 답변 생성
    const answer = await llm.invoke(formatted);
    return answer;
});

const result = await hydeQa.invoke(
    '고대 그리스 철학사에서 잘 알려지지 않은 철학자는 누구인가요?'
);
```

이 절의 내용을 정리하면, 쿼리 변환은 입력된 원본 쿼리를 바탕으로 다음과 같은 단계들을 수행한다.

- 대상 텍스트를 하나 이상의 쿼리 형태로 재작성
- 여러 쿼리에서 산출한 결과를 하나로 모아, 가장 관련성이 높은 결과 집합으로 통합

쿼리 재작성은 다양한 방식으로 이루어질 수 있으나 일반적으로 LLM에 사용자가 작성한 프롬프트, 즉 원래의 쿼리를 바탕으로 새로운 쿼리를 작성하도록 요청한다. 각 방식에는 다음과 같은 특성이 있다.

- 쿼리에서 불필요하거나 관련성이 없는 텍스트를 제거한다.
- 과거 대화 기록을 바탕으로 쿼리를 명확하게 만든다. 예를 들어, "**LA는 어때?**"라는 쿼리를 이해하려면 샌프란시스코의 날씨를 물은 과거 질문과 결합해 "**LA의 날씨**"라는 쿼리를 도출해야 한다.
- 관련 쿼리에 해당하는 문서도 함께 수집해, 문서 확보 범위를 확장한다.
- 복잡한 문제를 여러 개의 단순 문제로 세분화한 후, 각 문제의 결과를 최종 프롬프트에 모두 포함시켜 답변을 생성한다.

사용 사례의 특성에 맞는 재작성 방법을 선택하자.

주요 쿼리 변환 방법을 확인했으니, 견고한 RAG 시스템 만드는 두 번째 질문에 대한 답을 알아보자. 다양한 데이터 소스에서 데이터를 검색하려면 쿼리를 어떻게 라우팅할까?

3.3 쿼리 라우팅

비록 하나의 벡터 저장소만 사용하는 편이 유용하더라도, 필요한 데이터는 관계형 데이터베이스를 비롯한 다른 벡터 저장소 등 다양한 데이터 소스에 존재할 수 있다. 예를 들어, 랭체인 파이썬 문서를 위한 벡터 저장소와 랭체인 JS 문서를 위한 벡터 저장소, 두 종류의 벡터 저장소를 운용할 수 있다. 사용자의 질문을 바탕으로, 쿼리를 **라우팅**routing해 적절한 데이터 소스로 전달해 관련 문서를 검색한다. **쿼리 라우팅**query routing은 사용자의 쿼리를 적절한 데이터 소스로 전달하는 방법이다.

3.3.1 논리적 라우팅

논리적 라우팅logical routing은 LLM에 활용할 수 있는 여러 데이터 소스에 관한 정보를 제공해, 쿼리를 토대로 적합한 데이터 소스를 선택하도록 지시한다(그림 3-8).

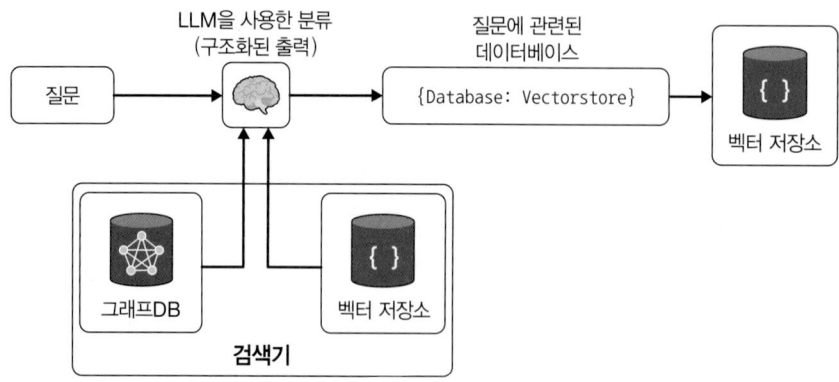

그림 3-8 적절한 데이터 소스로 쿼리를 라우팅

이를 달성하기 위해 GPT-4o-mini와 같은 툴 호출 모델을 활용해 각 쿼리를 어디에 라우팅할지 분류한다. **함수 호출**function call은 쿼리를 근거로 채팅 모델이 함수의 인수를 산출하는 스키마를 정의한다. 이렇게 구조화된 출력값을 생성하면 다른 함수에도 활용할 수 있다. 다음 코드는 서로 다른 세 언어의 문서를 토대로 라우터 스키마를 정의한다.

코드 3-18 라우터 스키마 정의

```python
from typing import Literal

from langchain_core.prompts import ChatPromptTemplate
from pydantic import BaseModel, Field
from langchain_openai import ChatOpenAI
from langchain_core.runnables import RunnableLambda


# 데이터 모델 클래스
class RouteQuery(BaseModel):
    '''Route a user query to the most relevant datasource.'''
    datasource: Literal['python_docs', 'js_docs'] = Field(
        ...,
        description='Given a user question, choose which datasource would be most relevant for answering their question',
    )


# 프롬프트 템플릿
# 함수 호출
llm = ChatOpenAI(model='gpt-4o-mini', temperature=0)

'''
with_structured_output: 주어진 스키마와 일치하도록 형식화된 출력을 반환하는 모델 래퍼
'''
structured_llm = llm.with_structured_output(RouteQuery)

# 프롬프트
system = '''당신은 사용자 질문을 적절한 데이터 소스로 라우팅하는 전문가입니다. 질문이 지목하는 프로그래밍 언어에 따라 해당 데이터 소스로 라우팅하세요.'''
prompt = ChatPromptTemplate.from_messages(
    [('system', system), ('human', '{question}')]
)

# 라우터 정의
router = prompt | structured_llm
```

```javascript
const routeQuery = z
  .object({
    datasource: z
      .enum(['python_docs', 'js_docs'])
      .describe(
        'Given a user question, choose which datasource would be most relevant for answering their question'
      ),
  })
  .describe('Route a user query to the most relevant datasource.');

const llm = new ChatOpenAI({ model: 'gpt-4o-mini', temperature: 0 });

const structuredLlm = llm.withStructuredOutput(routeQuery, {
  name: 'RouteQuery',
});

const prompt = ChatPromptTemplate.fromMessages([
  [
    'system',
    '당신은 사용자 질문을 적절한 데이터 소스로 라우팅하는 전문가입니다. 질문이 지목하는 프로그래밍 언어에 따라 해당 데이터 소스로 라우팅하세요.',
  ],
  ['human', '{question}'],
]);

const router = prompt.pipe(structuredLlm);
```

LLM을 호출해 미리 정의된 스키마를 바탕으로 데이터 소스를 추출한다.

코드 3-19 프롬프트 입력

```python
# 실행
question = '''이 코드가 안 돌아가는 이유를 설명해주세요:
from langchain_core.prompts
import ChatPromptTemplate
prompt = ChatPromptTemplate.from_messages(['human', 'speak in {language}'])
prompt.invoke('french') '''
```

```
result = router.invoke({'question': question})
print('\nRouting to: ', result)
```

```JavaScript
const question = '이 코드가 안 돌아가는 이유를 설명해주세요:
from langchain_core.prompts
import ChatPromptTemplate
prompt = ChatPromptTemplate.from_messages([["human", "speak in {language}"])
prompt.invoke("french") ';

const result = await router.invoke({ question });

console.log('Routing to: ', result);
```

출력

```
Routing to:  datasource='python_docs'
```

LLM이 이전에 정의한 스키마에 부합하는 JSON 형식의 출력을 생성했으며, 이러한 방식은 다양한 작업에서 유용하게 활용될 수 있다.

이제 관련 데이터 소스를 추출했으니, 해당 값을 다른 함수에 전달해 필요에 따라 추가 로직을 수행하겠다.

코드 3-20 라우팅 선택

```Python
def choose_route(result):
    if 'python_docs' in result.datasource.lower():
        return 'chain for python_docs'
    else:
        return 'chain for js_docs'


full_chain = router | RunnableLambda(choose_route)

result = full_chain.invoke({'question': question})
print('\nChoose route: ', result)
```

3장 RAG 2단계: 데이터 기반 대화

```javascript
const chooseRoute = (result) => {
  if (result.datasource.toLowerCase().includes('python_docs')) {
    return 'chain for python_docs';
  } else {
    return 'chain for js_docs';
  }
};

const fullChain = router.pipe(chooseRoute);
const finalResult = await fullChain.invoke({ question });
console.log('Choose route: ', finalResult);
```

출력

```
Choose route:  chain for python_docs
```

정확한 문자열 비교 대신에 생성된 출력 결과를 소문자로 변환해 부분 문자열 검사를 진행했다. 이 방식은 체인의 안정성을 높여, LLM이 요청한 형식에 부합하지 않는 출력을 생성하는 상황이 발생해도 견고하게 작동하도록 한다.

> **TIP** LLM 애플리케이션 구축 과정에서 출력 무작위성은 극복해야 할 중요한 요소다.

정의된 데이터 소스 목록이 존재하고, 해당 소스로부터 관련 데이터를 검색해 LLM에 적용해 정확한 결과물을 생성할 수 있다면, 논리적 라우팅 방식이 가장 적합하다. 소스는 벡터 저장소부터 데이터베이스, API에 이르기까지 다양하다.

3.3.2 의미론적 라우팅

논리적 라우팅과 달리 **의미론적 라우팅**semantic routing은 다양한 데이터 소스를 대표하는 프롬프트를 준비해 임베딩하고, 쿼리에 벡터 유사도 검색을 수행해 가장 유사한 프롬프트를 검색한다. [그림 3-9]를 보자.

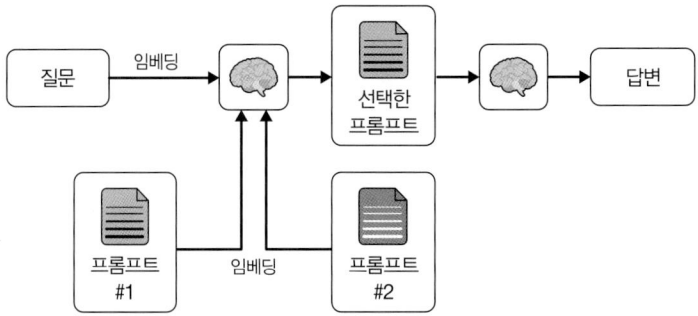

그림 3-9 의미론적 라우팅 기법을 적용하면 문서 검색의 정확도가 높아진다.

의미론적 라우팅을 살펴보자.

코드 3-21 유사한 프롬프트를 선택

```python
from langchain.utils.math import cosine_similarity
from langchain_core.output_parsers import StrOutputParser
from langchain_core.prompts import PromptTemplate
from langchain_core.runnables import chain
from langchain_openai import ChatOpenAI, OpenAIEmbeddings

physics_template = '''당신은 매우 똑똑한 물리학 교수입니다.
    당신은 물리학에 대한 질문에 간결하고 쉽게 이해할 수 있는 방식으로 대답하는 데 뛰어납니다.
    당신이 질문에 대한 답을 모를 때는 모른다고 인정합니다.
    다음 질문에 답하세요.: {query}
    '''
math_template = '''
    당신은 매우 뛰어난 수학자입니다. 당신은 수학 문제에 답하는 데 뛰어납니다.
    당신은 어려운 문제를 구성 요소로 분해하고 구성 요소를 해결한 다음
    함께 모아 더 넓은 질문에 대답합니다.
    다음 질문에 답하세요.: {query}
    '''

# 임베딩
embeddings = OpenAIEmbeddings()
prompt_templates = [physics_template, math_template]
prompt_embeddings = embeddings.embed_documents(prompt_templates)
```

```python
# 질문을 프롬프트에 라우팅

@chain
def prompt_router(query):
    query_embedding = embeddings.embed_query(query)
    similarity = cosine_similarity([query_embedding], prompt_embeddings)[0]
    most_similar = prompt_templates[similarity.argmax()]
    print('수학 프롬프트 사용' if most_similar == math_template else '물리 프롬프트 사용')
    return PromptTemplate.from_template(most_similar)


semantic_router = (prompt_router | ChatOpenAI() | StrOutputParser())

result = semantic_router.invoke('블랙홀이란 무엇인가요?')
print('\n의미론적 라우팅 결과: ', result)
```

```javascript
import { cosineSimilarity } from '@langchain/core/utils/math';
import { ChatOpenAI, OpenAIEmbeddings } from '@langchain/openai';
import { PromptTemplate } from '@langchain/core/prompts';
import { RunnableLambda } from '@langchain/core/runnables';

const physicsTemplate = '당신은 매우 똑똑한 물리학 교수입니다.
    당신은 물리학에 대한 질문에 간결하고 쉽게 이해할 수 있는 방식으로 대답하는 데 뛰어납니다.
    당신이 질문에 대한 답을 모를 때는 모른다고 인정합니다.
    다음 질문에 답하세요.: {query}';

    const mathTemplate = '당신은 매우 뛰어난 수학자입니다. 당신은 수학 문제에 답하는 데
    뛰어납니다. 당신은 어려운 문제를 구성 요소로 분해하고 구성 요소를 해결한 다음
    함께 모아 더 넓은 질문에 대답합니다.
    다음 질문에 답하세요.: {query}';

const embeddings = new OpenAIEmbeddings();

const promptTemplates = [physicsTemplate, mathTemplate];

const promptEmbeddings = await embeddings.embedDocuments(promptTemplates);

const promptRouter = RunnableLambda.from(async (query) => {
```

```
  // 질문 임베딩
  const queryEmbedding = await embeddings.embedQuery(query);
  // 유사도 계산
  const similarities = cosineSimilarity([queryEmbedding], promptEmbeddings)[0];
  // 입력 질문에 가장 유사한 프롬프트 선택
  const mostSimilar =
    similarities[0] > similarities[1] ? promptTemplates[0] : promptTemplates[1];
  console.log(
    `Using ${mostSimilar === promptTemplates[0] ? 'PHYSICS' : 'MATH'}`
  );
  return PromptTemplate.fromTemplate(mostSimilar).invoke({ query });
});

const semanticRouter = promptRouter.pipe(
  new ChatOpenAI({ modelName: 'gpt-4o-mini', temperature: 0 })
);

const result = await semanticRouter.invoke('블랙홀이란 무엇인가요?');
console.log('\n의미론적 라우팅 결과: ', result);
```

> **물리 프롬프트 사용**
>
> 의미론적 라우팅 결과: 블랙홀은 매우 강력한 중력을 가진 천체로, 무한히 작은 지름을 가지고 있고 그 질량은 수많은 별들의 질량을 가지고 있습니다. 빛조차도 빠져 나올 수 없는 영역인 사건의 지평을 가지고 있습니다. 이러한 특징으로 인해 블랙홀은 우주에서 가장 신기한 천체 중 하나로 여겨집니다.

쿼리를 적절한 데이터 소스에 연결하는 방법을 이해했으니, 이제 견고한 RAG 시스템 만드는 세 번째 질문에 대한 답을 알아보자. 자연어를 대상 데이터 소스의 쿼리 언어로 전환하는 방법은 무엇인가?

3.4 쿼리 구성

앞서 언급한 바와 같이, RAG는 쿼리를 바탕으로 벡터 저장소에서 비정형 데이터를 임베딩하고, 관련된 비정형 데이터를 검색한다. 그러나 실제 운영 애플리케이션에 활용되는 대부분의 데이터는 정형화되어, 대개 관계형 데이터베이스에 저장된다. 더불어, 벡터 저장소에 임베딩한 비정형 데이터에는 중요한 정보를 담은 정형된 메타데이터가 함께 포함된다.

쿼리 구성query construction은 자연어 쿼리를 사용 중인 데이터베이스 또는 데이터 소스의 쿼리 언어로 변환하는 과정이다(그림 3-10).

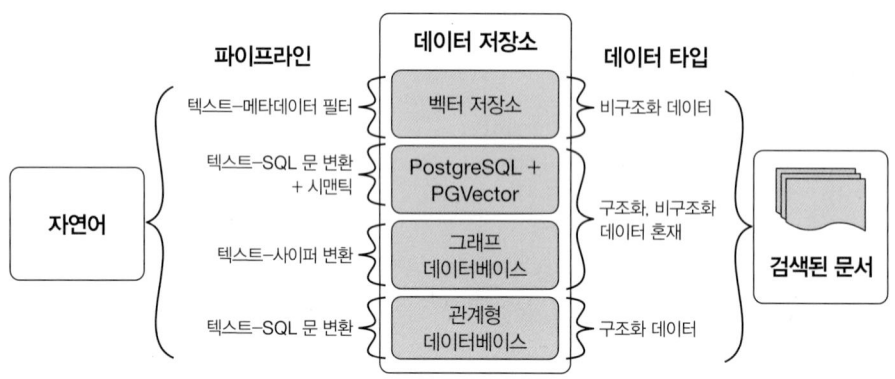

그림 3-10 다양한 데이터 소스를 위한 쿼리 언어

'1980년에 제작된 외계인을 소재로 한 영화는 무엇인가?'라는 질문이 있다. 해당 질문은 임베딩을 활용해 검색 가능한 비구조적 주제(**aliens**)를 포함하는 동시에, 잠재적으로 구조화된 구성 요소(**year == 1980**)도 내포한다.

이어서 쿼리 구성의 다양한 유형을 심도 있게 분석하겠다.

3.4.1 텍스트-메타데이터 필터

대부분의 벡터 저장소는 메타데이터를 토대로 벡터 검색 범위를 제한하는 기능을 갖추고 있다. 임베딩 과정에는 인덱스 벡터에 메타데이터(키-값 쌍)를 부여한 후, 이후 쿼리 호출에서 필터 표현식을 지정할 수 있다.

랭체인은 SelfQueryRetriever를 제공해, 해당 로직을 추상화해 다양한 데이터 소스의 자연어 쿼리를 간단하게 구조화된 쿼리로 변환한다. 자체 쿼리는 사용자가 입력한 쿼리와 미리 정의된 메타데이터 스키마를 토대로 LLM을 활용해 관련 메타데이터 필터를 추출하고 실행하는 메서드다.

코드 3-22 메타데이터 필터 적용

```python
# 쿼리 필드 생성
fields = [
    AttributeInfo(
        name='genre',
        description='영화 장르',
        type='string or list[string]',
    ),
    AttributeInfo(
        name='year',
        description='영화 개봉 연도',
        type='integer',
    ),
    AttributeInfo(
        name='director',
        description='영화 감독',
        type='string',
    ),
    AttributeInfo(
        name='rating',
        description='영화 평점 1-10점',
        type='float',
    ),
]

description = '영화에 대한 간략한 정보'
llm = ChatOpenAI(model='gpt-4o-mini', temperature=0)
retriever = SelfQueryRetriever.from_llm(llm, vectorstore, description, fields)

# 필터 적용
print(retriever.invoke('평점이 8.5점 이상인 영화가 보고 싶어요.'))

print('\n')
```

```
# 다양한 필터 적용
print(retriever.invoke(
    '평점이 높은(8.5점 이상) SF영화는 무엇인가요?'))
```

```javascript
import { ChatOpenAI } from "@langchain/openai";
import { SelfQueryRetriever } from "langchain/retrievers/self_query";
import { FunctionalTranslator } from "@langchain/core/structured_query";

const fields = [
  {
    name: 'genre',
    description: '영화 장르',
    type: 'string or array of strings',
  },
  {
    name: 'year',
    description: '영화 개봉 연도',
    type: 'number',
  },
  {
    name: 'director',
    description: '영화 감독',
    type: 'string',
  },
  {
    name: 'rating',
    description: '영화 평점 1-10점',
    type: 'number',
  },
  {
    name: 'length',
    description: '영화 상영 시간',
    type: 'number',
  },
];

const attributeInfos = fields.map(
  (field) => new AttributeInfo(field.name, field.description, field.type)
```

```
  );
  const description = '영화에 대한 간략한 정보';
  const selfQueryRetriever = SelfQueryRetriever.fromLLM({
    llm,
    vectorStore,
    description,
    attributeInfo: attributeInfos,

    structuredQueryTranslator: new FunctionalTranslator(),
  });

  const result = await selfQueryRetriever.invoke(
    '평점이 높은(8.5점 이상) SF영화는 무엇인가요?'
  );
  console.log(result);
```

결과적으로, 검색기가 사용자 쿼리를 입력받아 여러 부분으로 분할한다.

- 각 문서의 메타데이터에 우선 적용할 필터
- 문서의 의미론적 검색에 활용하기 위한 쿼리

이를 위해 문서 메타데이터에 포함된 각종 필드를 구체적으로 기술해야 한다. 해당 내용은 프롬프트에 포함된다. 그 후 검색기는 다음과 같은 작업을 수행한다.

1. LLM에 쿼리 생성 프롬프트를 전달한다.
2. LLM의 출력에서 메타데이터 필터와 재작성된 쿼리를 파싱한다.
3. LLM이 생성한 메타데이터 필터를 벡터 저장소에 맞는 형식으로 변환한다.
4. 생성된 필터를 통과하는 메타데이터를 가진 문서와 일치하도록 필터링한 벡터 저장소에서 유사도 검색을 실행한다.

3.4.2 텍스트-SQL 문 변환

SQL 및 관계형 데이터베이스는 구조화된 데이터의 중요한 소스지만, 자연어와 직접 상호작용할 수 없다. LLM으로 사용자의 쿼리를 SQL 쿼리로 변환할 수 있지만, 오류가 발생할 여지가 있다.

텍스트를 SQL로 변환하는 유용한 방법을 살펴보자.

- **데이터베이스 설명**: LLM에 정확한 데이터베이스 설명을 제공해 SQL 쿼리를 명확하게 만든다. 일반적으로 사용하는 텍스트-SQL 문 변환 프롬프트는 논문 등에서 보고된 아이디어를 토대로, 각 테이블에 대해 컬럼명과 자료형을 포함한 CREATE TABLE 설명을 LLM에 제공한다.[5] 또한, 테이블의 일부 예시 행(예: 3개)을 포함할 수도 있다.
- **퓨샷 예시**: 프롬프트에 질문과 쿼리 간의 대응 예시 몇 가지를 첨부해 쿼리 생성의 정확성을 높일 수 있다. 질문에 대한 쿼리를 작성할 때 작성 방식을 안내하는 표준 정적 예시를 프롬프트에 추가만 하면 된다.

[그림 3-11]에서 그 과정을 확인할 수 있다.

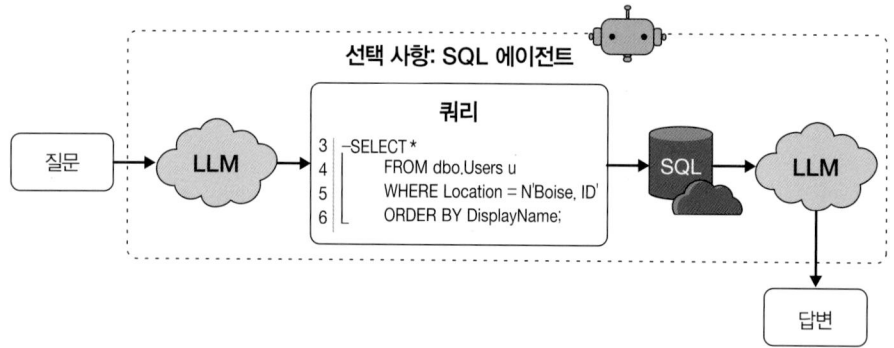

그림 3-11 사용자의 쿼리가 SQL 쿼리로 변경되는 과정

전체 코드를 살펴보자. 이번 예시에서는 sqlite를 통해 Chinook_Sqlite.sql를 사용한다. 실습 실행 전에 sqlite와 sql 파일을 다운받아야 한다.

```
sudo apt-get update && sudo apt-get install sqlite3
curl -s https://raw.githubusercontent.com/lerocha/chinook-database/master/ChinookDatabase/DataSources/Chinook_Sqlite.sql | sqlite3 Chinook.db
```

---

5 Nitarshan Rajkumar et al., "Evaluating the Text-to-SQL Capabilities of Large Language Models"(https://oreil.ly/W0rzt), arXiv, March 15, 2022.

코드 3-23 SQL 문 변환

Python
```python
from langchain_community.tools import QuerySQLDatabaseTool
from langchain_community.utilities import SQLDatabase
from langchain.chains import create_sql_query_chain
from langchain_openai import ChatOpenAI

# 사용할 db 경로로 수정
db = SQLDatabase.from_uri('sqlite:///Chinook.db')
print(db.get_usable_table_names())

llm = ChatOpenAI(model='gpt-4o-mini', temperature=0)

# 질문을 SQL 쿼리로 변환
write_query = create_sql_query_chain(llm, db)

# SQL 쿼리 실행
execute_query = QuerySQLDatabaseTool(db=db)

# combined chain = write_query | execute_query
combined_chain = write_query | execute_query

# 체인 실행
result = combined_chain.invoke({'question': '직원(employee)은 모두 몇 명인가요?'})
```

JavaScript
```javascript
import { ChatOpenAI } from '@langchain/openai';
import { createSqlQueryChain } from 'langchain/chains/sql_db';
import { SqlDatabase } from 'langchain/sql_db';
import { DataSource } from 'typeorm';
import { QuerySqlTool } from 'langchain/tools/sql';

const datasource = new DataSource({
  type: 'sqlite',
  database: 'Chinook.db',
});
const db = await SqlDatabase.fromDataSourceParams({
  appDataSource: datasource,
});

const llm = new ChatOpenAI({ modelName: 'gpt-4o', temperature: 0 });
```

```
  // 질문을 SQL 쿼리로 변환
  const writeQuery = await createSqlQueryChain({ llm, db, dialect: 'sqlite' });
  // SQL 쿼리 실행
  const executeQuery = new QuerySqlTool(db);
  // 체인 구성
  const chain = writeQuery.pipe(executeQuery);

  const result = await chain.invoke({
    question: '직원(employee)은 모두 몇 명인가요?',
  });
  console.log(result);
```

먼저 사용자의 쿼리를 데이터베이스에 맞는 SQL 쿼리로 변환한다. 그 후, 데이터베이스에서 해당 쿼리를 실행한다. LLM이 사용자 입력을 바탕으로 생성한 SQL 쿼리를 데이터베이스에서 실행하면 애플리케이션에서 심각한 위험이 발생할 수 있다. 실제 서비스에 해당 방법을 적용하려면, 데이터베이스에서 의도치 않게 실행되는 쿼리로 인한 위험을 줄이기 위해 다양한 보안 대책을 마련해야 한다. 다음은 몇 가지 대책이다.

- 읽기 전용 권한만 부여된 계정으로 쿼리를 실행한다.

- 쿼리를 실행하는 데이터베이스 사용자는 쿼리 접근 허용 대상 테이블에만 한정해 권한을 부여한다.

- 애플리케이션에서 실행하는 쿼리에 시간 제한을 추가한다. 과도한 비용이 발생하는 쿼리가 생성되더라도 데이터베이스 자원을 지나치게 소모하기 전에 자동으로 취소할 수 있다.

이 외에도 많은 보안상의 고려 사항이 있다. LLM 애플리케이션의 보안은 계속해서 새로운 취약점이 발견될 때마다 권고안에 추가적인 보안 조치가 반영된다.

3.5 요약

이 장에서는 사용자의 쿼리를 바탕으로 가장 관련성이 높은 문서를 효과적으로 검색해 프롬프트와의 융합 등 LLM이 정확하고 최신의 결과를 산출하는 다양한 기법을 다뤘다.

안정적이며 실제 생산 환경에서도 사용할 RAG 시스템 구현에는 질의 변환, 구성, 라우팅, 인덱스 최적화를 수행할 수 있는 다양한 효과적인 기법이 필요하다.

쿼리 변환은 모호하거나 형식에 맞지 않는 사용자 쿼리를 검색에 최적화한 대표 쿼리로 변환한다. 쿼리 구성은 사용자의 쿼리를 구조화된 데이터가 저장된 데이터베이스 또는 데이터 소스의 쿼리 언어로 변환한다. 라우팅은 인공지능 애플리케이션이 사용자 쿼리를 동적으로 분기해, 해당 데이터 소스에서 관련 정보를 효과적으로 검색한다.

4장에서는 지금까지 축적된 지식을 토대로 AI 챗봇에 메모리 기능을 추가해, 각 상호작용에서 정보를 기억하고 학습해 본다. 메모리를 추가하면 사용자는 챗GPT와 유사한 멀티턴 대화로 애플리케이션과 대화할 수 있다.

CHAPTER 04

랭그래프를 활용한 메모리 기능

4장에서는 AI 챗봇에 메모리 기능을 추가해 이전 대화 내용을 기억하고 참조할 수 있게 하는 방법을 다룬다. LLM의 무상태 특성을 극복하기 위해 랭그래프(LangGraph)를 활용한 상태 저장 시스템 구축 방법을 설명하며, 그래프 기반 아키텍처로 대화 흐름을 관리하고 상태를 추적하는 방법을 소개한다. 또한 채팅 기록의 효율적인 관리를 위한 테크닉을 실용적인 코드 예시와 함께 안내한다.

CHAPTER 04 랭그래프를 활용한 메모리 기능

3장에서는 인공지능 챗봇 애플리케이션에 최신 컨텍스트를 제공하는 방법을 살펴봤다. 최신 컨텍스트를 제공하면 챗봇은 사용자 입력을 바탕으로 정확한 응답을 생성한다. 그러나 이 정도만으로는 실제 운영에 적합한 애플리케이션을 구축하기에 부족하다. 애플리케이션이 사용자와 직접 '채팅'을 주고받으면서, 과거 대화 내역 및 관련 컨텍스트를 기억하도록 구현하려면 어떠한 방법을 선택해야 할까?

LLM은 **무상태**stateless(상태를 저장하지 않음)로 상호작용한다. 프롬프트를 작성할 때 이전의 프롬프트나 응답 내용을 전혀 저장하지 않는다는 뜻이다. LLM에 이런 정보를 제공하려면 이전 대화와 컨텍스트를 추적할 견고한 메모리 시스템이 필요하다. 최종 프롬프트는 기록된 정보를 LLM으로 전달하며, 이를 통해 일종의 '기억(메모리)'이 부여된다. 기본적인 메모리 기능을 탑재한 RAG 프로젝트의 구성은 [그림 4-1]과 같다.

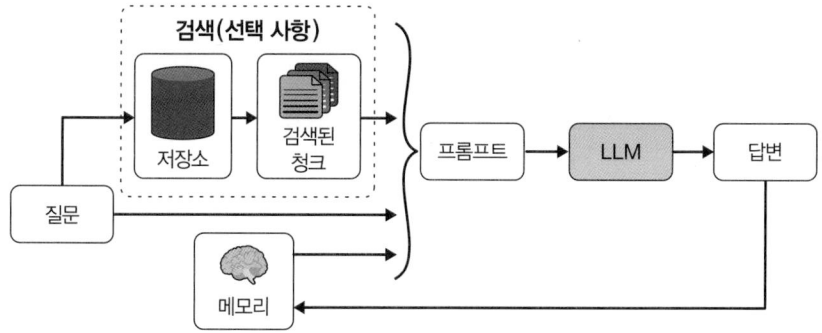

그림 4-1 메모리와 RAG를 결합한 LLM 프로젝트

이번 장에서는 랭체인의 내장 모듈로 메모리 시스템을 간단히 구축하는 방법을 다룬다.

4.1 챗봇 메모리 시스템 구축

견고한 메모리 시스템의 근간을 이루는 두 가지 핵심 설계적 결정은 다음과 같다.

- 상태 저장 방식
- 상태 쿼리 방식

가장 간단한 챗봇 메모리 시스템 구축 방법은 사용자와 채팅 모델의 모든 대화 기록을 저장해 재활용하는 것이다. 이 메모리 시스템의 상태는 다음과 같이 처리한다.

- 메시지 목록 형태로 저장(1장 참조)
- 턴마다 최근 메시지를 추가해 업데이트
- 메시지를 프롬프트에 추가

[그림 4-2]는 단순한 메모리 시스템이다.

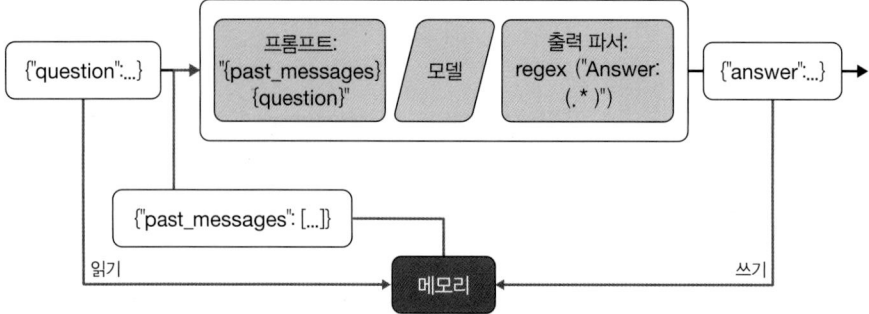

그림 4-2 프롬프트 내 대화 기록을 활용해 응답을 생성하는 간단한 메모리 시스템

랭체인으로 간단한 메모리 시스템을 구현해 보자.

코드 4-1 대화 기록을 활용한 메모리 시스템

```python
from langchain_core.prompts import ChatPromptTemplate
from langchain_openai import ChatOpenAI

prompt = ChatPromptTemplate.from_messages([
    ('system', '당신은 친절한 어시턴트입니다. 모든 질문에 최선을 다해 답하세요.'),
    ('placeholder', '{messages}'),
])

model = ChatOpenAI(model='gpt-4o-mini')

chain = prompt | model

response = chain.invoke({
    'messages': [
        ('human', '다음 한국어 문장을 프랑스어로 번역하세요.: 나는 프로그래밍을 좋아해요.'),
        ('ai', 'J\'adore programmer.'),
        ('human', '뭐라고 말했죠?'),
    ],
})
```

```javascript
import { ChatPromptTemplate } from '@langchain/core/prompts';
import { ChatOpenAI } from '@langchain/openai';
```

```
const prompt = ChatPromptTemplate.fromMessages([
  [
    'system',
    '당신은 친절한 어시스턴트입니다. 모든 질문에 최선을 다해 답하세요.',
  ],
  ['placeholder', '{messages}'],
]);
const model = new ChatOpenAI({modelName: 'gpt-4o-mini'});
const chain = prompt.pipe(model);

const response = await chain.invoke({
  messages: [
    [
      'human',
      '다음 한국어 문장을 프랑스어로 번역하세요.: 나는 프로그래밍을 좋아해요.',
    ],
    ['ai', 'J\'adore programmer.'],
    ['human', '뭐라고 말했죠?'],
  ],
});
```

출력

> "J'adore programmer."이라고 말했습니다. 이는 "나는 프로그래밍을 좋아해요."라는 의미입니다.

체인은 이전 대화 내용을 반영해 후속 질문에 컨텍스트를 고려한 적절한 응답을 출력한다.

간단한 메모리 시스템인만큼 애플리케이션을 그대로 서비스하면 대규모 메모리 관리에서 문제가 생긴다.

- 모든 상호작용 후 메모리를 하나씩 업데이트해야 한다(오류가 발생할 수 있으니 질문만 저장하거나 답변만 저장하는 일은 피한다).
- 이와 같은 메모리 자료를 관계형 데이터베이스 등 내구성이 뛰어난 저장소에 보관하는 편이 바람직하다.
- 이후 활용할 메시지의 종류와 개수를 선택해 저장하고, 이 중 새로운 상호작용에 사용할 메시지의 수를 조절해야 한다.

- LLM 호출 외의 영역에서 상태(현재는 단순한 메시지 목록)를 점검하고 수정하는 편이 좋다.

이제부터 랭체인 애플리케이션을 구성하는 데 유용한 툴을 소개하겠다.

4.2 랭그래프

이번 장의 남은 부분과 이후 장에서는 랭체인이 제작한 오픈소스 라이브러리인 랭그래프 LangGraph(https://oreil.ly/TKCb6)를 활용하겠다. 랭그래프는 개발자가 **그래프**라는 다중 액터multiactor, 다단계multistep, 상태 저장 인지 아키텍처 구조를 쉽게 구현할 수 있게 지원한다. 문장 하나에 여러 단어가 몰려 있으니 하나씩 뜯어보자. 다중 액터는 [그림 4-3]으로 설명해 본다.

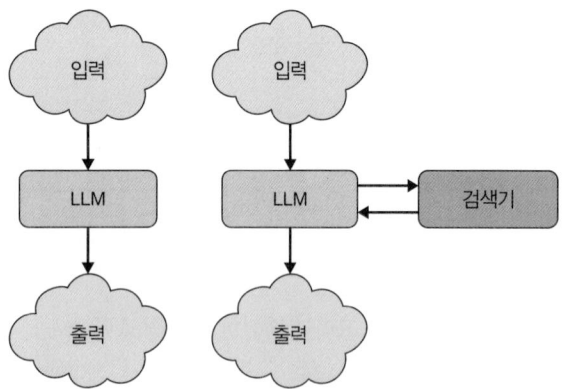

그림 4-3 단일 액터 애플리케이션과 다중 액터 애플리케이션

전문가가 여럿 모이면, 혼자 실현하기 어려운 성과를 달성할 수 있다. LLM 애플리케이션도 마찬가지다. 답변 생성, 작업 계획 수립 등 다방면에서 우수한 성능을 보이는 LLM 프롬프트는 최신 정보를 신속히 파악할 검색 엔진이나 다른 LLM 프롬프트와 결합하면 그 효력이 크게 증대된다. 이 두 가지 구성 요소(와 기타 요소)를 참신한 방식으로 결합해 퍼플렉시티 Perplexity(https://oreil.ly/bVlu7)나 아크 서치Arc Search(https://oreil.ly/NP01F)처럼 뛰어

난 애플리케이션을 구현한 사례가 다수 확인되었다.

개인이 혼자 일하는 것보다 팀 단위의 작업에 더 정교한 협조 체계가 필요하듯, 다수의 주체가 관여하는 애플리케이션 역시 기능을 수행하는 데 체계적인 조정 계층이 필요하다.

- 그래프에서 액터를 노드로 정의한 후, 액터 간에 업무가 전달되는 방식을 엣지로 나타낸다.
- 각 액터의 실행을 적절한 시점에 배치(필요시 병렬 처리)하고, 일정한 결과가 나오도록 한다.

다단계는 [그림 4-4]로 이해할 수 있다.

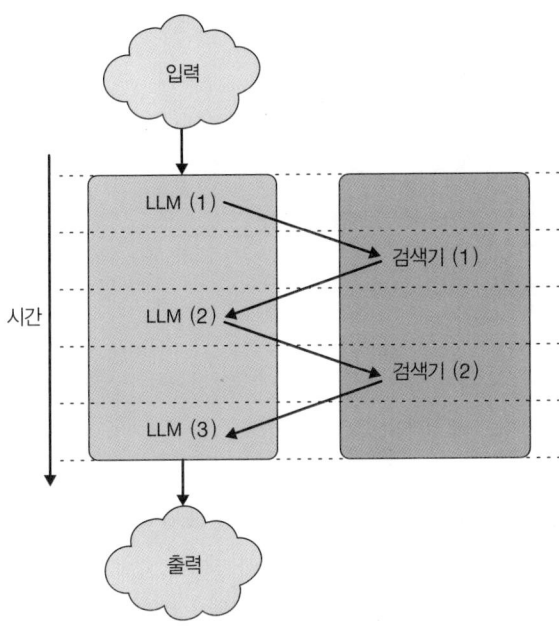

그림 4-4 다중 액터 애플리케이션을 다단계 애플리케이션으로

LLM 프롬프트가 검색 툴을 통해 특정 쿼리 결과를 요청하는 경우와 같이 각 액터가 작업을 다른 액터에 전달할 때 액터끼리 주고받는 작업을 명확히 파악해야 한다. 이때 발생 순서와 각 액터의 호출 횟수 등 구체적인 정보가 필요하다. 이를 위해 액터 간 상호작용을 여러 개의 독립된 시간 단계로 구분해 모델링한다. 한 액터가 다른 액터에게 업무를 전달하면 다음 단

계가 시작되고, 이러한 업무 인계가 연속적으로 이루어져 더 이상 인계할 대상이 없다면 최종 결과에 도달한다.

상태 저장은 [그림 4-5]로 설명해 본다.

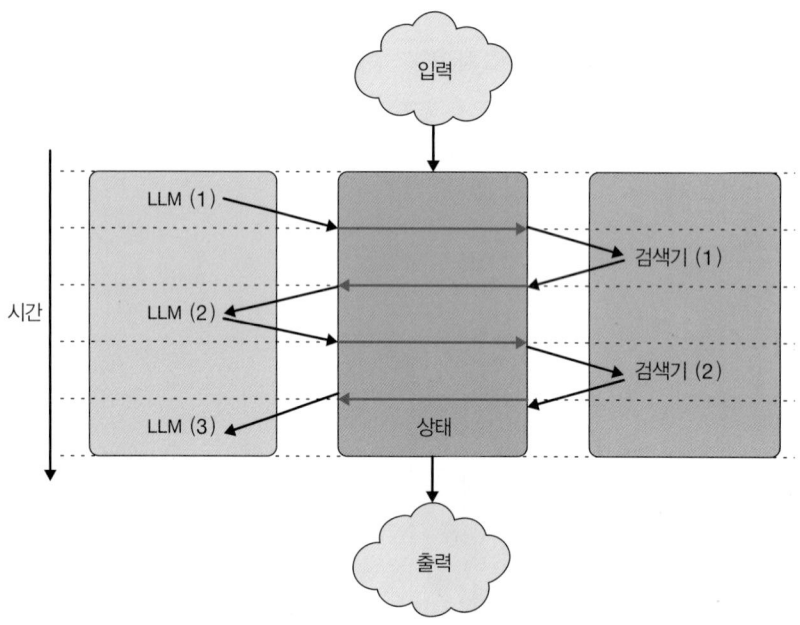

그림 4-5 다단계 애플리케이션을 상태 정보를 유지하는 애플리케이션으로

단계 간 통신에선 반드시 상태를 추적해야 한다. 상태 관리가 미흡하면 LLM 액터를 재호출해도 첫 번째 실행과 같은 결과가 나온다. 이때, 여러 액터가 각자 상태를 분리해 하나의 중앙 상태를 공유하며 갱신하는 방식이 매우 유용하다. 중앙 상태를 도입하면 다음과 같은 기능을 구현할 수 있다.

- 각 계산 과정 중 또는 계산 완료 후에 중심 상태를 스냅샷해 저장한다.
- 오류 발생 시 손쉽게 복구할 수 있도록 실행을 일시 정지하고 재개한다.
- 사용자 개입 제어 체계를 구현한다(자세한 내용은 8장에서 추가로 설명함).

그래프는 상태, 노드, 엣지로 구성된다.

- **상태**: 외부에서 받은 데이터. 애플리케이션이 실행되는 동안 변경되고 생성된다.
- **노드**: 진행할 단계. 노드는 주로 파이썬이나 JS 함수다. 현재 상태를 입력받아 업데이트한다(데이터를 추가하거나 수정하고 삭제할 수 있다).
- **엣지**: 노드 사이 연결 관계. 엣지는 첫 번째 노드에서 마지막 노드까지 이어지는 경로를 나타낸다. 엣지는 고정 엣지(예: 노드 B 이후에 항상 노드 D를 방문)와 조건부 엣지(예: 함수를 사용해 노드 C 이후에 방문할 노드를 결정)가 있다.

랭그래프는 개발 과정에서 그래프를 시각화하는 도구와 각 그래프의 동작을 세밀하게 점검하는 다양한 기능을 제공한다. 이런 그래프를 활용하면 작업 부하가 큰 운영 환경에서 손쉽게 배포할 수 있다.

만약 1장 실습을 충실히 따라 했다면, 이미 랭그래프를 설치했을 것이다. 설치하지 않았다면, 터미널에서 아래 명령어를 실행해서 설치하자.

```Python
pip install langgraph
```

```JavaScript
npm i @langchain/langgraph
```

랭그래프를 활용한 간단한 챗봇을 만들며 랭그래프와 친해져보자. LLM을 한 번 호출하는 LLM 호출 아키텍처를 구성하겠다. 챗봇은 사용자가 전송한 메시지에 직접 응답한다. 기능은 단순하지만, 랭그래프로 구축하는 애플리케이션의 핵심 개념을 명확히 알 수 있다.

4.3 StateGraph 생성

우선 StateGraph(상태 그래프)를 만들겠다. LLM을 호출하는 노드를 추가한다.

코드 4-2 상태 그래프 생성

```python
from typing import Annotated, TypedDict

from langchain_core.messages import HumanMessage
from langchain_openai import ChatOpenAI
from langgraph.graph import StateGraph, START, END, add_messages
from langgraph.checkpoint.memory import MemorySaver


class State(TypedDict):
    messages: Annotated[list, add_messages]

builder = StateGraph(State)
```

```javascript
import {
  StateGraph,
  StateType,
  Annotation,
  messagesStateReducer,
  START, END
} from '@langchain/langgraph'

const State = {
  /**
   * State는 세 가지를 정의한다.
   * 1. 그래프 상태의 구조 (어떤 "채널"이 읽기/쓰기가 가능한지)
   * 2. 상태 채널의 기본값
   * 3. 상태 채널의 리듀서. 리듀서는 상태 업데이트 방법을 표현하는 함수를 말한다.
   *    아래에서는 새 메시지를 메시지 배열에 추가한다.
   */
  messages: Annotation({
    reducer: messagesStateReducer,
    default: () => []
  }),
}

const builder = new StateGraph(State)
```

> **NOTE** 그래프를 정의할 때 가장 먼저 해당 그래프의 상태를 정의해야 한다. **상태**는 그래프 상태의 구조(혹은 스키마)와 상태 업데이트 적용 방식을 규정하는 리듀서reducer 함수로 구성된다. 이번에는 상태를 단 한 개의 키만 가진 딕셔너리로 구성한다. messages에는 리듀서 함수 add_messages를 지정했다. 이 함수는 랭그래프가 기존 목록을 덮어쓰지 않고 신규 메시지를 추가하도록 지시한다. 주석이 없는 상태 키는 갱신 시점마다 최종 값으로 대체된다. 자체 리듀서 함수를 구현할 수도 있다. 리듀서 함수는 첫 번째 인자로 현재 상태를, 두 번째 인자로 상태에 기록될 값을 받아, 이들을 병합한 결과인 새로운 상태를 반환한다. 가장 간단한 예시는 리스트에 다음 값을 추가해 반환하는 함수이다.

이제 그래프는 두 가지 일을 한다.

- 정의된 모든 node는 현재의 State를 입력받아 해당 상태를 갱신하는 값을 반환한다.
- messages는 직접 덮어쓰는 대신, 현재 목록에 새 메시지를 추가한다. 파이썬은 Annotated 구문에 지정한 add_messages(https://oreil.ly/sK-Ry) 함수(사전 제작)로, 자바스크립트는 리듀서 함수가 이 역할을 맡는다.

다음으로, chatbot 노드를 추가한다. 노드는 작업 단위를 나타내며 그냥 함수로 보면 된다.

코드 4-3 노드 추가

```python
from langchain_openai import ChatOpenAI

model = ChatOpenAI(model='gpt-4o-mini')

def chatbot(state: State):
    answer = model.invoke(state['messages'])
    return {'messages': [answer]}

# 챗봇 노드 추가
# 첫 번째 인자는 고유한 노드 이름
# 두 번째 인자는 실행할 함수 또는 Runnable
builder.add_node('chatbot', chatbot)
```

```javascript
import {ChatOpenAI} from '@langchain/openai'
import {
```

```
  AIMessage,
  SystemMessage,
  HumanMessage
} from "@langchain/core/messages";

const model = new ChatOpenAI({model: 'gpt-4o-mini'});

async function chatbot(state) {
  const answer = await model.invoke(state.messages);
  return { messages: answer };
}

builder = builder.addNode('chatbot', chatbot);
```

노드는 현재 상태를 받아 LLM을 한 번 호출해, LLM이 생성한 새 메시지를 포함한 상태 업데이트를 반환한다. 상태에 이미 저장된 메시지 목록에 새 메시지를 덧붙이는 add_messages 리듀서가 있다. 마지막으로 엣지를 추가한다.

코드 4-4 엣지 추가

```python
# 엣지 추가
builder.add_edge(START, 'chatbot')
builder.add_edge('chatbot', END)

graph = builder.compile()
```

```javascript
builder = builder
  .addEdge(START, 'chatbot')
  .addEdge('chatbot', END)

let graph = builder.compile()
```

엣지는 몇 가지 역할을 한다.

- 실행할 때마다 그래프의 작업 시작 위치를 지정한다.
- 그래프의 종료 지점을 지정하는 역할을 한다. 이는 선택 사항으로 노드가 더 이상 실행되지 않으면 랭그래프가

자동으로 종료된다.

- 그래프를 컴파일해 invoke 및 stream 메서드를 제공하는 Runnable 객체로 전환한다.

또한, 그래프를 시각화해 이미지로 저장할 수 있다.

코드 4-5 그래프 시각화 저장

```python
graph.get_graph().draw_mermaid_png(output_file_path='graph.png')
```

```javascript
import * as fs from 'fs';

const image = await graph.getGraph().drawMermaidPng();
const arrayBuffer = await image.arrayBuffer();
const buffer = new Uint8Array(arrayBuffer);

fs.writeFileSync('graph.png', buffer);
```

이 그래프를 시각화하면 [그림 4-6]과 같다.

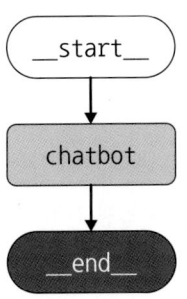

그림 4-6 간단한 챗봇

앞 장에서 소개한 stream() 메서드를 활용해 실행해 보자.

코드 4-6 그래프 실행

```python
input = {'messages': [HumanMessage('안녕하세요!')]}
for chunk in graph.stream(input):
```

```
    print(chunk)
```

```javascript
const input = { messages: [new HumanMessage('안녕하세요!')] };
for await (const chunk of await graph.stream(input)) {
  console.log(chunk);
}
```

출력

```
{'chatbot': {'messages': [AIMessage(content='안녕하세요! 어떻게 도와드릴까요?')] } }
```

그래프에 입력된 값이 앞서 정의한 State 객체와 구조가 동일하다. 이는 딕셔너리의 messages 키를 통해 메시지 목록이 전달된 결과다. 여기서 stream 함수를 사용하면 그래프의 각 단계가 완료된 후 상태의 전체 값을 스트리밍한다.

4.4 StateGraph에 메모리 기능 추가

랭그래프는 단순한 그래프에서 복잡한 그래프까지 동일하게 활용할 수 있는 영속성persistence을 내장하고 있다. 영속성을 첫 아키텍처에 적용해 본다. 그래프에 랭그래프 전용 스토리지 어댑터인 **체크포인터**checkpointer를 첨부해 재컴파일한다. 랭그래프는 기본 클래스를 제공해 사용자가 선호하는 데이터베이스에 맞는 어댑터를 만들 수 있다. 작성 시점 기준으로 랭그래프는 랭체인이 관리하는 여러 어댑터를 함께 제공한다.

- 인메모리in-memory 어댑터: 이번 예시에서 설명한다.
- SQLite 어댑터: 내장형 데이터베이스로 로컬 애플리케이션이나 테스트 환경에 적합한 기능을 제공한다.
- Postgres 어댑터: 대중적인 관계형 데이터베이스에 최적화해 대규모 애플리케이션 환경에 적합하다.

많은 개발자가 Redis나 MySQL 등 타 데이터베이스 시스템용 어댑터를 개발했다.

코드 4-7 그래프에 체크포인터 추가

```python
from langgraph.checkpoint.memory import MemorySaver

graph = builder.compile(checkpointer=MemorySaver())
```

```javascript
import {MemorySaver} from '@langchain/langgraph'

const graph = builder.compile({ checkpointer: new MemorySaver() })
```

이번 코드도 이전 코드와 동일한 메서드를 보유한 Runnable 객체를 반환한다. 그러나 이번에는 각 단계가 종료될 때마다 상태가 기록되므로, 최초 실행 이후의 모든 호출은 백지 상태로 시작하지 않는다. 그래프 호출 시, 체크포인터를 활용해 저장된 최신 상태(존재할 경우)를 불러온 후, 새 입력값과 결합한다. 그 다음에 첫 번째 노드가 실행된다.

이제 실제 코드에서의 차이를 살펴보자.

코드 4-8 메모리 기능 확인

```python
# 스레드 설정
thread1 = {'configurable': {'thread_id': '1'}}

# 영속성 추가 후 그래프 실행
result_1 = graph.invoke({
    'messages': [HumanMessage('안녕하세요, 저는 민혁입니다!')]}, thread1)
result_2 = graph.invoke({
    'messages': [HumanMessage('제 이름이 뭐죠?')]}, thread1)
```

```javascript
// 스레드 설정
const thread1 = { configurable: { thread_id: '1' } };

// 영속성 추가 후 그래프 실행
const result_1 = await graph.invoke(
  {
    messages: [new HumanMessage('안녕하세요, 저는 민혁입니다!')],
```

```
    },
    thread1,
  );
  const result_2 = await graph.invoke(
    {
      messages: [new HumanMessage('제 이름이 뭐죠?')],
    },
    thread1,
  );
```

```
{'messages': [
    HumanMessage(content='안녕하세요, 저는 민혁입니다!'),
    AIMessage(content='안녕하세요, 민혁님! 만나서 반갑습니다. 어떻게 도와드릴까요?'),
    HumanMessage(content='제 이름이 뭐죠?'),
    AIMessage(content='민혁님이라고 하셨습니다! 맞나요?')
```

thread1라는 객체가 있다. 현재 상호작용이 특정 상호작용 기록인 thread1에 포함된다. 랭그래프는 이 기록을 **스레드**thread라고 부른다. 스레드는 처음 사용할 때 자동 생성된다. 스레드 식별자로는 보통 범용 고유 식별자(UUID)가 사용되지만 모든 문자열을 사용할 수 있다. 스레드의 탄생으로 LLM 애플리케이션은 중요한 이정표를 달성했다. 여러 사용자가 혼동 없이 동시에 독자적인 대화를 진행할 수 있게 된 것이다.

이전과 마찬가지로 처음 호출한 chatbot 노드는 방금 입력한 메시지 하나만으로 호출한다. 이후 입력한 메시지와 반환된 메시지를 상태에 저장한다.

동일한 스레드에서 그래프를 두 번째 실행하면, 첫 번째 실행에서 저장한 두 개의 메시지와 이어서 사용자로부터 전달된 질문을 포함해 총 세 개의 메시지를 인자로 chatbot 노드를 호출한다. 이게 메모리의 핵심이다. 이전 상태가 그대로 남아 있다. 메모리를 사용해 앞서 언급된 내용에 관한 질문에 답할 수 있을 뿐 아니라, 이후에 더 많은 흥미로운 기능을 활용할 수 있다.

상태를 직접 확인해 수정할 수도 있다. 방법은 다음과 같다.

코드 4-9 상태 확인

```Python
graph.get_state(thread1)
```

```JavaScript
await graph.getState(thread1);
```

이 코드는 스레드의 현재 상태를 반환한다. 상태는 다음 코드로 업데이트한다.

코드 4-10 상태 업데이트

```Python
graph.update_state(thread1, {'messages': [HumanMessage('저는 LLM이 좋아요!')]})
```

```JavaScript
await graph.updateState(thread1, {messages: [new HumanMessage('저는 LLM이 좋아요!')]});
```

상태가 저장하고 있는 메시지 목록(messages)에 새 메시지가 추가되며, 동일 스레드에서의 그래프를 호출할 때 추가된 메시지가 활용된다.

4.5 채팅 기록 수정

대부분의 경우, 채팅 기록 메시지는 채팅 모델이 정확한 응답을 생성하는 데 사용할 만큼 좋은 상태나 형식을 갖추지 못한다. 채팅 기록을 수정해 이 문제를 해결할 수 있다. 메시지 축약trimming, 내용 필터링filtering, 메시지 병합merging 세 가지 방법이 있다.

4.5.1 메시지 축약

LLM은 **컨텍스트 윈도**를 제한한다. 다시 말해, 프롬프트로 입력 가능한 토큰 수에 한계가 존재한다. 따라서 최종 프롬프트는 모드별로 정해진 한도를 넘지 않아야 하며, 그렇지 않을 경우 LLM은 긴 프롬프트를 거부하거나 일부를 생략할 수 있다. 또한, 프롬프트에 정보가 과도하면 LLM의 집중력을 분산시켜 환각을 일으킬 수 있다.

채팅 기록에서 가져올 메시지의 수를 제한해, 일부의 메시지만 프롬프트에 추가하는 방식은 문제 해결에 효과적이다. 실전에서는 최신 메시지만 로드해 저장하는 정도로 충분하다. 예시에서는 미리 준비한 메시지가 포함된 예시 채팅 기록을 사용하겠다.

다행히도 랭체인은 여러 상황에서 다양하게 사용할 수 있는 내장 헬퍼 함수 `trim_messages`를 제공한다. 해당 헬퍼를 사용하면 채팅 기록에서 보존하거나 삭제할 토큰 수를 지정할 수 있다.

메시지 목록에서 뒤부터 `max_tokens` 개의 토큰을 받으려면, 매개변수 `strategy`를 `'last'`로 설정한다.

코드 4-11 메시지 축약

```python
from langchain_core.messages import (
    SystemMessage,
    HumanMessage,
    AIMessage,
    trim_messages,
)
from langchain_openai import ChatOpenAI

# 샘플 메시지 설정
messages = [
    SystemMessage(content='당신은 친절한 어시스턴트입니다.'),
    HumanMessage(content='안녕하세요! 나는 민혁입니다.'),
    AIMessage(content='안녕하세요!'),
    HumanMessage(content='바닐라 아이스크림을 좋아해요.'),
    AIMessage(content='좋네요!'),
    HumanMessage(content='2 + 2는 얼마죠?'),
    AIMessage(content='4입니다.'),
    HumanMessage(content='고마워요.'),
```

```python
        AIMessage(content='천만에요!'),
        HumanMessage(content='즐거운가요?'),
        AIMessage(content='예!'),
]

# 축약 설정
trimmer = trim_messages(
    max_tokens=65,
    strategy='last',
    token_counter=ChatOpenAI(model='gpt-4o-mini'),
    include_system=True,
    allow_partial=False,
    start_on='human',
)

# 축약 적용
trimmed = trimmer.invoke(messages)
print(trimmed)
```

```javascript
import {
  AIMessage,
  HumanMessage,
  SystemMessage,
  trimMessages,
} from '@langchain/core/messages';
import { ChatOpenAI } from '@langchain/openai';

const messages = [
  new SystemMessage('당신은 친절한 어시스턴트입니다.'),
  new HumanMessage('안녕하세요! 나는 민혁입니다.'),
  new AIMessage('안녕하세요!'),
  new HumanMessage('바닐라 아이스크림을 좋아해요.'),
  new AIMessage('좋네요!'),
  new HumanMessage('2 + 2는 얼마죠?'),
  new AIMessage('4입니다.'),
  new HumanMessage('고마워요.'),
  new AIMessage('천만에요!'),
  new HumanMessage('즐거운가요?'),
  new AIMessage('예!'),
];
```

```
const trimmer = trimMessages({
  maxTokens: 65,
  strategy: 'last',
  tokenCounter: new ChatOpenAI({ modelName: 'gpt-4o' }),
  includeSystem: true,
  allowPartial: false,
  startOn: 'human',
});

const trimmed = await trimmer.invoke(messages);
console.log(trimmed);
```

출력

```
[SystemMessage(content='당신은 친절한 어시스턴트입니다.'),
    HumanMessage(content='고마워요.'),
    AIMessage(content='천만에요!'),
    HumanMessage(content='즐거운가요?'),
    AIMessage(content='예!')]
```

trim_messages의 주요 설정에 대해 알아보자.

- 매개변수 strategy는 메시지 목록의 시작 지점을 설정한다. 처음 메시지부터일지 마지막 메시지부터일지 결정한다. 대체로 최신 메시지를 우선시하며, 용량이 부족하면 오래된 메시지를 삭제한다. 즉, 시작 지점은 last로 지정해 마지막 메시지를 시작 지점으로 설정해야 한다. first로 설정할 경우, 용량이 부족한 시점에 최신 메시지를 삭제해 오래된 메시지를 유지한다.

- token_counter는 LLM 또는 채팅 모델로, 각 모델에 최적화된 토크나이저를 활용해 토큰을 산출한다.

- 매개변수 include_system=True를 추가해, 트리머가 시스템 메시지를 유지하도록 설정한다.

- 매개변수 allow_partial는 제한 범위 내에 마지막 메시지의 내용을 포함시키기 위해 해당 메시지의 일부를 생략할지 결정한다. 예시에는 이 값을 false로 설정하여, 총합이 한도를 초과하면 메시지를 완전히 제거한다.

- 매개변수 start_on='human'은 응답인 AIMessage를 제거하면 그 응답을 불러온 질문인 HumanMessage도 삭제하도록 설정한다.

4.5.2 메시지 필터링

채팅 기록 메시지 목록이 늘어나면서 보다 다양한 유형, 하위 체인 및 채팅 모델이 활용될 가능성이 있다. 랭체인의 `filter_messages` 헬퍼를 사용하면 채팅 기록 메시지를 유형, ID, 이름별로 쉽게 구분할 수 있다.

다음은 사용자가 입력한 메시지(HumanMessage)를 필터링하는 예시이다.

코드 4-12 사용자 메시지 필터링

```python
from langchain_core.messages import (
    AIMessage,
    HumanMessage,
    SystemMessage,
    filter_messages,
)

messages = [
    SystemMessage(content='당신은 친절한 어시스턴트입니다.', id='1'),
    HumanMessage(content='예시 입력', id='2', name='example_user'),
    AIMessage(content='예시 출력', id='3', name='example_assistant'),
    HumanMessage(content='실제 입력', id='4', name='bob'),
    AIMessage(content='실제 출력', id='5', name='alice'),
]

# 사용자 메시지만 필터링
human_messages = filter_messages(messages, include_types='human')
```

```javascript
import {
  HumanMessage,
  SystemMessage,
  AIMessage,
  filterMessages,
} from "@langchain/core/messages";

const messages = [
  new SystemMessage({ content: '당신은 친절한 어시스턴트입니다', id: '1' }),
```

```
  new HumanMessage({ content: '예시 입력', id: '2', name: 'example_user' }),
  new AIMessage({ content: '예시 출력', id: '3', name: 'example_assistant'}),
  new HumanMessage({ content: '실제 입력', id: '4', name: 'bob' }),
  new AIMessage({ content: '실제 출력', id: '5', name: 'alice' }),
];

// 사용자 메시지만 필터링
const filterByHumanMessages = filterMessages(messages, {
  includeTypes: ['human'],
});
```

출력

```
사용자 메시지: [
    HumanMessage(content='예시 입력', name='example_user', id='2'),
    HumanMessage(content='실제 입력', name='bob', id='4')
]
```

이번에는 사용자와 아이디를 제외하고, 메시지 유형만으로 필터링하겠습니다.

코드 4-13 다양한 조건의 메시지 필터링

```python
# 특정 이름의 메시지 제외
excluded_names = filter_messages(
    messages, exclude_names=['example_user', 'example_assistant']
)
print('\n이름에 example이 포함되지 않은 메시지:', excluded_names)

# 유형과 ID로 필터링
filtered_messages = filter_messages(
    messages, include_types=['human', 'ai'], exclude_ids=['3']
)
print('\n특정 유형과 ID로 필터링한 메시지:', filtered_messages)
```

```javascript
// 특정 이름의 메시지 제외
const filterByExcludedNames = filterMessages(messages, {
  excludeNames: ['example_user', 'example_assistant'],
});
```

```
console.log(
  '\n\n이름에 example이 포함되지 않은 메시지: ${JSON.stringify(filterByExcludedNames)}'
);

// 유형과 ID로 필터링
const filterByTypesAndIDs = filterMessages(messages, {
  includeTypes: ['human', 'ai'],
  excludeIds: ['3'],
});
console.log(
  '\n특정 유형과 ID로 필터링한 메시지: ${JSON.stringify(filterByTypesAndIDs)}'
);
```

출력

```
이름에 example이 포함된 메시지: [
    SystemMessage(content='당신은 친절한 어시스턴트입니다.', id='1'),
    HumanMessage(content='실제 입력' name='bob', id='4'),
    AIMessage(content='실제 출력', name='alice', id='5')]

특정 유형과 ID로 필터링한 메시지: [
    HumanMessage(content='예시 입력', name='example_user', id='2'),
    HumanMessage(content='실제 입력', name='bob', id='4'),
    AIMessage(content='실제 출력', name='alice', id='5')]
```

filter_messages 헬퍼는 명령형 구성 또는 선언형 구성 방식으로도 사용 가능하여, 체인 내의 다른 구성 요소와 결합하기 편하다. 다음은 모델과의 대화에서 메시지에 필터링을 적용하는 예시다.

코드 4-14 선언형 구성 방식으로 필터링

```Python
model = ChatOpenAI()

filter_ = filter_messages(exclude_names=["example_user", "example_assistant"])

chain = filter_ | model
```

```javascript
const model = new ChatOpenAI()

const filter = filterMessages({
  excludeNames: ["example_user", "example_assistant"]
})

const chain = filter.pipe(model)
```

4.5.3 연속된 메시지 병합

앤트로픽 채팅 모델과 같은 일부 모델은 동일한 유형의 메시지를 연속으로 입력할 수 없다. 랭체인의 merge_message_runs을 이용하면 동일 유형의 연속된 메시지를 손쉽게 병합할 수 있다.

코드 4-15 연속 메시지 병합

```python
from langchain_core.messages import (
    AIMessage,
    HumanMessage,
    SystemMessage,
    merge_message_runs,
)

# 동일한 유형의 연속된 메시지 예제
messages = [
    SystemMessage(content='당신은 친절한 어시스턴트입니다.'),
    SystemMessage(content='항상 농담으로 대답하세요.'),
    HumanMessage(
        content=[{'type': 'text', 'text': '어떤 피자가 제일 맛있나요?'}]
    ),
    HumanMessage(
        content='어떤 햄버거가 가장 맛있나요?'),
    AIMessage(
        content='나는 항상 너만 "고르곤졸라"'
    ),
    AIMessage(
```

```python
        content='너가 "버거" 싶어'
    ),
]

# 연속된 메시지를 병합
merged = merge_message_runs(messages)
```

```javascript
import {
  HumanMessage,
  SystemMessage,
  AIMessage,
  mergeMessageRuns,
} from '@langchain/core/messages';

const messages = [
  new SystemMessage('당신은 친절한 어시스턴트입니다.'),
  new SystemMessage('항상 농담으로 대답하세요.'),
  new HumanMessage({
    content: [{ type: 'text', text: '어떤 피자가 제일 맛있나요?' }],
  }),
  new HumanMessage('어떤 햄버거가 가장 맛있나요?'),
  new AIMessage(
    '나는 항상 너만 "고르곤졸라"'
  ),
  new AIMessage(
    '너가 "버거" 싶어'
  ),
];

// 연속된 메시지를 병합
const mergedMessages = mergeMessageRuns(messages);
```

출력

```
[SystemMessage(content='당신은 친절한 어시스턴트입니다.\n항상 농담으로 대답하세요.'),
    HumanMessage(content=[{'type': 'text', 'text': '어떤 피자가 제일 맛있나요?'}, '어떤 햄버거가 가장 맛있나요?']),
    AIMessage(content='항상 너만 "고르곤졸라"\n너가 "버거" 싶어')]
```

병합 대상 메시지 중 하나의 내용이 콘텐츠 블록 목록으로 구성될 경우, 병합된 메시지 역시 동일하게 콘텐츠 블록 목록으로 구성한다. 병합 대상의 두 메시지 모두 문자열만 있을 경우, 개행 문자를 사이에 두어 연결한다.

merge_message_runs 헬퍼는 명령형 구성 또는 선언형 구성 방식으로도 사용 가능하여, 체인 내의 다른 구성 요소와 결합하기 편하다.

코드 4-16 선언형 구성 방식으로 메시지 병합

```python
model = ChatOpenAI(model='gpt-4o-mini')
merger = merge_message_runs()
chain = merger | model
```

```javascript
const model = new ChatOpenAI()
const merger = mergeMessageRuns()
const chain = merger.pipe(model)
```

4.6 요약

이 장에서는 AI 챗봇이 사용자와의 대화를 기억하도록 간단한 메모리 시스템을 구축하는 기본 원리를 다뤘다. 랭그래프는 채팅 기록의 저장 및 갱신을 자동화해 처리 효율성을 높인다. 채팅 기록 수정의 중요성을 설명하며, 채팅 메시지의 축약, 필터링, 병합 방법을 알아봤다.

5장에서는 AI 챗봇이 단순한 대화 응답을 넘어 스스로 결정을 내리고, 적절한 행동을 선택하며, 이전의 출력 결과를 되돌아보는 등의 다양한 기능을 수행하는 방법을 배운다.

CHAPTER 05

랭그래프로 구현하는 인지 아키텍처

5장에서는 LLM 애플리케이션 구축에 사용되는 다양한 아키텍처 패턴을 랭그래프로 구현하는 방법을 설명한다. 자율성과 신뢰성 사이의 트레이드오프를 중심으로, 세 가지 인지 아키텍처를 소개하고 이를 코드로 구현해 본다. 단순한 LLM 호출부터 정해진 순서로 여러 LLM을 호출하는 체인, 그리고 LLM이 다음 단계를 결정하는 라우터까지 자율성이 점진적으로 높아지는 아키텍처를 이용해 목적에 맞는 애플리케이션 설계 방법을 제시한다.

CHAPTER 05 랭그래프로 구현하는 인지 아키텍처

지금까지 LLM 애플리케이션을 구성하는 가장 기본적인 기능들을 살펴봤다.

- 프롬프트 작성 기법(0장과 1장)
- RAG(2장과 3장)
- 메모리(4장)

이제 새로운 궁금증이 생긴다. 이 모든 조각을 어떻게 조합해서 우리가 원하는 목표를 해결하는 일관적인 애플리케이션으로 만들까? 건축에 비유하자면, 같은 벽돌과 시멘트를 사용하더라도 그 용도와 목적에 따라 수영장이 되기도 하고 주택이 되기도 한다. 수영장과 주택이라는 전혀 다른 결과물이 나오는 이유는 재료를 결합하는 방식, 즉 고유한 구조architecture(아키텍처)에 있다. LLM 애플리케이션 구축에도 같은 원칙을 적용할 수 있다. 보유한 다양한 구성 요소(예: RAG, 프롬프트 작성 기법, 메모리)를 결합하는 방식이 원하는 목적을 달성하는 데 가장 큰 영향을 미친다.

어떤 아키텍처가 있고 각 특징이 무엇인지 논의하기 전에 예시부터 살펴보겠다. 모든 LLM 애플리케이션의 개발은 동기에서 시작한다. 즉 애플리케이션의 목표가 중요하다. 예컨대, 이메일 어시스턴트를 구축한다고 치자. 이 어시스턴트의 목표는 수신한 이메일을 사전에 검토해 직접 확인할 이메일의 양을 줄이는 것이다. 애플리케이션은 중요하지 않은 몇 개의 메일을 보관 처리하고, 몇 개는 직접 회신하며, 나머지는 나중에 확인이 필요하다고 분류할 수 있다.

애플리케이션은 정해진 제약 조건을 반드시 준수하며 기능을 수행해야 한다. 제약 조건을 열거하면 적합한 아키텍처를 찾는 데 큰 도움이 된다. 8장에서는 해당 제약 조건을 보다 세밀하게 검토하며, 각 조건의 처리 방법을 상세히 설명한다. 이메일 어시스턴트에 구현할 기능을 생각해 보자.

- 궁극적인 목표는 시간 절약이므로 방해되는 상황의 빈도를 최소화한다.
- 자신이 적지 않을 내용의 메일이 상대에게 회신 되지 않도록 주의한다.

지금쯤 LLM 애플리케이션을 구축할 때 빈번히 마주치는 트레이드오프를 눈치챘을 것이다. **자율성**agency(독자적으로 행동할 능력)과 **신뢰성**reliability(결과물에 대한 신뢰도) 사이의 트레이드오프다. 직관적으로 보면, 어시스턴트가 사용자의 개입 없이 더 많은 작업을 수행할수록 그 유용성은 높아지지만, 과도하게 수행한다면 원치 않는 메일을 발송할 우려가 있다.

LLM 애플리케이션의 자율성을 확인하는 한 가지 방법은 애플리케이션의 행동 중 LLM이 결정하는 부분을 확인하는 것이다.

- 특정 단계의 결과물 생성(이메일 회신 초안 작성)
- 향후 진행할 단계 결정(신규 이메일에 대한 보관, 회신, 분류)
- 별도 작업(애플리케이션에 프로그래밍하지 않은 기능을 위한 코드 작성)

자율성의 범위에 따라 LLM 애플리케이션 구축에 쓰는 다양한 **레시피**를 분류할 수 있다. 이 경우 앞서 언급한 세 가지 작업 중 어느 부분을 LLM이 처리하고, 어느 부분을 개발자나 사용자에게 넘길지를 기준으로 나눌 수 있다. 이와 같이 제시된 레시피를 **인지 아키텍처**cognitive architectures(인지 구조)라 부른다. **인지 아키텍처**라는 용어는 오랜 기간 인공지능 분야에서 인간 추론 과정을 모델링한 체계와 이를 컴퓨터에 구현한 방식을 지칭하는 데 사용됐다. LLM 인지 아키텍처(논문[1]에서 최초로 언급)는 LLM 애플리케이션이 실행할 단계에 필요한 일종의 레시피로 볼 수 있다(그림 5-1). **단계**는 관련 문서를 검색하거나(RAG) 사고의 연쇄 프롬프트(CoT)를 활용해 LLM을 호출하는 것이 될 수 있다.

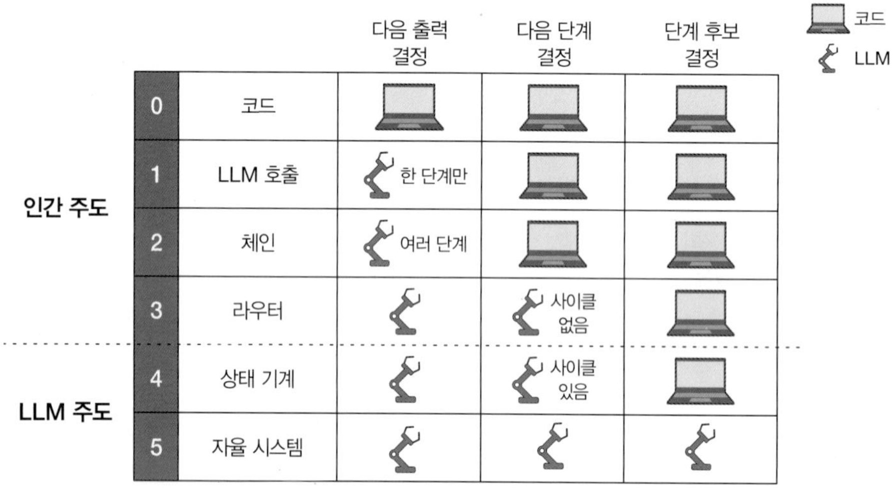

		다음 출력 결정	다음 단계 결정	단계 후보 결정
인간 주도	0 코드	코드	코드	코드
	1 LLM 호출	LLM 한 단계만	코드	코드
	2 체인	LLM 여러 단계	코드	코드
	3 라우터	LLM	LLM 사이클 없음	코드
LLM 주도	4 상태 기계	LLM	LLM 사이클 있음	코드
	5 자율 시스템	LLM	LLM	LLM

그림 5-1 LLM 애플리케이션의 인지 아키텍처 목록

이제 [그림 5-1]을 통해 애플리케이션을 구축할 때 활용할 수 있는 주요 아키텍처(혹은 레시피)를 하나씩 살펴보겠다.

- **0 : 코드**

    LLM 인지 아키텍처에 속하지 않음(따라서 0으로 번호를 부여함). LLM을 전혀 쓰지 않는다. 기존에 작성하던 평범한 소프트웨어다. 알아두면 좋은 첫 번째 아키텍처는 다음에 소개할 아키텍처다.

- **1 : LLM 호출**

    이 책에서 지금까지 다루었던 예시의 대다수는 LLM을 한 번만 호출했다. 텍스트 번역이나 요약과 같이 특정 작업을 수행하는 데 LLM을 활용하는 애플리케이션에서 LLM 호출 기능은 특히 유용하다.

- **2 : 체인**

    다음 단계는 미리 정해진 순서에 따라 여러 번의 LLM 호출로 구현한다. 예를 들어, 텍스트-SQL 문 변환 애

---

[1] Theodore R. Sumers et al., "Cognitive Architectures for Language Agents"(*https://oreil.ly/cuQnT*), arXiv, September 5, 2023, updated March 15, 2024.

플리케이션(데이터베이스의 작업을 자연어로 입력)은 LLM을 순차적으로 두 번 호출한다.
- SQL 쿼리 생성을 위한 호출 1회. 사용자가 입력한 자연어 쿼리와 개발자가 제공한 데이터베이스 내용 설명을 토대로 쿼리 생성을 요청한다.
- 쿼리 설명 생성을 위한 호출 1회. 생성된 쿼리를 바탕으로 비전문가도 이해할 수 있는 쿼리 설명 작성을 요청. 이를 통해 생성된 쿼리가 요청 내용과 부합하는지 확인할 수 있다.

- **3: 라우터**

  다음 단계는 LLM을 활용해 실행할 단계의 순서를 정의한다. 즉, 체인 아키텍처는 개발자가 정한 정적인 단계를 실행하는 반면, 라우터 아키텍처는 LLM이 미리 정의된 몇몇 단계 중 하나를 선택하는 점이 특징이다. 예시로, 서로 다른 도메인에서 취득한 문서를 인덱싱하는 RAG 애플리케이션이 있으며, 그 구성은 다음과 같은 단계로 이루어진다.
  - LLM 호출. 사용자가 제공한 쿼리와 개발자가 제시한 인덱스 설명을 토대로, 사용할 수 있는 인덱스 중 활용할 인덱스를 결정한다.
  - 선택된 인덱스를 대상으로 사용자 쿼리와 가장 부합하는 문서를 찾는 쿼리를 수행한다.
  - LLM 호출. 사용자가 제공한 쿼리와 인덱싱을 통해 수집된 관련 문서 목록을 바탕으로 답변을 생성한다.

이번 장에서는 세 가지 아키텍처를 순서대로 살펴본다. 6장에서는 LLM을 더욱 활용하는 에이전트 기반 아키텍처를 다룬다. 먼저, 이 여정에 도움될 향상된 도구를 알아보자.

5.1 아키텍처 #1: LLM 호출

LLM 호출 아키텍처의 사례를 살펴보기 위해 4장에서 구현한 챗봇으로 돌아가자. 챗봇은 사용자가 전송한 메시지에 직접 응답한다.

먼저 StateGraph를 생성한 후, LLM을 호출하는 노드를 추가한다.

코드 5-1 상태 그래프 구성

```Python
from typing import Annotated, TypedDict

from langchain_core.messages import HumanMessage
from langchain_openai import ChatOpenAI
from langgraph.graph import StateGraph, START, END, add_messages
```

```python
from langgraph.checkpoint.memory import MemorySaver


class State(TypedDict):
    # 메시지의 유형은 list이다.
    # 어노테이션의 'add_messages' 함수는 상태를 업데이트하는 방법이다.
    # 이 경우 이전 메시지를 대체하는 대신 새 메시지를 추가한다.
    messages: Annotated[list, add_messages]

builder = StateGraph(State)

model = ChatOpenAI(model='gpt-4o-mini')

def chatbot(state: State):
    answer = model.invoke(state['messages'])
    return {'messages': [answer]}

# 챗봇 노드 추가
# 첫 번째 인자는 고유한 노드 이름
# 두 번째 인자는 실행할 함수 또는 Runnable
builder.add_node('chatbot', chatbot)

# 엣지 추가
builder.add_edge(START, 'chatbot')
builder.add_edge('chatbot', END)

graph = builder.compile()
```

```javascript
import {
  StateGraph,
  Annotation,
  messagesStateReducer,
  START,
  END,
} from '@langchain/langgraph';
import { ChatOpenAI } from '@langchain/openai';
import { HumanMessage } from '@langchain/core/messages';

const State = {
  /**
```

```
 * State는 세 가지를 정의한다.
 * 1. 그래프 상태의 구조 (어떤 "채널"이 읽기/쓰기가 가능한지)
 * 2. 상태 채널의 기본값
 * 3. 상태 채널의 리듀서. 리듀서는 상태 업데이트 방법을 표현하는 함수를 말한다.
 *    아래에서는 새 메시지를 메시지 배열에 추가한다.
 */

  messages: Annotation({
    reducer: messagesStateReducer,
    default: () => [],
  }),
};

let builder = new StateGraph(State);

const model = new ChatOpenAI({model: 'gpt-4o-mini'});

async function chatbot(state) {
  const answer = await model.invoke(state.messages);
  return { messages: answer };
}

builder = builder.addNode('chatbot', chatbot);

builder = builder.addEdge(START, 'chatbot').addEdge('chatbot', END);

let graph = builder.compile();
```

또한, 그래프의 시각적 표현을 도출할 수 있다.

코드 5-2 그래프 시각화 저장

`Python`
```
graph.get_graph().draw_mermaid_png(output_file_path='LLM_call_architecture.png')
```

`JavaScript`
```
import * as fs from 'fs';

const image = await graph.getGraph().drawMermaidPng();
const arrayBuffer = await image.arrayBuffer();
```

```
  const buffer = new Uint8Array(arrayBuffer);

  fs.writeFileSync('LLM_call_architecture.png', buffer);
```

이 그래프를 시각화하면 [그림 5-2]와 같다.

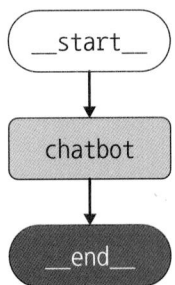

그림 5-2 LLM 호출 아키텍처

앞 장에서 소개한 stream() 메서드를 활용해 실행한다.

코드 5-3 그래프 실행

```python
input = {'messages': [HumanMessage('안녕하세요!')]}
for chunk in graph.stream(input):
    print(chunk)
```

```javascript
const input = { messages: [new HumanMessage('안녕하세요!')] };
for await (const chunk of await graph.stream(input)) {
  console.log(chunk);
}
```

출력

```
{ "chatbot": { "messages": [AIMessage("안녕하세요! 어떻게 도와드릴까요?")] } }
```

그래프에 입력된 값이 앞서 정의한 State 객체와 구조가 동일하다. 이는 딕셔너리의 messages 키를 통해 메시지 목록이 전달된 결과다.

해당 아키텍처는 LLM을 활용하는 가장 단순한 방식이다. 단순하다고 해서 사용하지 말라는 의미는 아니다. 이 아키텍처는 다양한 인기 제품에서 실제로 활용한다.

- 요약 및 번역 등 AI 기능은 LLM 호출 한 번으로 구현할 수 있다(예: 노션 AI).
- 단일 LLM 호출로도 간단한 SQL 쿼리를 생성할 수 있다. 이는 개발자가 생각하는 대상 사용자와 UX에 따라 달라진다.

5.2 아키텍처 #2: 체인

체인 아키텍처는 사전에 정해진 순서에 따라 여러 차례의 LLM 호출을 활용해 확장한다. 즉, 서로 다른 애플리케이션 호출이 같은 순서로 LLM 호출을 수행하지만 입력 및 결과는 각각 다르게 나타난다.

예를 들어, 텍스트-SQL 문 변환 애플리케이션은 데이터베이스에서 수행할 작업에 관한 자연어 설명을 입력받는다. 앞서 한 번의 LLM 호출로 SQL 쿼리를 생성하는 방식으로도 구현할 수 있다고 설명했으나, 여러 번의 LLM 호출을 순차적으로 활용해 보다 정교한 애플리케이션을 구현할 수 있다. 일부 연구자들은 해당 아키텍처를 **플로우 엔지니어링**flow engineering이라 부른다.[2]

전체 과정의 흐름을 언어로 풀어 상세하게 설명하겠다.

1. SQL 쿼리 생성을 위한 호출 1회. 사용자가 입력한 자연어 쿼리와 개발자가 제공한 데이터베이스 내용 설명을 토대로 쿼리 생성을 요청한다.
2. 쿼리 설명 생성을 위한 호출 1회. 생성된 쿼리를 바탕으로 비전문가도 이해할 수 있는 쿼리 설명 작성을 요청한다. 이를 통해 생성된 쿼리가 요청 내용과 부합하는지 확인할 수 있다.

이 과정에 두 단계를 추가해 더 확장할 수 있다(하지만 여기선 하지 않는다).

---

[2] Tal Ridnik et al., "Code Generation with AlphaCodium: From Prompt Engineering to Flow Engineering"(https://oreil.ly/0wHX4), arXiv, January 16, 2024.

3. 데이터베이스에 쿼리를 실행해 2차원 테이블을 반환받는다.

4. 쿼리 결과 요약을 위한 호출 1회. 사용자의 질문에 답한다.

이제 랭그래프를 활용해 구현하겠다.

코드 5-4 SQL 쿼리를 생성하고 설명하는 체인 아키텍처

```python
from typing import Annotated, TypedDict

from langchain_core.messages import HumanMessage, SystemMessage
from langchain_openai import ChatOpenAI
from langgraph.graph import END, START, StateGraph
from langgraph.graph.message import add_messages

# SQL 쿼리 생성용
model_low_temp = ChatOpenAI(model='gpt-4o-mini', temperature=0.1)
# 자연어 출력 생성용
model_high_temp = ChatOpenAI(model='gpt-4o-mini', temperature=0.7)


class State(TypedDict):
    # 대화 기록
    messages: Annotated[list, add_messages]
    # 입력
    user_query: str
    # 출력
    sql_query: str
    sql_explanation: str


class Input(TypedDict):
    user_query: str


class Output(TypedDict):
    sql_query: str
    sql_explanation: str
```

```python
generate_prompt = SystemMessage(
    '당신은 친절한 데이터 분석가입니다. 사용자의 질문을 바탕으로 SQL 쿼리를 작성하세요.'
)


def generate_sql(state: State) -> State:
    user_message = HumanMessage(state['user_query'])
    messages = [generate_prompt, *state['messages'], user_message]
    res = model_low_temp.invoke(messages)
    return {
        'sql_query': res.content,
        # 대화 기록 업데이트
        'messages': [user_message, res],
    }


explain_prompt = SystemMessage(
    '당신은 친절한 데이터 분석가입니다. 사용자에게 SQL 쿼리를 설명하세요.'
)


def explain_sql(state: State) -> State:
    messages = [
        explain_prompt,
        # 이전 단계의 사용자의 질문과 SQL 쿼리
        *state['messages'],
    ]
    res = model_high_temp.invoke(messages)
    return {
        'sql_explanation': res.content,
        # 대화 기록 업데이트
        'messages': res,
    }


builder = StateGraph(State, input=Input, output=Output)
builder.add_node('generate_sql', generate_sql)
builder.add_node('explain_sql', explain_sql)
builder.add_edge(START, 'generate_sql')
builder.add_edge('generate_sql', 'explain_sql')
builder.add_edge('explain_sql', END)
```

```
graph = builder.compile()
```

```javascript
import { HumanMessage, SystemMessage } from '@langchain/core/messages';
import { ChatOpenAI } from '@langchain/openai';
import {
  StateGraph,
  Annotation,
  messagesStateReducer,
  START,
  END,
} from '@langchain/langgraph';

// SQL 쿼리 생성용
const modelLowTemp = new ChatOpenAI({ model:'gpt-4o-mini', temperature: 0.1 });
// 자연어 출력 생성용
const modelHighTemp = new ChatOpenAI({ model:'gpt-4o-mini', temperature: 0.7 });

const annotation = Annotation.Root({
  messages: Annotation({ reducer: messagesStateReducer, default: () => [] }),
  user_query: Annotation(),
  sql_query: Annotation(),
  sql_explanation: Annotation(),
});

const generatePrompt = new SystemMessage(
  '당신은 친절한 데이터 분석가입니다. 사용자의 질문을 바탕으로 SQL 쿼리를 작성하세요.',
);

async function generateSql(state) {
  const userMessage = new HumanMessage(state.user_query);
  const messages = [generatePrompt, ...state.messages, userMessage];
  const res = await modelLowTemp.invoke(messages);
  return {
    sql_query: res.content,
    // 대화 기록 업데이트
    messages: [userMessage, res],
  };
}
```

```
const explainPrompt = new SystemMessage(
  '당신은 친절한 데이터 분석가입니다. 사용자에게 SQL 쿼리를 간단하게 설명하세요.',
);

async function explainSql(state) {
  const messages = [explainPrompt, ...state.messages];
  const res = await modelHighTemp.invoke(messages);
  return {
    sql_explanation: res.content,
    // 대화 기록 업데이트
    messages: res,
  };
}

const builder = new StateGraph(annotation)
  .addNode('generate_sql', generateSql)
  .addNode('explain_sql', explainSql)
  .addEdge(START, 'generate_sql')
  .addEdge('generate_sql', 'explain_sql')
  .addEdge('explain_sql', END);

const graph = builder.compile();
```

이 그래프를 시각화하면 [그림 5-3]과 같다.

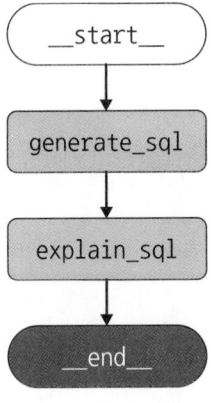

그림 5-3 체인 아키텍처

다음은 입력과 출력의 예시다.

코드 5-5 체인 아키텍처의 실행

```Python
graph.invoke({'user_query': '각 품목의 판매량을 구해주세요.'})
```

```JavaScript
await graph.invoke({
  user_query: '각 품목의 판매량을 구해주세요.',
});
```

출력

```
{
user_query: '각 품목의 판매량을 구해주세요.',
  sql_query: '각 품목의 판매량을 구하기 위해서는 판매 데이터가 저장된 테이블의 구조를
알아야 합니다. 일반적으로 판매 데이터는 'sales'라는 테이블에 저장되어 있으며, 품목 정
보는 'items'라는 테이블에 있을 수 있습니다. \n' +
    '아래는 'sales' 테이블에서 각 품목의 판매량을 구하는 SQL 쿼리의 예시입니다. 이 예
시는 'item_id'와 'quantity'라는 컬럼이 있다고 가정합니다.\n' +
    ''''sql\n' +
    'SELECT item_id, SUM(quantity) AS total_sales\n' +
    'FROM sales\n' +
    'GROUP BY item_id;\n' +
    ''''\n' +
    '이 쿼리는 'sales' 테이블에서 각 품목('item_id')의 판매량('quantity')을 합산하여
'total_sales'라는 별칭으로 결과를 반환합니다. 품목별로 그룹화하여 각 품목의 총 판매량을
계산합니다. \n' +
    '테이블 구조가 다르거나 추가적인 정보가 필요하다면, 더 구체적인 정보를 제공해 주시
면 맞춤형 쿼리를 작성해 드리겠습니다.',
  sql_explanation: '각 품목의 판매량을 구하기 위해 SQL 쿼리를 사용할 수 있습니다. 예를
들어, 'sales'라는 테이블에서 각 품목의 판매량을 계산하고자 할 때 다음과 같은 쿼리를 작
성할 수 있습니다.\n' +
    '### 쿼리 설명:\n' +
    '- **SELECT item_id**: 판매량을 계산할 품목의 ID를 선택합니다.\n' +
    '- **SUM(quantity) AS total_sales**: 각 품목의 판매량을 합산하여 'total_sales'라
는 이름으로 결과에 포함시킵니다.\n' +
    '- **FROM sales**: 데이터를 가져올 테이블인 'sales'를 지정합니다.\n' +
    '- **GROUP BY item_id**: 품목 ID별로 데이터를 그룹화하여 각 품목의 총 판매량을 계
```

```
산합니다.\n' +
    '이 쿼리를 실행하면 각 품목별로 총 판매량이 나열된 결과를 얻을 수 있습니다. 만약 더
    많은 정보가 필요하시거나 테이블 구조에 대해 알고 싶으시면 말씀해 주세요!'
}
```

먼저, `generate_sql` 노드를 실행해 최종 출력에 포함될 상태의 `sql_query` 키를 채우고, `messages` 키에 새로운 메시지를 업데이트한다. 그 후, `explain_sql` 노드가 실행되어 이전 단계에서 생성된 SQL 쿼리를 활용해 상태 내 `sql_explanation` 키를 채운다. 이 시점에서 그래프의 실행이 종료되며, 호출자에게 출력을 전달한다.

또한, `StateGraph` 생성 시 입력 스키마와 출력 스키마를 별도로 사용한다. 이렇게 하면 상태의 일부 구성 요소를 사용자 입력으로 사용하고, 나머지는 최종 출력으로 반환할 수 있다. 남은 상태 키는 그래프 노드 내부에서 중간 상태를 유지하며, `stream()`이 생성하는 스트리밍 출력의 일부로 제공된다.

5.3 아키텍처 #3: 라우터

라우터 아키텍처는 자율성의 사다리를 한 칸 더 오르기 위해, 앞서 설명한 향후 진행할 단계 결정이라는 작업을 LLM에 부여한다. 즉, 체인 아키텍처는 개발자가 정한 정적인 단계를 실행하는 반면, 라우터 아키텍처는 LLM이 미리 정의된 몇몇 단계 중 하나를 선택한다.

여러 분야의 문서에서 생성한 다수의 인덱스에 접근하는 RAG 애플리케이션을 예로 들겠다. 인덱싱에 관한 자세한 내용은 2장을 참조한다. 일반적으로 프롬프트에 관련 없는 정보를 배제해 LLM의 성능을 더욱 높일 수 있다. 따라서 애플리케이션을 구축할 때 각 쿼리에 적합한 인덱스를 선정해 오직 그 인덱스만을 활용하는 편이 좋다. 이 아키텍처는 결정 과정에 LLM을 활용한다는 점이 중요하다. 즉, 들어오는 각 쿼리를 이해해 적합한 인덱스를 찾는 데 LLM을 사용한다.

> **NOTE** LLM 등장 이전에는 해당 문제를 해결하기 위해 머신러닝 기법을 이용해 분류기 모델을 구축하거나 샘플 유저 쿼리를 적절한 인덱싱 대상으로 매핑한 데이터셋을 주로 사용했다. 이 작업은 다음과 같은 문제로 상당히 어려웠다.
>
> - 데이터셋을 수작업으로 구축해야 한다.
> - 각 사용자 쿼리로부터 충분한 **특징**(정량적 속성)을 생성해 업무에 적합한 분류기를 학습해야 한다.
>
> LLM은 인간 언어의 인코딩 방식을 바탕으로 예시나 추가 학습 없이도 효과적인 분류기로 활용할 수 있다.

전체 과정의 흐름을 언어로 풀어 상세하게 살펴보자.

1. LLM 호출. 사용자가 제공한 쿼리와 개발자가 제시한 인덱스 설명을 토대로, 사용할 수 있는 인덱스 중 활용할 인덱스를 결정한다.
2. 선택된 인덱스를 대상으로 사용자 쿼리와 가장 부합하는 문서를 찾는 쿼리를 수행한다.
3. LLM 호출. 사용자가 제공한 쿼리와 인덱싱을 통해 수집된 관련 문서 목록을 바탕으로 답변 생성한다.

이제 랭그래프를 활용해 구현하겠다.

코드 5-6 멀티 RAG로 구현한 라우터 아키텍처

```python
from typing import Annotated, Literal, TypedDict

from langchain_core.documents import Document
from langchain_core.messages import HumanMessage, SystemMessage
from langchain_core.vectorstores.in_memory import InMemoryVectorStore
from langchain_openai import ChatOpenAI, OpenAIEmbeddings
from langgraph.graph import END, START, StateGraph
from langgraph.graph.message import add_messages

embeddings = OpenAIEmbeddings()
# SQL 쿼리 생성용
model_low_temp = ChatOpenAI(model='gpt-4o-mini', temperature=0.1)
# 자연어 출력 생성용
model_high_temp = ChatOpenAI(model='gpt-4o-mini', temperature=0.7)
```

```python
class State(TypedDict):
    # 대화 기록
    messages: Annotated[list, add_messages]
    # 입력
    user_query: str
    # 출력
    domain: Literal['records', 'insurance']
    documents: list[Document]
    answer: str


class Input(TypedDict):
    user_query: str


class Output(TypedDict):
    documents: list[Document]
    answer: str

# 벡터 저장소 관련 내용은 2장에서 확인
medical_records_store = InMemoryVectorStore.from_documents([], embeddings)
medical_records_retriever = medical_records_store.as_retriever()

insurance_faqs_store = InMemoryVectorStore.from_documents([], embeddings)
insurance_faqs_retriever = insurance_faqs_store.as_retriever()


router_prompt = SystemMessage(
    '''사용자 문의를 어느 도메인으로 라우팅할지 결정하세요. 선택할 수 있는 두 가지 도메인은 다음과 같습니다.
- records: 진단, 치료, 처방과 같은 환자의 의료 기록을 포함합니다.
- insurance: 보험 정책, 청구, 보장에 대한 자주 묻는 질문을 포함합니다.

도메인 이름만 출력하세요.'''
)


def router_node(state: State) -> State:
    user_message = HumanMessage(state['user_query'])
    messages = [router_prompt, *state['messages'], user_message]
    res = model_low_temp.invoke(messages)
```

```python
    return {
        'domain': res.content,
        # 대화 기록 업데이트
        'messages': [user_message, res],
    }


def pick_retriever(
    state: State,
) -> Literal['retrieve_medical_records', 'retrieve_insurance_faqs']:
    if state['domain'] == 'records':
        return 'retrieve_medical_records'
    else:
        return 'retrieve_insurance_faqs'


def retrieve_medical_records(state: State) -> State:
    documents = medical_records_retriever.invoke(state['user_query'])
    return {
        'documents': documents,
    }


def retrieve_insurance_faqs(state: State) -> State:
    documents = insurance_faqs_retriever.invoke(state['user_query'])
    return {
        'documents': documents,
    }


medical_records_prompt = SystemMessage(
    '당신은 유능한 의료 챗봇입니다. 진단, 치료, 처방과 같은 환자의 의료 기록을 기반으로 질문에 답하세요.'
)

insurance_faqs_prompt = SystemMessage(
    '당신은 유능한 의료 보험 챗봇입니다. 보험 정책, 청구 및 보장에 대한 자주 묻는 질문에 답하세요.'
)
```

```python
def generate_answer(state: State) -> State:
    if state['domain'] == 'records':
        prompt = medical_records_prompt
    else:
        prompt = insurance_faqs_prompt
    messages = [
        prompt,
        *state['messages'],
        HumanMessage(f"Documents: {state['documents']}"),
    ]
    res = model_high_temp.invoke(messages)
    return {
        'answer': res.content,
        # 대화 기록 업데이트
        'messages': res,
    }


builder = StateGraph(State, input=Input, output=Output)
builder.add_node('router', router_node)
builder.add_node('retrieve_medical_records', retrieve_medical_records)
builder.add_node('retrieve_insurance_faqs', retrieve_insurance_faqs)
builder.add_node('generate_answer', generate_answer)
builder.add_edge(START, 'router')
builder.add_conditional_edges('router', pick_retriever)
builder.add_edge('retrieve_medical_records', 'generate_answer')
builder.add_edge('retrieve_insurance_faqs', 'generate_answer')
builder.add_edge('generate_answer', END)

graph = builder.compile()
```

`JavaScript`

```javascript
import {
  HumanMessage,
  SystemMessage
} from "@langchain/core/messages";
import {
  ChatOpenAI,
  OpenAIEmbeddings
} from "@langchain/openai";
import {
  MemoryVectorStore
```

```
} from "langchain/vectorstores/memory";
import {
  DocumentInterface
} from "@langchain/core/documents";
import {
  StateGraph,
  Annotation,
  messagesStateReducer,
  START,
  END,
} from "@langchain/langgraph";

const embeddings = new OpenAIEmbeddings();
// SQL 쿼리 생성용
const modelLowTemp = new ChatOpenAI({ model:'gpt-4o-mini', temperature: 0.1 });
// 자연어 출력 생성용
const modelHighTemp = new ChatOpenAI({ model:'gpt-4o-mini', temperature: 0.7 });

const annotation = Annotation.Root({
  messages: Annotation({ reducer: messagesStateReducer, default: () => [] }),
  user_query: Annotation(),
  domain: Annotation(),
  documents: Annotation(),
  answer: Annotation(),
});

// 벡터 저장소 관련 내용은 2장에서 확인
const medicalRecordsStore = await MemoryVectorStore.fromDocuments(
  [],
  embeddings
);
const medicalRecordsRetriever = medicalRecordsStore.asRetriever();

const insuranceFaqsStore = await MemoryVectorStore.fromDocuments(
  [],
  embeddings
);
const insuranceFaqsRetriever = insuranceFaqsStore.asRetriever();

const routerPrompt = new SystemMessage(
  '사용자 문의를 어느 도메인으로 라우팅할지 결정하세요. 선택할 수 있는 두 가지 도메인은 다
```

음과 같습니다.
- records: 진단, 치료, 처방과 같은 환자의 의료 기록을 포함합니다.
- insurance: 보험 정책, 청구, 보장에 대한 자주 묻는 질문을 포함합니다.

도메인 이름만 출력하세요.',
);

```
async function routerNode(state) {
  const userMessage = new HumanMessage(state.user_query);
  const messages = [routerPrompt, ...state.messages, userMessage];
  const res = await modelLowTemp.invoke(messages);
  return {
    domain: res.content,
    // 대화 기록 업데이트
    messages: [userMessage, res],
  };
}

function pickRetriever(state) {
  if (state.domain === 'records') {
    return 'retrieve_medical_records';
  } else {
    return 'retrieve_insurance_faqs';
  }
}

async function retrieveMedicalRecords(state) {
  const documents = await medicalRecordsRetriever.invoke(state.user_query);
  return {
    documents,
  };
}

async function retrieveInsuranceFaqs(state) {
  const documents = await insuranceFaqsRetriever.invoke(state.user_query);
  return {
    documents,
  };
}

const medicalRecordsPrompt = new SystemMessage(
```

```
    '당신은 유능한 의료 챗봇입니다. 진단, 치료, 처방과 같은 환자의 의료 기록을 기반으로 질문
에 답하세요.',
);

const insuranceFaqsPrompt = new SystemMessage(
    '당신은 유능한 의료 보험 챗봇입니다. 보험 정책, 청구 및 보장에 대한 자주 묻는 질문에 답
하세요.',
);

async function generateAnswer(state) {
  const prompt =
    state.domain === 'records' ? medicalRecordsPrompt : insuranceFaqsPrompt;
  const messages = [
    prompt,
    ...state.messages,
    new HumanMessage(`Documents: ${state.documents}`),
  ];
  const res = await modelHighTemp.invoke(messages);
  return {
    answer: res.content,
    // 대화 기록 업데이트
    messages: res,
  };
}

const builder = new StateGraph(annotation)
  .addNode('router', routerNode)
  .addNode('retrieve_medical_records', retrieveMedicalRecords)
  .addNode('retrieve_insurance_faqs', retrieveInsuranceFaqs)
  .addNode('generate_answer', generateAnswer)
  .addEdge(START, 'router')
  .addConditionalEdges('router', pickRetriever)
  .addEdge('retrieve_medical_records', 'generate_answer')
  .addEdge('retrieve_insurance_faqs', 'generate_answer')
  .addEdge('generate_answer', END);

const graph = builder.compile();
```

이 그래프를 시각화하면 [그림 5-4]와 같다.

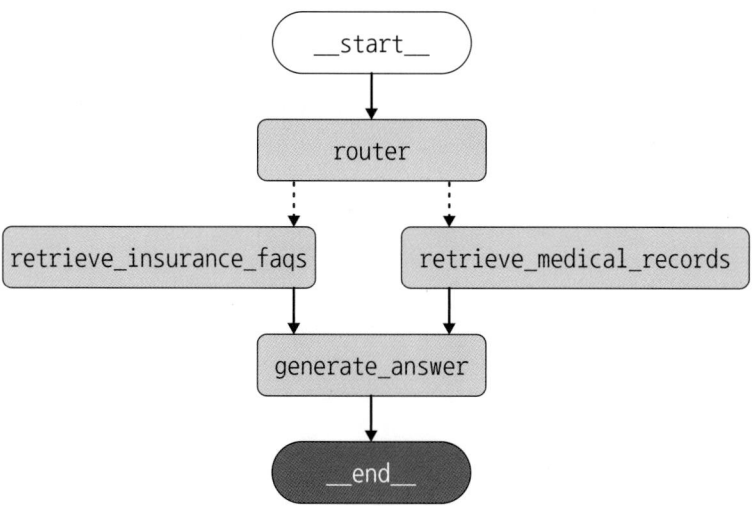

그림 5-4 라우터 아키텍처

이제 그래프에 두 가지 경로가 제시된다. 첫 번째 경로는 retrieve_medical_records를, 두 번째 경로는 retrieve_insurance_faqs로 이어진다. 두 가지 경로 모두 router 노드를 거친 후, 마지막으로 generate_answer 노드를 방문한다. 조건 분기를 활용해 두 가지 경로가 구현됐다. 해당 과정은 pick_retriever 함수로 구현된다. LLM이 선택한 domain에 따라 언급한 두 노드 중 하나로 연결된다. [그림 5-4]에서 조건부 엣지는 점선으로 표현한다. 예시 입출력을 살펴보겠다. 대신 이번엔 스트리밍 방식으로 출력된다.

코드 5-7 라우터 아키텍처 실행

```Python
input = {'user_query': '코로나 19도 보험 적용이 되나요?'}
for c in graph.stream(input):
    print(c)
```

```JavaScript
const input = {
  user_query: '코로나 19도 보험 적용이 되나요?',
};
for await (const chunk of await graph.stream(input)) {
  console.log(chunk);
}
```

출력

```
{
    "router": {
        "messages": [
            HumanMessage(content="코로나 19도 보험 적용이 되나요?"),
            AIMessage(content="insurance"),
        ],
        "domain": "insurance",
    }
}
{
    "retrieve_insurance_faqs": {
        "documents": [...]
    }
}
{
    "generate_answer": {
        "messages": AIMessage(
            content="코로나 19는 보험 적용 대상에 포함되지 않습니다. 따라서 코로나 19와 관련된 치료나 검사는 보험 혜택을 받을 수 없습니다. 더 궁금한 사항이 있으시면 문의해 주세요!",
        ),
        "answer": "...",
    }
}
```

출력 스트림은 해당 그래프의 실행 과정 중 동작한 노드의 실행 결과를 담고 있다. 각 단계를 하나씩 차례대로 살펴보자. 각 딕셔너리의 최상위 키는 노드의 이름을 나타내며, 해당 키에 대응하는 값은 노드가 반환한 결과를 의미한다.

1. router 노드는 messages에 업데이트를 반환한다(앞서 설명한 메모리 기법을 활용해 대화가 원활하게 지속됨). LLM이 해당 쿼리에 대해 선택한 domain은 insurance다.

2. 그 후, pick_retriever 함수가 이전 단계의 LLM 호출로 확인한 domain을 바탕으로 다음에 실행할 노드의 이름을 반환한다.

3. 이어서 retrieve_insurance_faqs 노드가 작동해 해당 인덱스에서 관련 문서 집합을 반환한다. 앞서 제시된 그래프 시각화에서 왼쪽 경로를 택한 것이다.

4. 최종적으로 generate_answer 노드가 관련 문서와 원본 쿼리를 바탕으로 질문에 대한 답변을 도출한다. 도출된 답변은 상태에 기록됨과 동시에 messages 키에 최종 갱신된다.

5.4 요약

이 장에서는 LLM 애플리케이션 개발 과정에서 나타나는 자율성과 신뢰성에 대한 트레이드오프 문제를 논의했다. LLM 애플리케이션의 자율성이 높아질수록 수행할 수 있는 기능이 많아지지만 동시에 행위를 제어할 추가 메커니즘을 마련해야 한다. 그에 따라 인지 아키텍처로 전환하며 자율성과 감독 간의 균형을 달리하는 방식을 채택했다.

6장에서는 지금까지 살펴본 인지 아키텍처 중 가장 강력하다는 에이전트 아키텍처를 다룬다.

CHAPTER 06

에이전트 아키텍처 I

6장에서는 LLM 애플리케이션의 가장 강력한 형태인 에이전트 아키텍처를 다룬다. 에이전트는 외부 환경과 상호작용하며 스스로 판단해 행동하는 AI 시스템으로, 계획-실행 반복 패턴을 통해 목표를 달성한다. 랭그래프를 활용해 검색과 계산 기능을 갖춘 기본 에이전트를 구현하고, 이를 확장하는 방법으로 툴 우선 호출과 복수의 툴 관리 기법을 소개한다. 이러한 에이전트 아키텍처는 LLM에게 자율성을 부여해 복잡한 작업을 단계적으로 해결할 수 있게 한다. 실제 구현 방법을 상세히 살펴보자.

CHAPTER 06
에이전트 아키텍처 I

이번 장에서는 현재 LLM 아키텍처 중 특히 중요한 에이전트 아키텍처를 다룬다. 먼저 LLM 에이전트가 지니는 고유한 특성을 소개한 후, 일반적인 활용 사례에 맞추어 이를 구축하고 확장하는 방법을 설명하겠다.

AI 분야는 오랜 역사동안 (지능형) 에이전트를 창조하려 했다. 스튜어트 러셀 Stuart Russell과 피터 노빅 Peter Norvig은 에이전트를 '행동하는 존재'로 규정했다.[1] **행동(act)** 이란 단어는 보이는 의미 이상의 함축된 내용을 담고 있다.

- 행동하려면 행동을 취할지 결정할 판단력이 필요하다.
- 어떤 행동을 취할지 결정한다는 말은 여러 실행 가능한 대안이 존재한다는 의미를 내포한다. 선택의 여지가 없는 결정은 진정한 결정이라 할 수 없다.
- 에이전트는 의사결정을 위해 내부에 국한되지 않고, 외부 환경에 관한 정보에 접근해야 한다.

따라서 **에이전트** agent LLM 애플리케이션은 LLM을 활용해 현재 상태나 바람직한 차기 상태에 관한 일정한 컨텍스트를 바탕으로 두 가지 이상의 행동 중에서 선택해야 한다. 해당 속성은 0장에서 처음 소개한 두 가지 프롬프트 작성 기법을 혼합해 구현한다.

---

[1] 『인공지능: 현대적 접근 방식』(제이펍, 2021)

- **툴 호출**: 프롬프트에 LLM이 활용할 수 있는 외부 함수 목록을 포함하고, 생성된 출력에서 선택을 어떤 형식으로 표기할지 지침을 제공해야 한다.
- **사고의 연쇄(CoT)**: 연구 결과나 복잡한 문제를 구체적인 단계로 세분화해 프롬프트를 순차적으로 진행하며 LLM이 보다 나은 결정을 내리도록 만든다. 일반적으로 '순서대로 생각하자' 같은 지시문을 추가하거나, 질문을 여러 단계 및 행동으로 분해한 예시를 포함할 수 있다.

다음은 툴 호출과 사고의 연쇄를 동시에 활용하는 예시 프롬프트다.

툴:

search: 이 툴은 웹 검색 쿼리를 받아 상위 결과를 반환합니다.

calculator: 이 툴은 수학 식을 받아 그 결과를 반환합니다.

툴을 사용하여 답을 얻으려면 툴 목록을 출력하고 툴 목록과 입력 목록을 헤더 행이 툴, 입력인 CSV 형식으로 출력하세요.

단계별로 생각하세요. 답을 얻기 위해 여러 툴을 호출해야 하는 경우 첫 번째 툴만 반환합니다.

미국의 제30대 대통령이 사망했을 때 몇 살이었나요?

도구, 입력

예시는 gpt-4o-mini를 대상으로 temperature는 0으로 설정했으며, LLM이 요구하는 출력 형식(CSV)을 충족하고 줄바꿈 문자를 만나면 출력을 중단하도록 했다. 이렇게 LLM은 단일 작업을 수행한다. 이는 프롬프트에서 그러한 요청이 있었음을 감안할 때 당연한 결과다.

search, 미국 30대 대통령 사망 연령

최신 LLM과 채팅 모델은 툴 호출 및 사고의 연쇄 애플리케이션에서 성능 향상을 위해 파인 튜닝을 거치므로 프롬프트에 특정 지시 사항을 추가할 필요가 없다.

6.1 계획-실행 반복

에이전트 아키텍처와 5장에서 다룬 다른 아키텍처의 차이는 LLM 주도 반복에 있다. 개발자라면 코드 내에서 반복문을 다뤄봤을 것이다. **반복**loop은 종료 조건이 충족될 때까지 같은 코드를 여러 번 실행하는 개념이다. 에이전트 아키텍처의 핵심은 LLM이 반복의 종료 조건을 제어하도록 하는 데 있다. 해당 반복에서 수행할 작업은 아래와 같이 약간 변형된 형태로 진행된다.

- 행동 계획 수립
- 해당 행동 실행

이전 예시를 바탕으로 search 툴에 미국 30대 대통령 사망 연령을 입력해 다음 결과를 얻는다.

Calvin Coolidge (born John Calvin Coolidge Jr.; /ˈkuːlɪdʒ/; July 4, 1872 – January 5, 1933) was an American attorney and politician who served as the 30th president of the United States from 1923 to 1929. John Calvin Coolidge Jr.

이후 약간의 추가 사항을 반영해 프롬프트를 다시 실행한다.

툴:

search: 이 툴은 웹 검색 쿼리를 받아 상위 결과를 반환합니다.

calculator: 이 툴은 수학 식을 받아 그 결과를 반환합니다.

output: 이 툴은 대화를 종료합니다. 최종 답이 결정되면 사용합니다.

툴을 사용하여 답을 얻으려면 툴 목록을 출력하고 툴 목록과 입력 목록을 헤더 행이 툴, 입력인 CSV 형식으로 출력하세요.

단계별로 생각하세요. 답을 얻기 위해 여러 툴을 호출해야 하는 경우 첫 번째 툴만 반환합니다.

미국의 제30대 대통령이 사망했을 때 몇 살이었나요?

툴, 입력

search, 미국 30대 대통령 사망 연령

search: 캘빈 쿨리지 (존 캘빈 쿨리지 주니어, /ˈkuːlɪdʒ/로 출생, 1872년 7월 4일 – 1933년 1월 5일)는 미국 변호사이자 정치인으로 30대 대통령을 역임했습니다.

1923년부터 1929년까지 미국 대통령. 존 캘빈 쿨리지 주니어

툴, 입력

출력 결과는 다음과 같다.

calculator,1933 – 1872

전체 과정에 두 가지를 추가했다.

- 최종 정답이 도출되면 LLM은 'output(출력)' 툴을 활용한다. 이 툴은 반복 종료의 신호로 사용된다.
- 이전 단계에서 수행된 툴 호출의 결과는 툴의 이름과 (텍스트 형태의) 출력 정보를 포함한다. 이 정보는 LLM이 상호작용의 다음 단계를 진행한다. 즉, LLM에 요청된 결과가 도출되며, 이후 진행할 작업을 지정하는 것이다.

세 번째 반복 단계를 진행하겠다.

툴:
search: 이 툴은 웹 검색 쿼리를 받아 상위 결과를 반환합니다.

calculator: 이 툴은 수학 식을 받아 그 결과를 반환합니다.

output: 이 툴은 대화를 종료합니다. 최종 답이 결정되면 사용합니다.

> 툴을 사용하여 답을 얻으려면 툴 목록을 출력하고 툴 목록과 입력 목록을 헤더 행이 툴, 입력인 CSV 형식으로 출력하세요.
>
> 단계별로 생각하세요. 답을 얻기 위해 여러 툴을 호출해야 하는 경우 첫 번째 툴만 반환합니다.
>
> 미국의 제30대 대통령이 사망했을 때 몇 살이었나요?
>
> 툴, 입력

 search, 미국 30대 대통령 사망 연령

> search: 캘빈 쿨리지 (존 캘빈 쿨리지 주니어, /ˈkuːlɪdʒ/로 출생, 1872년 7월 4일 – 1933년 1월 5일)는 미국 변호사이자 정치인으로 30대 대통령을 역임했습니다.
>
> 1923년부터 1929년까지 미국 대통령. 존 캘빈 쿨리지 주니어
>
> 툴, 입력

 calculator,1933 – 1872

 calculator: 61

> 툴, 입력

출력 결과는 다음과 같다.

 output, 61

LLM은 calculator 툴의 결과를 토대로 최종 답안을 제시할 충분한 정보를 확보한 후, output 툴을 선택해 '61'을 최종 답안으로 결정했다. 이처럼 에이전트 아키텍처는 LLM이 스스로 판단할 자율성^{agency}을 준다. 이후 단계에서는 답변을 내고, 몇 단계의 처리를 할지, 언제 멈출지를 결정한다.

이 아키텍처는 ReAct(https://oreil.ly/M7hF-)라는 명칭으로 불린다. 이 장의 나머지 부분에서는 이메일 어시스턴트 예시(5장)를 토대로 에이전트 아키텍처의 성능을 향상하는 방안을 모색한다. 그전에 채팅 모델과 랭그래프를 활용해 기본 에이전트 아키텍처를 구현하겠다.

6.2 랭그래프 에이전트 구축

이번 예시에는 검색 툴 DuckDuckGo를 사용한다. 다음 명령어를 입력해 DuckDuckGo를 설치해 보자. JS 환경에서는 계산기 툴도 설치해야 한다.

```python
pip install duckduckgo-search
```

```javascript
npm i duck-duck-scrape expr-eval
```

이제 준비 작업이 끝났으니 에이전트 아키텍처를 구현해 보자.

코드 6-1 랭그래프 에이전트

```python
import ast
from typing import Annotated, TypedDict

from langchain_community.tools import DuckDuckGoSearchRun
from langchain_core.messages import HumanMessage
from langchain_core.tools import tool
from langchain_openai import ChatOpenAI
from langgraph.graph import START, StateGraph
from langgraph.graph.message import add_messages
from langgraph.prebuilt import ToolNode, tools_condition


@tool
def calculator(query: str) -> str:
    '''계산기. 수식만 입력받습니다.'''
```

```python
    return ast.literal_eval(query)


search = DuckDuckGoSearchRun()
tools = [search, calculator]
model = ChatOpenAI(model='gpt-4o-mini', temperature=0.1).bind_tools(tools)


class State(TypedDict):
    messages: Annotated[list, add_messages]


def model_node(state: State) -> State:
    res = model.invoke(state['messages'])
    return {'messages': res}


builder = StateGraph(State)
builder.add_node('model', model_node)
builder.add_node('tools', ToolNode(tools))
builder.add_edge(START, 'model')
builder.add_conditional_edges('model', tools_condition)
builder.add_edge('tools', 'model')

graph = builder.compile()
```

```javascript
import { DuckDuckGoSearch } from '@langchain/community/tools/duckduckgo_search';
import { Calculator } from '@langchain/community/tools/calculator';
import {
  StateGraph,
  Annotation,
  messagesStateReducer,
  START,
} from '@langchain/langgraph';
import { ToolNode, toolsCondition } from '@langchain/langgraph/prebuilt';
import { ChatOpenAI } from '@langchain/openai';
import { HumanMessage } from '@langchain/core/messages';

const search = new DuckDuckGoSearch();
const calculator = new Calculator();
```

```
const tools = [search, calculator];
const model = new ChatOpenAI({
  model: 'gpt-4o-mini',
  temperature: 0.1,
}).bindTools(tools);

const annotation = Annotation.Root({
  messages: Annotation({
    reducer: messagesStateReducer,
    default: () => [],
  }),
});

async function modelNode(state) {
  const res = await model.invoke(state.messages);
  return { messages: res };
}

const builder = new StateGraph(annotation)
  .addNode('model', modelNode)
  .addNode('tools', new ToolNode(tools))
  .addEdge(START, 'model')
  .addConditionalEdges('model', toolsCondition)
  .addEdge('tools', 'model');

const graph = builder.compile();
```

이 그래프를 시각화하면 [그림 6-1]과 같다.

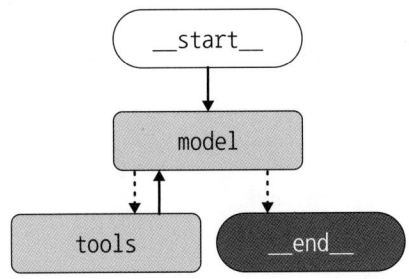

그림 6-1 에이전트 아키텍처

몇 가지를 살펴보자.

- 이번에는 검색 툴(search)과 계산기 툴(calculator), 두 가지 툴을 사용한다. 원하는 툴을 추가하거나 현재 쓰는 툴을 교체할 수도 있다. 파이썬 예시에서는 자체 툴 제작 과정을 보여주는 또 다른 예시가 있다.
- 랭그래프가 제공하는 두 가지 함수를 사용했다. ToolNode는 그래프에서 노드로 활용되며, 상태에 기록된 최신 AI 메시지에서 요청된 툴 호출을 실행한 후 각 호출 결과를 담은 ToolMessage를 반환한다. ToolNode는 툴에서 발생한 예외를 처리하는 동시에, 오류 메시지를 바탕으로 ToolMessage를 구성해 LLM에 전달하며, 이를 통해 오류 처리 방안이 결정된다.
- tools_condition은 상태 내 최신 AI 메시지를 확인한 후, 실행할 툴이 존재하면 tools 노드로 연결하는 조건부 엣지 함수 역할을 한다. 그 외의 경우, 그래프를 종료한다.
- 마지막으로, 해당 그래프가 model 노드와 tool 노드 사이를 반복하는 구조임을 기억하자. 계산 종료 시점을 결정하는 역할은 전적으로 모델에 있으며, 이는 에이전트 아키텍처의 핵심 특성이다. 랭그래프에서 반복문을 작성하면, 조건부 엣지를 활용해 그래프가 반복을 탈출하고 실행을 중단하는 **종료 조건**stop condition을 설정하는 것이 유리하다.

이전 예시에서의 작동 방식을 살펴보자.

코드 6-2 에이전트 실행

```python
input = {
    'messages': [
        HumanMessage(
            '미국의 제30대 대통령이 사망했을 때 몇 살이었나요?'
        )
    ]
}
for c in graph.stream(input):
    print(c)
```

```javascript
const input = {
  messages: [
    new HumanMessage(
      '미국의 제30대 대통령이 사망했을 때 몇 살이었나요?',
    ),
  ],
```

```
  };
  for await (const c of await graph.stream(input)) {
    console.log(c);
  }
```

출력

```
{
    "model": {
        "messages": AIMessage(
            content="",
            tool_calls=[
                {
                    "name": "duckduckgo_search",
                    "args": {
                        "query": "30th president of the United States death age"
                    },
                    "id": "call_ZWRbPmjvo0fYkwyo4HCYUsar",
                    "type": "tool_call",
                }
            ],
        )
    }
}
{
    "tools": {
        "messages": [
            ToolMessage(
                content="Calvin Coolidge (born July 4, 1872, Plymouth, Vermont,
                    U.S.—died January 5, 1933, Northampton, Massachusetts) was
                    the 30th president of the United States (1923-29). Coolidge
                    acceded to the presidency after the death in office of
                    Warren G. Harding, just as the Harding scandals were coming
                    to light....",
                name="duckduckgo_search",
                tool_call_id="call_ZWRbPmjvo0fYkwyo4HCYUsar",
            )
        ]
    }
}
```

```
{
    "model": {
        "messages": AIMessage(
            content="미국의 제30대 대통령인 칼빈 쿨리지(John Calvin Coolidge Jr.)는
1933년 1월 5일에 사망했습니다. 그는 1872년 7월 4일에 태어났으므로, 사망 당시 60세였습
니다.",
        )
    }
}
```

출력을 살펴보자.

1. model 노드를 실행해 duckduckgo_search 툴 호출이 결정된다. 조건부 경로가 tools 노드로 연결된다.
2. ToolNode가 검색 툴을 실행해 검색 결과를 모았으며, 해당 결과에는 실제로 'Age and Year of Death'라는 답이 포함됐다.
3. 이전에 쓴 model 툴이 재호출되며, 이번에는 최신 메시지로 검색 결과를 제공해 추가적인 툴 호출 없이 최종 답변을 도출한다. 이에 따라 조건부 엣지가 그래프를 종료한다.

다음으로, 기본 에이전트 아키텍처의 몇 가지 유용한 확장 방향을 살펴보고, 계획 수립과 툴 호출을 모두 직접 설정하는 방안을 모색하겠다.

6.3 툴 우선 호출

표준 에이전트 아키텍처에서는 LLM이 항상 다음에 호출할 툴을 결정한다. 이 구성 방식은 엄청난 장점이 있다. 쿼리마다 LLM은 유연하게 애플리케이션의 동작을 조정할 수 있다. 다만, 이와 같은 유연성을 부여하려면 예측 불가능성이라는 대가를 감수해야 한다. 예를 들어, 애플리케이션 개발자가 검색 툴을 언제나 최우선으로 호출해야 한다는 것을 안다면, 이는 애플리케이션 운영에 긍정적인 효과를 가져온다.

1. LLM 호출을 생략함으로써 검색 툴 호출을 위한 요청 생성 과정을 줄여 전체 지연 시간을 감소시킨다.

2. 일부 사용자 쿼리에 관해 LLM이 검색 툴 호출이 불필요하다고 오판하는 상황을 미연에 방지한다.

반면, 애플리케이션 내에 '항상 특정 툴을 먼저 호출해야 한다'는 명확한 규칙이 없는 상태에서 제약을 추가하면 오히려 애플리케이션의 성능을 저해한다.

코드 6-3 툴 우선 호출 그래프 구현

```python
import ast
from typing import Annotated, TypedDict
from uuid import uuid4

from langchain_community.tools import DuckDuckGoSearchRun
from langchain_core.messages import AIMessage, HumanMessage, ToolCall
from langchain_core.tools import tool
from langchain_openai import ChatOpenAI

from langgraph.graph import START, StateGraph
from langgraph.graph.message import add_messages
from langgraph.prebuilt import ToolNode, tools_condition


@tool
def calculator(query: str) -> str:
    '''계산기. 수식만 입력받습니다.'''
    return ast.literal_eval(query)


search = DuckDuckGoSearchRun()
tools = [search, calculator]
model = ChatOpenAI(temperature=0.1).bind_tools(tools)


class State(TypedDict):
    messages: Annotated[list, add_messages]


def model_node(state: State) -> State:
    res = model.invoke(state['messages'])
    return {'messages': res}
```

```python
def first_model(state: State) -> State:
    query = state['messages'][-1].content
    search_tool_call = ToolCall(
        name='duckduckgo_search', args={'query': query}, id=uuid4().hex
    )
    return {'messages': AIMessage(content='', tool_calls=[search_tool_call])}


builder = StateGraph(State)
builder.add_node('first_model', first_model)
builder.add_node('model', model_node)
builder.add_node('tools', ToolNode(tools))
builder.add_edge(START, 'first_model')
builder.add_edge('first_model', 'tools')
builder.add_conditional_edges('model', tools_condition)
builder.add_edge('tools', 'model')

graph = builder.compile()
```

```javascript
import { DuckDuckGoSearch } from '@langchain/community/tools/duckduckgo_search';
import { Calculator } from '@langchain/community/tools/calculator';
import { AIMessage, HumanMessage } from '@langchain/core/messages';
import {
  StateGraph,
  Annotation,
  messagesStateReducer,
  START,
} from '@langchain/langgraph';
import { ToolNode, toolsCondition } from '@langchain/langgraph/prebuilt';
import { ChatOpenAI } from '@langchain/openai';

const search = new DuckDuckGoSearch();
const calculator = new Calculator();
const tools = [search, calculator];
const model = new ChatOpenAI({ temperature: 0.1 }).bindTools(tools);

const annotation = Annotation.Root({
```

```javascript
  messages: Annotation({ reducer: messagesStateReducer, default: () => [] }),
});

async function firstModelNode(state) {
  const query = state.messages[state.messages.length - 1].content;
  const searchToolCall = {
    name: 'duckduckgo_search',
    args: { query },
    id: Math.random().toString(),
  };
  return {
    messages: [new AIMessage({ content: '', tool_calls: [searchToolCall] })],
  };
}

async function modelNode(state) {
  const res = await model.invoke(state.messages);
  return { messages: res };
}

const builder = new StateGraph(annotation)
  .addNode('first_model', firstModelNode)
  .addNode('model', modelNode)
  .addNode('tools', new ToolNode(tools))
  .addEdge(START, 'first_model')
  .addEdge('first_model', 'tools')
  .addEdge('tools', 'model')
  .addConditionalEdges('model', toolsCondition);

const graph = builder.compile();
```

이 그래프를 시각화하면 [그림 6-2]와 같다.

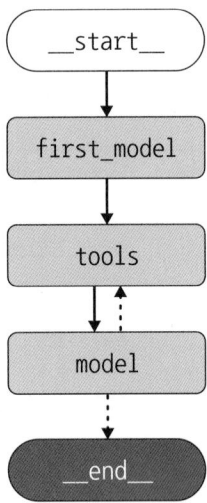

그림 6-2 에이전트 아키텍처를 항상 특정 툴을 먼저 호출하도록 수정

이전 절과의 차이를 살펴보자.

- 이제 모든 호출은 first_model를 먼저 호출한다. 이때 LLM은 전혀 호출하지 않는다. 단순히 사용자 메시지를 그대로 쿼리로 활용해 검색 툴 호출을 생성한다. 기존 아키텍처는 LLM이 툴 호출을 포함한 여러 선택지 중에서 보다 적절하다고 판단한 응답을 생성한다.
- 그 후, 이전 예시와 같은 tools 단계를 진행한다. 이어서 같은 방식으로 agent 노드로 이동한다.

이제 앞서 사용된 쿼리와 같은 조건에서 예시 출력 결과를 검토하자.

코드 6-4 쿼리 호출

```python
input = {
    'messages': [
        HumanMessage(
            '미국의 제30대 대통령이 사망했을 때 몇 살이었나요?'
        )
    ]
}

for c in graph.stream(input):
    print(c)
```

```javascript
const input = {
  messages: [
    new HumanMessage(
      '미국의 제30대 대통령이 사망했을 때 몇 살이었나요?',
    ),
  ],
};

for await (const c of await graph.stream(input)) {
  console.log(c);
}
```

출력

```
{
    "first_model": {
        "messages": AIMessage(
            content="",
            tool_calls=[
                {
                    "name": "duckduckgo_search",
                    "args": {
                        "query": "미국의 제30대 대통령이 사망 했을 때 몇 살이었나요?"
                    },
                    "id": "9ed4328dcdea4904b1b54487e343a373",
                    "type": "tool_call",
                }
            ],
        )
    }
}
{
    "tools": {
        "messages": [
            ToolMessage(
                content="1933년 1월 5일, 미국의 30대 대통령 존 캘빈 쿨리지 주니어
                    (John Calvin Coolidge, Jr., 1872 ~ 1933) 타계 존 캘빈 쿨리지
                    주니어 (John Calvin Coolidge, Jr., 1872년 7월 4일 ~ 1933년 1월
                    5일)는 미국의 30대 대통령이다. 자신의 과묵한 태도와 통치에 사무적인
```

```
                     접근으로 유명한 쿨리지는 1923년부터 1929년까지 대통령직을 ... ",
                name="duckduckgo_search",
                tool_call_id="9ed4328dcdea4904b1b54487e343a373",
            )
        ]
    }
}
{
    "model": {
        "messages": AIMessage(
            content="미국의 제30대 대통령인 존 캘빈 쿨리지 주니어는 1933년 1월 5일에
                사망했을 때 60세였습니다. (1872년 7월 4일 ~ 1933년 1월 5일)",
        )
    }
}
```

이번에는 첫 번째 LLM 호출을 생략한다. 먼저 `first_model` 노드로 접근하고, 해당 노드는 바로 검색 툴 호출을 반환한다. 이후 이전 흐름으로 전환한다. 즉, 검색 툴을 실행한 후 최종 답변 도출을 위해 `model` 노드로 복귀한다. 다음으로, LLM이 다양한 툴을 한 번에 활용하는 방안을 살펴보자.

6.4 복수 툴 호출

LLM은 완벽과는 거리가 멀며, 프롬프트에서 여러 선택지나 과도한 정보가 주어질 경우 더욱 어려움을 겪는다. 이러한 제약은 향후 실행할 행동 계획에도 영향을 미친다. 툴이 많이 제공될 경우(예: 10개 이상), LLM의 계획 성능(적합한 툴을 선택하는 능력)이 저하되는 경향이 관찰됐다. 이는 LLM이 활용할 툴 수를 제한해 해결한다. 그러나 다양한 사용자 쿼리에 활용할 툴이 많다면 어떻게 해야 할까?

훌륭한 대안은 RAG 단계를 활용해 현재 쿼리에 가장 적합한 툴을 미리 선별한 후, 전체 툴 집합 대신 선별된 툴만 LLM에 전달하는 것이다. 이 방법은 프롬프트와 출력의 길이를 기준

으로 요금이 부과되는 LLM 서비스 호출 비용을 줄인다. 반면, 해당 RAG 단계는 애플리케이션에 추가 지연을 초래하므로, 추가 툴 도입 후 성능 저하가 관찰될 때에만 적용하는 편이 바람직하다.

코드 6-5 복수 툴 호출 그래프 구현

```python
import ast
from typing import Annotated, TypedDict

from langchain_community.tools import DuckDuckGoSearchRun
from langchain_core.documents import Document
from langchain_core.messages import HumanMessage
from langchain_core.tools import tool
from langchain_core.vectorstores.in_memory import InMemoryVectorStore
from langchain_openai import ChatOpenAI, OpenAIEmbeddings

from langgraph.graph import START, StateGraph
from langgraph.graph.message import add_messages
from langgraph.prebuilt import ToolNode, tools_condition


@tool
def calculator(query: str) -> str:
    '''계산기. 수식만 입력받습니다.'''
    return ast.literal_eval(query)


search = DuckDuckGoSearchRun()
tools = [search, calculator]

embeddings = OpenAIEmbeddings()
model = ChatOpenAI(temperature=0.1)

tools_retriever = InMemoryVectorStore.from_documents(
    [Document(tool.description, metadata={'name': tool.name}) for tool in tools],
    embeddings,
).as_retriever()
```

```python
class State(TypedDict):
    messages: Annotated[list, add_messages]
    selected_tools: list[str]


def model_node(state: State) -> State:
    selected_tools = [tool for tool in tools if tool.name in state['selected_tools']]
    res = model.bind_tools(selected_tools).invoke(state['messages'])
    return {'messages': res}


def select_tools(state: State) -> State:
    query = state['messages'][-1].content
    tool_docs = tools_retriever.invoke(query)
    return {'selected_tools': [doc.metadata['name'] for doc in tool_docs]}


builder = StateGraph(State)
builder.add_node('select_tools', select_tools)
builder.add_node('model', model_node)
builder.add_node('tools', ToolNode(tools))
builder.add_edge(START, 'select_tools')
builder.add_edge('select_tools', 'model')
builder.add_conditional_edges('model', tools_condition)
builder.add_edge('tools', 'model')

graph = builder.compile()
```

```javascript
import { DuckDuckGoSearch } from '@langchain/community/tools/duckduckgo_search';
import { Calculator } from '@langchain/community/tools/calculator';
import { ChatOpenAI } from '@langchain/openai';
import { OpenAIEmbeddings } from '@langchain/openai';
import { Document } from '@langchain/core/documents';
import { MemoryVectorStore } from 'langchain/vectorstores/memory';
import {
  StateGraph,
  Annotation,
  messagesStateReducer,
```

```javascript
  START,
} from '@langchain/langgraph';
import { ToolNode, toolsCondition } from '@langchain/langgraph/prebuilt';
import { HumanMessage } from '@langchain/core/messages';

const search = new DuckDuckGoSearch();
const calculator = new Calculator();
const tools = [search, calculator];

const embeddings = new OpenAIEmbeddings();
const model = new ChatOpenAI({ temperature: 0.1 });

// 벡터 저장소와 검색기 생성
const toolsStore = await MemoryVectorStore.fromDocuments(
  tools.map(
    (tool) =>
      new Document({
        pageContent: tool.description,
        metadata: { name: tool.constructor.name },
      })
  ),
  embeddings
);
const toolsRetriever = toolsStore.asRetriever();

const annotation = Annotation.Root({
  messages: Annotation({ reducer: messagesStateReducer, default: () => [] }),
  selected_tools: Annotation(),
});

async function modelNode(state) {
  const selectedTools = tools.filter((tool) =>
    state.selected_tools.includes(tool.constructor.name)
  );
  const res = await model.bindTools(selectedTools).invoke(state.messages);
  return { messages: res };
}

async function selectTools(state) {
  const query = state.messages[state.messages.length - 1].content;
  const toolDocs = await toolsRetriever.invoke(query);
```

```
    return {
      selected_tools: toolDocs.map((doc) => doc.metadata.name),
    };
  }

  const builder = new StateGraph(annotation)
    .addNode('select_tools', selectTools)
    .addNode('model', modelNode)
    .addNode('tools', new ToolNode(tools))
    .addEdge(START, 'select_tools')
    .addEdge('select_tools', 'model')
    .addConditionalEdges('model', toolsCondition)
    .addEdge('tools', 'model');

  const graph = builder.compile();
```

이 그래프를 시각화하면 [그림 6-3]과 같다.

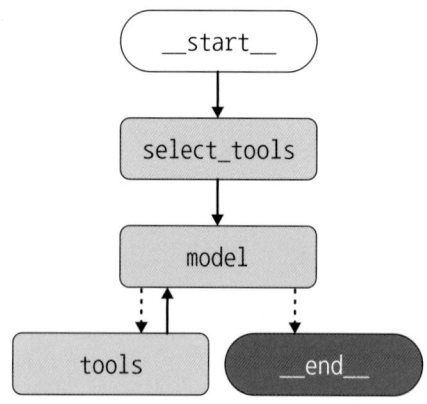

그림 6-3 다양한 툴을 효과적으로 다루기 위해 에이전트 아키텍처를 수정

> **NOTE** 일반적인 에이전트 아키텍처와 매우 유사하다. 다만 에이전트의 반복을 시작하기 전에 먼저 select_tools 노드를 거친다. 나머지는 기존의 에이전트 아키텍처와 동일하게 동작한다.

이제 앞서 사용된 쿼리와 같은 조건에서 예시 출력 결과를 검토해 보자.

코드 6-6 다중 툴 호출 그래프 실행

```python
input = {
    'messages': [
        HumanMessage(
            '미국의 제30대 대통령이 사망했을 때 몇 살이었나요?'
        )
    ]
}

for c in graph.stream(input):
    print(c)
```

```javascript
const input = {
  messages: [
    new HumanMessage(
      '미국의 제30대 대통령이 사망했을 때 몇 살이었나요?'
    ),
  ],
};

for await (const c of await graph.stream(input)) {
  console.log(c);
}
```

출력

```
{
    "select_tools": {
        "selected_tools": ['duckduckgo_search', 'calculator']
    }
}
{
    "model": {
        "messages": AIMessage(
            content="",
            tool_calls=[
                {
                    "name": "duckduckgo_search",
```

```
                    "args": {
                        "query": "Age of 30th US President at the time of death"
                    },
                    "id": "9ed4328dcdea4904b1b54487e343a373",
                    "type": "tool_call",
                }
            ],
        )
    }
},
{
    "tools": {
        "messages": [
            ToolMessage(
                content="Calvin Coolidge (born July 4, 1872, Plymouth, Vermont,
                    U.S.—died January 5, 1933, Northampton, Massachusetts) was
                    the 30th president of the United States (1923-29). Coolidge
                    acceded to the presidency after the death in office of
                    Warren G. Harding, just as the Harding scandals were coming
                    to light....",
                name="duckduckgo_search",
                tool_call_id="9ed4328dcdea4904b1b54487e343a373",
            )
        ]
    }
},
{
    "model": {
        "messages": AIMessage(
            content="미국의 제30대 대통령인 캘빈 쿨리지는 1872년 7월 4일에 태어나고,
                1933년 1월 5일에 사망했습니다. 따라서 캘빈 쿨리지가 사망했을 때의
                나이는 60세였습니다.",
        )
    }
}
```

가장 먼저 현재 사용자 쿼리에 가장 적합한 툴을 선택하기 위해 검색기를 호출한다. 이어서 일반 에이전트 아키텍처와 동일하게 진행된다.

6.5 요약

이 장에서는 **자율성**이란 개념을 소개하고, LLM 애플리케이션이 외부 정보를 활용해 다양한 선택지를 결정하는 능력을 가진 **에이전트 LLM 애플리케이션**을 구현하는 과정을 살펴봤다. 랭그래프를 활용해 구축한 표준 에이전트 아키텍처를 검토하고, 특정 툴을 우선 호출하는 방법과 다수의 툴을 효과적으로 다루는 방법도 알아봤다.

7장에서는 에이전트 아키텍처를 확장하는 또 다른 방법을 살펴본다.

CHAPTER 07

에이전트 아키텍처 II

7장에서는 에이전트 아키텍처를 확장하는 두 가지 강력한 패턴인 성찰과 멀티 에이전트 시스템을 소개한다. 성찰 기법은 LLM이 자신의 출력을 평가하고 개선할 수 있게 해 결과물의 품질을 높이며, 멀티 에이전트 시스템은 복잡한 문제를 여러 전문 에이전트가 협력해 해결하도록 한다. 또한 랭그래프로 서브그래프를 구성해 이러한 아키텍처를 구현하는 방법을 실제 코드와 함께 설명하고, 다양한 에이전트 조합 패턴을 통해 복잡한 작업을 더 효과적으로 처리하는 방법을 보여준다.

CHAPTER 07

에이전트 아키텍처 II

6장에서는 지금까지 접한 LLM 아키텍처 중 가장 강력한 **에이전트** 아키텍처를 도입했다. 사고의 연쇄 프롬프트 작성, 툴 사용 및 반복의 결합이 지닌 잠재력은 아주 중요하다. 이번 장에서는 에이전트 아키텍처가 특정 사용 사례에서 성능을 높이는 두 가지 방법을 살펴본다.

- **성찰**reflection: 인간 사고 양식 중 하나를 본떠, LLM 애플리케이션이 기존 출력 및 선택 과정을 분석하고 이전 반복 단계의 성찰을 기억한다.
- **멀티 에이전트**multi-agent: 개인보다 팀이 더 큰 성과를 거둘 수 있듯, 어떤 문제는 여러 LLM 에이전트가 집단으로 협력하면 쉽게 해결할 수 있다.

7.1 성찰

성찰(자기비판)은 여러 프롬프트 작성 기법 중 지금까지 다루지 않은 기법이다. **성찰**reflection은 창작 프롬프트와 수정 프롬프트 사이의 반복적인 과정을 통해 형성된다. 이 과정은 인간이 창조하는 과정을 모방한 결과다. 예컨대, 지금 여러분이 읽고 있는 책의 내용은 저자와 감수자, 편집자가 상호 논의를 거쳐 완성한 결과물이다.

지금까지 살펴본 여러 프롬프트 작성 기법과 마찬가지로, 성찰도 사고의 연쇄나 툴 호출과 같은 다른 기법과 결합해 활용할 수 있다. 이번에는 성찰만 독자적으로 살펴보겠다.

인간의 사고방식에는 **시스템 1**(반응적 또는 본능적)과 **시스템 2**(체계적이며 성찰적)라는 두 양상이 존재한다. 해당 사고방식은 대니얼 카너먼의 『생각에 관한 생각』(김영사, 2011)에서 처음 소개됐다. 성찰을 올바르게 활용할 경우, LLM 애플리케이션이 시스템 2의 행동을 닮아가는 방향으로 발전하는 데 기여할 수 있다(그림 7-1).

그림 7-1 시스템 1과 시스템 2의 사고

성찰은 generate 노드와 reflect 노드로 구성된 그래프로 구현해 본다. 해당 그래프를 세 단락으로 구성된 에세이 작성 임무에 투입하겠다. generate 노드는 에세이 초안을 작성하거나 개정하고, reflect 노드는 이후 수정에 반영할 비평을 작성한다. 지금은 정해진 횟수만큼 반복을 진행하도록 구현하겠지만, 이 기법은 reflect 노드가 종료 시점을 결정하도록 구현할 수도 있다.

이제 코드를 살펴보자.

코드 7-1 성찰 아키텍처의 구현

```python
from typing import Annotated, TypedDict

from langchain_core.messages import (
    AIMessage,
    BaseMessage,
    HumanMessage,
    SystemMessage,
)
from langchain_openai import ChatOpenAI
from langgraph.graph import END, START, StateGraph
from langgraph.graph.message import add_messages

model = ChatOpenAI(model='gpt-4o-mini')

# 상태 타입 정의
class State(TypedDict):
    messages: Annotated[list[BaseMessage], add_messages]

# 프롬프트 정의
generate_prompt = SystemMessage(
    '당신은 훌륭한 3단락 에세이를 작성하는 임무를 가진 에세이 어시스턴트입니다.'
    '사용자의 요청에 맞춰 최상의 에세이를 작성하세요.'
    '사용자가 비평을 제공하면, 이전 시도에 대한 수정 버전을 응답하세요.'
)

reflection_prompt = SystemMessage(
    '당신은 에세이 제출물을 평가하는 교사입니다. 사용자의 제출물에 대해 비평과 추천을 생성하세요.'
    '길이, 깊이, 스타일 등과 같은 구체적인 요구사항을 포함한 자세한 추천을 제공하세요.'
)


def generate(state: State) -> State:
    answer = model.invoke([generate_prompt] + state['messages'])
    return {'messages': [answer]}


def reflect(state: State) -> State:
    # 메시지들을 반전시켜 LLM이 자신의 출력을 성찰하도록 합니다.
```

```python
        cls_map = {AIMessage: HumanMessage, HumanMessage: AIMessage}
        # 첫 번째 메시지는 원래 사용자의 요청입니다. 모든 노드에서 동일하게 유지합니다.
        translated = [reflection_prompt, state['messages'][0]] + [
            cls_map[msg.__class__](content=msg.content) for msg in state['messages'][1:]
        ]
        answer = model.invoke(translated)
        # 이 출력 결과를 생성기(generator)에 대한 사용자 피드백으로 취급합니다.
        return {'messages': [HumanMessage(content=answer.content)]}


def should_continue(state: State):
    if len(state['messages']) > 6:
        # 3회 반복 후, 각 반복마다 2개의 메시지가 쌓이면 종료합니다.
        return END
    else:
        return 'reflect'


# 그래프 구축
builder = StateGraph(State)
builder.add_node('generate', generate)
builder.add_node('reflect', reflect)
builder.add_edge(START, 'generate')
builder.add_conditional_edges('generate', should_continue)
builder.add_edge('reflect', 'generate')

graph = builder.compile()
```

JavaScript

```javascript
import {
  AIMessage,
  SystemMessage,
  HumanMessage,
} from '@langchain/core/messages';
import { ChatOpenAI } from '@langchain/openai';
import {
  StateGraph,
  Annotation,
  messagesStateReducer,
  START,
  END,
```

```
} from '@langchain/langgraph';

const model = new ChatOpenAI({model: 'gpt-4o-mini'});

const annotation = Annotation.Root({
  messages: Annotation({ reducer: messagesStateReducer, default: () => [] }),
});

const generatePrompt = new SystemMessage(
    '당신은 훌륭한 3단락 에세이를 작성하는 임무를 가진 에세이 어시스턴트입니다.
    사용자의 요청에 맞춰 최상의 에세이를 작성하세요.
    사용자가 비평을 제공하면, 이전 시도에 대한 수정 버전을 응답하세요.'
);

async function generate(state) {
  const answer = await model.invoke([generatePrompt, ...state.messages]);
  return { messages: [answer] };
}

const reflectionPrompt = new SystemMessage(
    '당신은 에세이 제출물을 평가하는 교사입니다. 사용자의 제출물에 대해 비평과 추천을 생성하
    세요. 길이, 깊이, 스타일 등과 같은 구체적인 요구사항을 포함한 자세한 추천을 제공하세요.'
);

async function reflect(state) {
  // 메시지들을 반전시켜 LLM이 자신의 출력에 대해 반성하도록 합니다.
  const clsMap = {
    ai: HumanMessage,
    human: AIMessage,
  };
  // 첫 번째 메시지는 원래 사용자의 요청입니다. 모든 노드에서 동일하게 유지합니다.
  const translated = [
    reflectionPrompt,
    state.messages[0],
    ...state.messages
      .slice(1)
      .map((msg) => new clsMap[msg._getType()](msg.content)),
  ];
  const answer = await model.invoke(translated);
  // 이 출력 결과를 생성기(generator)에 대한 사용자 피드백으로 취급합니다.
    return {'messages': [HumanMessage(content=answer.content)]}
```

```
      return { messages: [new HumanMessage({ content: answer.content })] };
    }

    function shouldContinue(state) {
      if (state.messages.length > 6) {
        // 3회 반복 후, 반복마다 2개의 메시지가 쌓이면 종료합니다.
        return END;
      } else {
        return 'reflect';
      }
    }

    const builder = new StateGraph(annotation)
      .addNode('generate', generate)
      .addNode('reflect', reflect)
      .addEdge(START, 'generate')
      .addConditionalEdges('generate', shouldContinue)
      .addEdge('reflect', 'generate');

    const graph = builder.compile();
```

이 그래프를 시각화하면 [그림 7-2]와 같다.

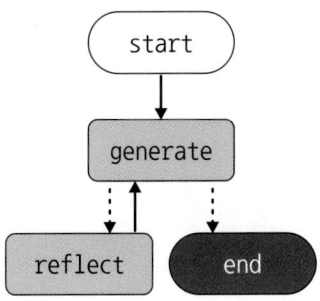

그림 7-2 성찰 아키텍처

reflect 노드는 LLM이 비평하는 에세이가 사람이 썼다고 생각하게 우회한다. 동시에, generate 노드는 비평을 사용자가 썼다고 생각하게 우회한다. 이렇게 우회하는 이유는 LLM 이 인간과 AI의 메시지 쌍을 중심으로 대화형 파인튜닝을 거쳤기 때문이다. 채팅 모델은 사용자가 연속해서 다수의 메시지를 보내면 학습한 형식과 맞지 않아 성능이 떨어질 위험이 있으므로 대화가 오고 가는 형태로 데이터를 정리해야 한다.

또한, 언뜻 보면 수정 사항이 없을 때까지 수정 단계를 반복할 것 같아도, 이 아키텍처는 정해진 횟수만큼 generate와 reflect를 반복한다. 따라서 마지막 수정 요청인 generate 이후에 종료한다. 별도의 수정으로 reflect 단계에 더 이상 수정 사항이 없다면 프로세스 종료 결정을 내리도록 아키텍처를 수정할 수 있다. 출력된 비평을 살펴보자.

```
{
    "messages": [
        HumanMessage(content='구체적인 사례와 인용을 추가함으로써
        더 깊이 있는 논의로 발전한 점이 인상적입니다.
        아래는 몇 가지 비평과 추천 사항입니다.

        ### 비평

        1. **구조와 구성**: 에세이의 구조는 잘 잡혔습니다.
        서론, 본론, 결론이 각각 명확히 구분되어 있으며,
        각 단락에서도 주제를 잘 명시하고 있습니다.
        그러나 본문에서 주제와 논점을 더욱 뚜렷하게 하고 싶다면,
        각 단락의 첫 문장을 주제 문 장으로 삼아 다음 내용을 미리 암시해 주는 형태에
        집중하는 것이 좋습니다. 예를 들어, 첫 단락의 시작에
         \'어린 왕자는 다양한 인간 관계를 통해 진정한 우정의 중요성을 깨닫는다\'
          처럼 정리해 보세요.

        2. **인용 및 예시**: 인용이 한두 개의 주요 요소에 집중되는 경향이 있습니다.
        \'어린 왕자\'는 매우 상징적인 구절이 많은 작품이므로, 여러 인물이나 에피소
        드를 각 단락에 걸쳐 좀 더 다양하게 언급하면 더욱 설득력을 높일 수 있습니다.
        어린 왕자가 상어를 만난 장면이나 여우와의 대화도 활용하여
        사회적 진리를 강조할 수 있습니다.

        3. **논리적 전개**: 각 단락의 논리가 잘 전개되기는 했으나,
        두 단락 간의 연결이 조금 더 부드럽게 진행될 수 있습니다.
        예를 들어, 첫 번째 단락에서 인간관계의 중요성을 마무리한 후
        "이처럼 관계의 본질을 고민하는 \'어린 왕자\'는 소유의 의미
        또한 질문하게 한다"처럼 자연스럽게 두 번째 단락으로 이어지게 할 수 있습니다.
```

         4. **스타일과 어조**: 전반적으로 문체가 매끄럽지만, 때때로 문장이 길어지거나
            복잡해집니다. 간결하고 명확한 표현을 사용하는 것이 좋습니다.
            "물질적 풍요가 인간의 행복을 가져 다주지 못한다는 교훈" 대신
            "물질적 풍요는 진정한 행복을 가져다주지 않는다" 같은 표현을 고려해 보세요.

         ### 추천

         - **추가 사례 연구**: 다양한 등장인물의 시각에서 동기나 행동을 분석하여
           각기 다른 해석을 제공할 수 있습니다. 여우는 \'길들임\'이라는 개념을 통해
           진정한 소중함에 대해 어린 왕자가 어떤 교훈을 받았는지 더욱 깊이 있게
           서술할 수 있습니다.

         - **비교 요소 추가**: 어린 왕자의 메시지를 사회적 현상이나 다른 문학 작품과
           비교하는 내용을 포함하면 더 풍부한 논의가 이루어질 것입니다. 현대 사회의
           관계의 단절을 다룬 작품이나 연결된 사회를 살아가는 것의 의미를 발견하는
           테마와 견주어 보세요.

         - **결론의 강화를 위해**: 결론에서 다시 강조하고 싶은 핵심 메시지를 요약
           하되, 실제로 어린 왕자의 가르침을 현대에 어떻게 적용할지 명쾌한 방안을
           제시하면 독자에게 더욱 강한 인상을 줄 수 있습니다.

         당신의 에세이는 훌륭한 방향으로 나아가고 있으며, 완성도가 높아지고 있습니다.
         제안드린 피드백을 바탕으로 마무리하시면 더 훌륭한 글이 될 것입니다.
         계속해서 발전하는 모습이 기대됩니다!'),
    ],
}
```

모든 과정이 끝나면 다음과 같은 내용이 출력된다.

**어린 왕자가 현대 사회에서 중요한 이유**

"어린 왕자"는 앙투안 드 생텍쥐페리의 대표작으로, 1943년 발표 이후 전 세계적으로 사랑받아온 고전 문학 작품입니다. 단순한 동화처럼 보이지만, 이 작품은 깊은 삶의 진리를 내포하고 있어 현대 사회에서 여전히 중요한 가치를 지니고 있습니다. 어린 왕자는 다양한 인간 관계를 통해 진정한 사랑과 우정의 중요성을 깨닫고, 물질적 목표에 치우친 현대인들에게 진정한 가치를 재조명하는 메시지를 전달합니다.

첫 번째로, '어린 왕자'는 인간 관계의 본질에 대해 깊은 통찰을 제공합니다. 어린 왕자는 자신이 살던 소행성을 떠나 여러 별을 여행하며 각양각색의 인물들을 만나게 됩니다. 그는 장미와
```

> 의 관계에서 사랑과 책임을 배우며, 그것이 어떻게 소중한지를 깨닫습니다. 그러나 왕, 지리학자, 상인과의 만남 역시 중요한 교훈을 제공합니다. 왕은 권력과 통치의 허무함을 상기시키고, 상인은 물질적 가치에 집착하는 모습을 보여줍니다. 이러한 대조는 어린 왕자가 인간의 진정한 가치와 관계의 중요성을 깨닫는 데 기여합니다. 특히 여우는 "길들인다는 것은 책임을 지는 것이며, 소중한 것은 정성을 쏟아야 비로소 소중해진다"라는 메시지를 통해 현대 사회의 고립감 속에서 진정한 사람들 간의 관계를 형성하는 것이 얼마나 중요한지를 일깨워줍니다. 이처럼 다양한 인물과의 만남은 어린 왕자가 인간관계를 다시 생각하게 하는 중요한 계기가 됩니다.
>
> 두 번째로, '어린 왕자'는 소유의 의미와 진정한 가치를 탐구합니다. 어린 왕자는 금과 보석보다 의미 있는 경험과 감정을 추구합니다. 지리학자를 만난 어린 왕자는 단순한 지식보다는 직접 경험한 것의 소중함을 배웁니다. 이는 현대 사회에서 물질적 풍요가 인간의 행복을 가져다주지 못한다는 교훈으로 이어집니다. 고향으로 돌아가고 싶어 하는 어린 왕자는 사랑과 헌신을 통해 쌓은 관계의 힘을 깨닫게 되고, 그것이 '우리에 대한 책임이 있다'는 메시지를 전달합니다. 여우와의 대화에서 "가장 중요한 것은 눈에 보이지 않는다"는 구절은 물질주의적 세상에서 진정한 가치가 무엇인지 고민하게 만듭니다. 현대 사회는 소셜 미디어와 소비주의에 의해 형성된 고독감 속에서 살아가고 있으며, 이는 어린 왕자가 우리에게 전하는 교훈과 직결됩니다.
>
> 결론적으로, '어린 왕자'는 그 자체로도 아름답고 감동적인 이야기일 뿐만 아니라, 우리가 직면한 여러 사회적, 정서적 이슈에 대한 깊은 통찰과 교훈을 제공합니다. 이 작품은 인간 관계의 소중함을 일깨워주고, 물질적 가치 이면의 진정한 삶의 의미를 탐구하게 합니다. 현대에 사는 우리에게 어린 왕자의 사랑과 우정의 메시지는 다시 한 번 진정한 가치를 되새기게 하는 계기가 됩니다. '어린 왕자'가 제공하는 교훈을 오늘날의 사회적 맥락, 즉 SNS의 고립감과 물질에 대한 집착과 관련 지음으로써, 우리 또한 사랑하고 책임을 다하며 진정한 행복을 찾아 나아갈 수 있을 것입니다.

이와 같은 단순한 형태의 성찰은 LLM이 결과물을 다듬을 수 있는 여러 번의 시도를 제공해, reflect 노드가 결과물을 평가할 때 다른 인격체의 태도를 취하게 해 성능을 높인다.

해당 아키텍처는 여러 가지 방법으로 변형할 수 있다. 6장에 제시된 에이전트 아키텍처에 reflect 단계를 결합할 수 있다. 사용자에게 결과물을 전달하기 직전의 마지막 노드로 reflect 단계를 추가하면 사용자가 결과물을 평가한 것처럼 보여 애플리케이션이 직접적인 사용자 개입 없이 최종 출력물을 개선할 수 있다. 이 방식은 지연 시간을 높는다는 단점이 있다.

상황에 따라 외부 정보를 토대로 비평의 타당성을 보완하는 편이 효과적일 수 있다. 예를 들어 코드 생성 에이전트를 구현할 경우, reflect 이전 단계에서 린터 또는 컴파일러를 통해 코드를 점검하고 오류를 확인해 그 결과를 reflect에 입력으로 전달할 수 있다.

> TIP 해당 방식을 적용하면 최종 출력의 품질 향상을 기대할 수 있으므로 반드시 시도해 보기를 권한다.

7.2 서브그래프

멀티 에이전트 아키텍처를 깊이 들여다보기 전에 서브그래프를 살펴보자. **서브그래프**subgraphs는 다른 그래프의 일부로 들어가는 하위 그래프를 의미한다. 랭그래프를 활용해 다중 에이전트 아키텍처를 실현하는 핵심 기술 개념이다. 서브그래프의 활용 사례를 몇 가지 살펴보자.

- 멀티 에이전트 시스템을 구축한다(다음 절에서 다룸).
- 여러 그래프에서 동일한 노드 집합을 재사용할 경우, 해당 노드를 서브그래프에 정의한 후 그래프에 활용한다.
- 서로 다른 팀이 하나의 그래프(부모 그래프)를 나누어 구현할 때, 각 팀이 서브그래프를 구현하는 방식으로 작업할 수 있다. 서브그래프 인터페이스(입력 및 출력 스키마)를 만족한다면 서브그래프의 세부 사항을 몰라도 부모 그래프를 구축할 수 있다.

부모 그래프에 서브그래프 노드를 추가하는 방법은 두 가지다.

- **서브그래프를 직접 호출하는 노드를 추가**: 부모 그래프와 서브그래프가 상태 키를 공유할 경우에 사용하기 좋다. 상태를 입출력할 때 별도의 변환 과정을 거칠 필요 없이 그대로 활용할 수 있다.
- **서브그래프를 호출하는 함수를 포함한 노드를 추가**: 부모 그래프와 서브그래프가 서로 다른 상태 키를 사용할 때 좋다. 서브그래프를 호출하기 전후에 상태를 변환해야 한다.

각 항목을 차례대로 살펴보겠다.

7.2.1 서브그래프 직접 호출

서브그래프 노드를 생성하는 가장 간단한 방법은 서브그래프를 노드에서 직접 호출하는 것이다. 이 경우 상위 그래프와 서브그래프는 상태 키를 공유해야 한다. 통신에 상태 키를 활용하기 때문이다. 그래프와 서브그래프가 공통의 키를 공유하지 않는 경우는 다음 절에서 다룬다.

> **NOTE** 서브그래프 노드에 공유 키 외의 다른 키를 전달할 경우 해당 키는 무시된다. 마찬가지로, 서브그래프가 다른 키를 반환할 경우 상위 그래프가 무시한다.

이제 코드를 살펴보자.

코드 7-2 서브그래프 노드 추가

```python
from typing import TypedDict
from langgraph.graph import START, StateGraph


# 부모 그래프와 서브그래프에서 사용할 상태
class State(TypedDict):
    foo: str  # 서브그래프와 이 키를 공유


class SubgraphState(TypedDict):
    foo: str  # 부모 그래프와 이 키를 공유
    bar: str


# 서브그래프 정의
def subgraph_node(state: SubgraphState):
    # 서브그래프 노드는 공유 키인 "foo"를 사용해 부모 그래프와 통신한다
    return {"foo": state["foo"] + "bar"}


subgraph_builder = StateGraph(SubgraphState)
subgraph_builder.add_node("subgraph_node", subgraph_node)
subgraph_builder.add_edge(START, "subgraph_node")
# 서브그래프에 필요한 추가 설정은 여기에 작성
subgraph = subgraph_builder.compile()

# 부모 그래프 정의
builder = StateGraph(State)
```

```python
builder.add_node("subgraph", subgraph)
builder.add_edge(START, "subgraph")
# 부모 그래프에 필요한 추가 설정은 여기에 작성
graph = builder.compile()

# 예시
initial_state = {"foo": "hello"}
result = graph.invoke(initial_state)
print(f"Result: {result}")  # foo에 "bar"가 추가되어야 함
```

```javascript
import { StateGraph, START, Annotation } from '@langchain/langgraph';

const StateAnnotation = Annotation.Root({
  foo: Annotation(), // 서브그래프와 이 키를 공유
});

const SubgraphStateAnnotation = Annotation.Root({
  foo: Annotation(), // 부모 그래프와 이 키를 공유
  bar: Annotation(),
});

// 서브그래프 정의
const subgraphNode = async (state) => {
  // 서브그래프 노드는 공유 키인 "foo"를 사용해 부모 그래프와 통신한다
  return { foo: state.foo + 'bar' };
};

const subgraph = new StateGraph(SubgraphStateAnnotation)
  .addNode('subgraph', subgraphNode)
  .addEdge(START, 'subgraph')
  // 서브그래프에 필요한 추가 설정은 여기에 작성
  .compile();

// 부모 그래프 정의
const parentGraph = new StateGraph(StateAnnotation)
  .addNode('subgraph', subgraph)
  .addEdge(START, 'subgraph')
  // 부모 그래프에 필요한 추가 설정은 여기에 작성
  .compile();
```

```
// 예시
const initialState = { foo: 'hello' };
const result = await parentGraph.invoke(initialState);
console.log('Result: ${JSON.stringify(result)}'); // foo에 "bar"가 추가되어야 함
```

7.2.2 서브그래프를 호출하는 함수

전혀 다른 스키마를 사용해 서브그래프를 구현해 본다. 이때는 서브그래프를 호출하는 함수를 포함한 노드를 만든다. 함수는 노드의 상태 업데이트를 반환하기 전, 서브그래프 호출을 위해 입력 상태(상위 그래프의 상태)를 서브그래프 상태로 변환하고, 서브그래프 결과를 다시 상위 상태로 복원하는 과정을 수행해야 한다.

코드를 살펴보자.

코드 7-3 서브그래프 호출 노드 구현

```python
from typing import TypedDict
from langgraph.graph import START, StateGraph

class State(TypedDict):
    foo: str

class SubgraphState(TypedDict):
    # 부모 그래프와 키를 공유하지 않음
    bar: str
    baz: str


# 서브그래프 정의
def subgraph_node(state: SubgraphState):
    return {"bar": state["bar"] + "baz"}


subgraph_builder = StateGraph(SubgraphState)
```

```python
subgraph_builder.add_node("subgraph_node", subgraph_node)
subgraph_builder.add_edge(START, "subgraph_node")
# 서브그래프에 필요한 추가 설정은 여기에 작성
subgraph = subgraph_builder.compile()


# 서브그래프를 호출하는 부모 그래프 정의
def node(state: State):
    # 부모 그래프의 상태를 서브그래프 상태로 변환
    response = subgraph.invoke({"bar": state["foo"]})
    # 응답을 다시 부모 그래프의 상태로 변환
    return {"foo": response["bar"]}


builder = StateGraph(State)
# 서브그래프 대신 'node'를 지정
builder.add_node("node", node)
builder.add_edge(START, "node")
# 부모 그래프에 필요한 추가 설정은 여기에 작성
graph = builder.compile()

# 예시
initial_state = {"foo": "hello"}
result = graph.invoke(initial_state)
print(
    f"Result: {result}"
)  # foo를 bar로 변환해 "baz"를 추가하고 다시 foo로 변환
```

```javascript
import { StateGraph, START, Annotation } from '@langchain/langgraph';

const StateAnnotation = Annotation.Root({
  foo: Annotation(),
});

const SubgraphStateAnnotation = Annotation.Root({
  // 부모 그래프와 키를 공유하지 않음
  bar: Annotation(),
  baz: Annotation(),
});
```

```javascript
// 서브그래프 정의
const subgraphNode = async (state) => {
  return { bar: state.bar + 'baz' };
};

const subgraph = new StateGraph(SubgraphStateAnnotation)
  .addNode('subgraph', subgraphNode)
  .addEdge(START, 'subgraph')
  // 서브그래프에 필요한 추가 설정은 여기에 작성
  .compile();

// 서브그래프를 호출하는 부모 그래프 정의
const subgraphWrapperNode = async (state) => {
  // 부모 그래프의 상태를 서브그래프 상태로 변환
  const response = await subgraph.invoke({
    bar: state.foo,
  });
  // 응답을 다시 부모 그래프의 상태로 변환
  return {
    foo: response.bar,
  };
};

const parentGraph = new StateGraph(StateAnnotation)
  // 'subgraph' 대신 'subgraphWrapperNode'를 지정
  .addNode('subgraph', subgraphWrapperNode)
  .addEdge(START, 'subgraph')
  // 부모 그래프에 필요한 추가 설정은 여기에 작성
  .compile();

// 예시

const initialState = { foo: 'hello' };
const result = await parentGraph.invoke(initialState);
console.log(`Result: ${JSON.stringify(result)}`);
// foo를 bar로 변환해 "baz"를 추가하고 다시 foo로 변환
```

서브그래프 사용법을 살펴봤으니 이제 서브그래프를 활용하는 멀티 에이전트 아키텍처를 알아보자.

7.3 멀티 에이전트 아키텍처

LLM 에이전트의 크기와 범위, 복잡성이 증가할수록 문제가 발생할 가능성이 높아진다. 문제가 발생하면 성능에 영향을 미칠 우려가 있다.

- 에이전트에 선택할 툴을 지나치게 많이 제공하면 이후 호출할 툴을 판단하기 어렵다(이 문제에 관한 해결법은 6장을 참조).
- 컨텍스트나 프롬프트의 길이가 단일 에이전트가 파악하기 어려울 정도로 복잡해져 사용하는 모델의 능력을 초과한다.
- 사용자가 특정 분야(기획, 연구, 수학 문제 풀이)에 특화된 하위 시스템의 사용을 희망한다.

이러한 문제 해결을 위해 애플리케이션을 여러 개의 소규모 독립 에이전트로 분할한 후, 이들을 멀티 에이전트 시스템으로 구성하는 방안을 강구할 수 있다. 독립 에이전트는 프롬프트와 LLM 호출만으로 간단하게 구성할 수 있고, 6장에서 소개한 ReAct 에이전트처럼 복잡하게 구현할 수도 있다. [그림 7-3]은 멀티 에이전트 시스템에서 에이전트를 구성한 여러 아키텍처다.

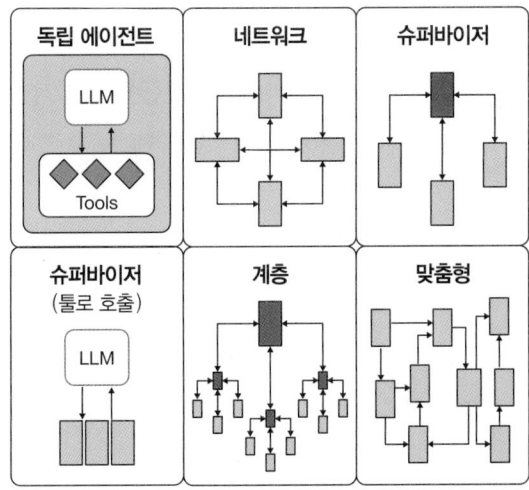

그림 7-3 멀티 에이전트를 효율적으로 연결하는 다양한 아키텍처

[그림 7-3]에서 소개한 아키텍처를 자세히 살펴보자.

- **네트워크 아키텍처**: 각 에이전트가 다른 에이전트와 상호 통신한다. 모든 에이전트가 다음에 실행될 에이전트를 결정할 수 있다.
- **슈퍼바이저 아키텍처**: 모든 에이전트가 슈퍼바이저(감독자)라 부르는 하나의 에이전트와 통신한다. 슈퍼바이저 에이전트는 이후 호출할 에이전트를 결정한다. 경우에 따라 슈퍼바이저 에이전트를 툴로 호출하는 방식으로 구현한다. 이에 관한 내용은 6장에서 다룬다.
- **계층 아키텍처**: 여러 슈퍼바이저를 총괄하는 하나의 슈퍼바이저를 활용해 멀티 에이전트 시스템을 정의한다. 이 아키텍처는 슈퍼바이저 아키텍처를 일반화해, 복잡한 제어 흐름을 보다 정교하게 관리하도록 설계됐다.
- **맞춤형 멀티 에이전트 워크플로**: 각 LLM 에이전트는 전체 네트워크 구성 요소의 일부와만 통신한다. 일부 흐름은 고정되며, 선별된 LLM 에이전트만 다음 호출 대상을 결정한다.

다음 절에서는 슈퍼바이저 아키텍처를 더욱 깊이 분석한다. 해당 아키텍처는 기능과 사용 용이성의 균형이 우수해 LLM, RAG, 랭체인 분야에서 탁월한 성능을 발휘한다.

7.3.1 슈퍼바이저 아키텍처

해당 아키텍처는 각 에이전트를 그래프의 노드로 추가함과 동시에 호출 순서를 결정하는 슈퍼바이저(관리자) 노드를 배치한다. 조건부 엣지를 활용해 슈퍼바이저의 판단에 따라 적절한 에이전트 노드로 유도한다. 노드와 엣지 등 다양한 구성 요소를 아우르는 랭그래프에 대한 기초 개념은 5장에서 확인할 수 있다.

먼저, 슈퍼바이저 노드의 구성을 살펴보자.

코드 7-4 슈퍼바이저 노드 구성

```python
from typing import Literal

from langchain_openai import ChatOpenAI
from langgraph.graph import StateGraph, MessagesState, START
from pydantic import BaseModel
```

```python
class SupervisorDecision(BaseModel):
    next: Literal['researcher', 'coder', 'FINISH']


# 모델 초기화
model = ChatOpenAI(model='gpt-4o-mini', temperature=0)
model = model.with_structured_output(SupervisorDecision)

# 사용 가능한 에이전트 정의
agents = ['researcher', 'coder']

# 시스템 프롬프트 정의
system_prompt_part_1 = f'''당신은 다음 서브에이전트 사이의 대화를 관리하는 슈퍼바이저입니
다. 서브에이전트: {agents}. 아래 사용자 요청에 따라,
다음으로 행동할 서브에이전트를 지목하세요. 각 서브에이전트는 임무를 수행하고 결과와 상태를
응답합니다. 실행할 서브에이전트가 없거나 작업이 완료되면,
FINISH로 응답하세요.'''

system_prompt_part_2 = f'''위 대화를 바탕으로, 다음으로 행동할 서브에이전트는 누구입니까?
아니면 FINISH 해야 합니까? 서브에이전트: {', '.join(agents)}, FINISH'''


def supervisor(state):
    messages = [
        ('system', system_prompt_part_1),
        *state['messages'],
        ('system', system_prompt_part_2),
    ]
    return model.invoke(messages)
```

```javascript
import { ChatOpenAI } from "@langchain/openai";
import {
  StateGraph,
  Annotation,
  MessagesAnnotation,
  START,
  END,
```

```
} from "@langchain/langgraph";
import { z } from "zod";
import { HumanMessage, SystemMessage } from "@langchain/core/messages";


const SupervisorDecision = z.object({
  next: z.enum(["researcher", "coder", "FINISH"]),
});

// 모델 초기화
const model = new ChatOpenAI({ model: "gpt-4o-mini", temperature: 0 });
const modelWithStructuredOutput =
  model.withStructuredOutput(SupervisorDecision);

// 사용 가능한 에이전트
const agents = ["researcher", "coder"];

// 시스템 프롬프트 정의
const systemPromptPart1 = `당신은 다음 서브에이전트 사이의 대화를 관리하는 슈퍼바이저입니다. 서브에이전트: ${agents.join(
  ", ",
)}. 다음으로 행동할 서브에이전트를 지목하세요. 각 서브에이전트는 임무를 수행하고 결과와 상태를 응답합니다. 실행할 서브에이전트가 없거나 작업이 완료되면, FINISH로 응답하세요.`;

const systemPromptPart2 = `위 대화를 바탕으로, 다음으로 행동할 서브에이전트는 누구입니까? 아니면 FINISH 해야 합니까? 서브에이전트: ${agents.join(
  ", ",
)}, FINISH`;

// 슈퍼바이저 정의
const supervisor = async (state) => {
  const messages = [
    new SystemMessage(systemPromptPart1),
    ...state.messages,
    new SystemMessage(systemPromptPart2),
  ];

  const result = await modelWithStructuredOutput.invoke(messages);
  return {
    messages: state.messages,
    next: result.next,
```

```
        };
    };
```

> **NOTE** 프롬프트에 포함된 코드에서 서브에이전트의 이름은 의미 있고 구별되는 이름으로 지어야 한다. 예를 들어, 그냥 agent_1과 agent_2라는 명칭을 사용할 경우, LLM은 각 작업에 적합한 항목을 결정하는 데 필요한 정보를 알 수 없다. 프롬프트를 수정해 각 에이전트에 대한 설명을 추가하면, LLM이 쿼리에 적합한 에이전트를 선택하는 데 도움이 된다.

이제 슈퍼바이저 노드를 리서처(researcher)와 코더(coder)라는 두 서브에이전트가 포함된 그래프에 통합하는 방법을 살펴본다. 본 그래프의 목표는 쿼리를 보고 리서처나 코더에 작업을 할당하는 것이다. 이번 코드에는 리서처와 코더에 대한 구현은 포함하지 않는다.[1] 지금 중요한 점은 각 역할에 임의의 그래프 또는 노드를 사용할 수 있다는 점이다.

코드 7-5 슈퍼바이저 아키텍처 그래프 구성

```python
# 에이전트 상태 정의
class AgentState(MessagesState):
    next: Literal['researcher', 'coder', 'FINISH']


# 에이전트 함수 정의
def researcher(state: AgentState):
    # 실제 구현에서는 이 함수가 리서치 작업을 수행합니다.
    ...
    return {'messages': [response]}


def coder(state: AgentState):
    # 실제 구현에서는 이 함수가 코드를 작성합니다.
    ...
    return {'messages': [response]}
```

---

[1] 옮긴이_ 제공하는 실습 코드에는 자체적으로 가짜 응답을 반환하는 함수를 작성했다. 실행해 슈퍼바이저 아키텍처의 작동 방식을 확인할 수 있다.

```python
# 그래프 구축
builder = StateGraph(AgentState)
builder.add_node('supervisor', supervisor)
builder.add_node('researcher', researcher)
builder.add_node('coder', coder)

builder.add_edge(START, 'supervisor')
# 슈퍼바이저의 결정에 따라 에이전트 중 하나로 라우팅하거나 종료합니다.
builder.add_conditional_edges('supervisor', lambda state: state['next'])
builder.add_edge('researcher', 'supervisor')
builder.add_edge('coder', 'supervisor')

graph = builder.compile()
```

```javascript
// 에이전트 함수 정의
const researcher = async (state) => {
  // 실제 구현에서는 이 함수가 리서치 작업을 수행합니다.
  ...
  return {
    messages: [...state.messages, response],
  };
};

const coder = async (state) => {
  // 실제 구현에서는 이 함수가 코드를 작성합니다.
  // 여기서는 임의로 코드를 작성하는 척 합니다.
  ...
  return {
    messages: [...state.messages, response],
  };
};

// 그래프 구축
const graph = new StateGraph(StateAnnotation)
  .addNode("supervisor", supervisor)
  .addNode("researcher", researcher)
  .addNode("coder", coder)
  .addEdge(START, "supervisor")
  // 슈퍼바이저의 결정에 따라 에이전트 중 하나로 라우팅하거나 종료합니다.
```

```
.addConditionalEdges("supervisor", async (state) =>
    state.next === "FINISH" ? END : state.next,
)
.addEdge("researcher", "supervisor")
.addEdge("coder", "supervisor")
.compile();
```

이 예시에서는 두 서브에이전트(리서처와 코더)의 모든 작업 진행이 메시지 목록에 기록된다. 구성 방식은 다를 수도 있고 서브에이전트가 더 복잡한 구조를 가질 수 있다. 예를 들어, 서브에이전트는 독립된 그래프로 구성되어 내부 상태를 지속적으로 관리하며, 수행한 작업의 결과만 요약해 출력할 수 있다.

각 에이전트가 실행을 마친 후 결과는 슈퍼바이저 노드로 전달되며, 추가 작업의 필요 여부와 필요시 해당 작업을 위임할 에이전트가 결정된다. 해당 아키텍처에서 경로 지정은 필수 조건이 아니며, 각 서브에이전트가 출력이 직접 사용자에게 반환될지 개별적으로 결정할 수 있다. 이와 같이 리서처와 슈퍼바이저 사이에 존재하는 엣지를, 리서처가 갱신한 상태 키를 참조하는 조건부 엣지로 대체해야 한다.

7.4 요약

이 장에서는 에이전트 아키텍처의 성능을 높이는 성찰과 멀티 에이전트 아키텍처를 다뤘다. 랭그래프 내의 서브그래프 활용 방법에 대해 살펴봤으며, 이는 멀티 에이전트 시스템의 핵심 구성 요소로 작용한다. 이런 활용 방법은 LLM 에이전트 아키텍처의 성능을 한층 강화하지만, 새로운 에이전트 구축 시 무작정 도입해서는 안 된다. 6장에서 다룬 단순한 아키텍처가 시작점으로 바람직하다.

8장은 LLM 애플리케이션 구축 시 핵심 설계 요소인 신뢰성과 자율성 간의 트레이드오프 문제를 다룬다. 에이전트 아키텍처 또는 멀티 에이전트 아키텍처를 사용하는 경우, 적절한 통제가 없으면 성능이 신뢰성의 희생으로 이어질 위험이 있으므로 유의해야 한다. 이러한 트레이드오프가 발생하는 이유를 심도 있게 분석한 후, 8장에서는 결정을 내리는 데 활용할 중요한 기법들을 소개한다. 이를 통해 LLM 애플리케이션과 LLM 에이전트의 성능을 궁극적으로 개선할 수 있다.

CHAPTER 08

LLM의 성능을 높이는 패턴

8장에서는 LLM 애플리케이션 개발의 핵심 과제인 자율성과 신뢰성 간의 트레이드오프를 극복하는 방법을 소개한다. LLM 결과의 예측 가능성을 높이고, 긴 지연 시간을 효과적으로 관리하며, 자율성 높은 시스템의 신뢰성을 확보하는 방법을 설명한다. 또한 동시 입력 처리와 같은 실제 운영 환경의 문제에 대응하는 다양한 전략을 구현한다.

CHAPTER 08

LLM의 성능을 높이는 패턴

오늘날 LLM에는 여러 중대한 한계가 존재하나, 이러한 한계가 꿈꾸던 LLM 애플리케이션 구축을 막을 수 없다. 애플리케이션 사용자를 위한 경험 설계는 제한 사항을 회피하는 동시에, 이상적으로는 제한 사항을 감안해 구현해야 한다.

5장에서는 LLM 애플리케이션을 구축할 때 빈번히 마주치는 **자율성**agency(독자적으로 행동할 능력)과 **신뢰성**reliability(산출물에 대한 신뢰도) 간의 트레이드오프를 소개했다. 직관적으로 보면, 사용자의 개입 없이 스스로 다양한 행동을 수행하는 LLM 애플리케이션은 더욱 유용할 거라 생각된다. 그러나 자율성을 지나치게 부여하면, 해당 애플리케이션은 결국 원치 않는 결과를 초래하기도 한다. [그림 8-1]은 이러한 트레이드오프를 나타낸다.

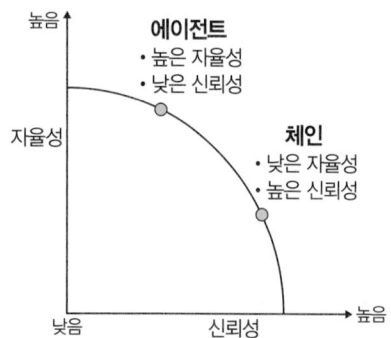

그림 8-1 자율성과 신뢰성 간의 트레이드오프

타 분야에서 차용한 **프런티어**frontier라는 개념[1]을 적용하면, 트레이드오프를 프런티어 곡선으로 시각화할 수 있다. 프런티어 곡선에서 각 점은 특정 애플리케이션에 최적화된 LLM 아키텍처를 나타내며, 각 아키텍처의 자율성과 신뢰성 정도를 나타낸다(다양한 LLM 애플리케이션 아키텍처에 대한 개요는 5장을 참조). 한 예로, 체인 아키텍처는 상대적으로 자율성이 낮은 대신 신뢰성이 우수하며, 에이전트 아키텍처는 자율성이 높지만 그에 따른 신뢰성이 열악하다는 것을 알 수 있다.

LLM 애플리케이션이 갖추어야 할 추가적이면서도 중요한 여러 목표들을 간략히 살펴보자. 각 LLM 애플리케이션은 설계 과정에서 목표 중 하나 이상을 달성하려 한다.

- **지연**: 최종 답변 도출에 소요되는 시간을 최소화
- **자율성**: 작업 중 인간 입력이 필요한 상황을 최소화
- **분산**: 호출 간의 변동을 최소화

이는 가능한 모든 목표를 늘어놓았다고 생각하겠지만 애플리케이션을 구축하며 마주치는 다양한 트레이드오프를 설명하는 예시다. 각 목표는 어느 정도씩 서로 상충한다. 예를 들어, 가장 쉽게 신뢰성을 높이면 높은 지연이나 낮은 자율성이 불가피하게 따라온다. 각 목표를 전적으로 반영하면 목표끼리 서로 상쇄되고 만다. 예를 들어 최소 지연 시간을 내세우는 애플리케이션은 아무런 역할도 수행할 수 없다. [그림 8-2]를 살펴보자.

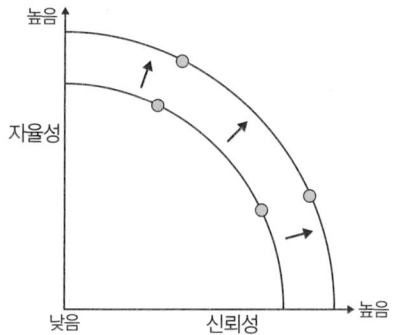

그림 8-2 프런티어의 확장(신뢰성을 유지하며 자율성을 높임)

---

1 금융 분야에서는 포트폴리오 최적화에 적용되는 **효율 프런티어** 개념이 활용되며, 경제 분야에서는 **생산 가능성 프런티어**, 공학 분야에서는 **파레토 프런티어**란 용어를 사용한다.

애플리케이션 개발자들이 진정으로 바라는 것은 기술의 최전선(프런티어)을 더 넓게 확장하는 것이다. 신뢰성을 유지하며 자율성을 더욱 높이고자 하며, 자율성을 유지하면 신뢰성을 더욱 강화하고자 한다. 이번 장에서는 프런티어를 확장하는 다양한 기법을 소개하겠다.

- **스트리밍/중간 출력**: 진행 상황과 중간 출력 결과가 지속적으로 공유되면 지연이 길더라도 이를 수용하기 쉽다.
- **구조화된 출력**: 미리 정해진 형식의 출력물을 생성하도록 LLM에 요청하면, 기대에 부합하는 결과물이 나올 가능성이 높아진다.
- **인간의 개입**: 자율성이 높은 아키텍처는 실행 중에 인간의 개입에 의해 효율성이 증대된다. 이 과정에는 중단, 승인, 분기 또는 실행 취소 같은 행위가 포함된다.
- **이중 텍스트 전송**: LLM 애플리케이션의 응답 속도가 지연될수록, 선행 입력의 처리가 완료되기 전 새로운 입력이 전달될 가능성이 커진다.

8.1 구조화된 출력

LLM가 구조화된 데이터를 반환하도록 요청하는 게 좋은 경우가 있다. 특정 **스키마**(구조화된 데이터 내 각 필드의 이름과 유형에 대한 정의)에 근거한 형식을 요구해 출력을 후속 처리하거나, 완전히 자유로운 텍스트 출력이 발생할 변동성을 줄일 수 있다.

다른 LLM을 활용해 이를 수행하는 몇 가지 방법이 있다.

- **프롬프트 작성**: LLM에 원하는 형식(예: JSON, XML, CSV)으로 출력하도록 요청한다. 프롬프트는 거의 모든 LLM에서 효과를 발휘한다는 장점이 있다. 하지만 LLM에게 제안하는 수준에 그치기에 출력 결과가 반드시 해당 형식으로 나온다는 확실한 보증이 없다.
- **툴 호출**: 출력 스키마 목록 중 하나를 선택하고, 그에 맞는 결과를 생성하도록 파인튜닝한 LLM에서 활용되는 방식이다. 각 출력 스키마에는 스키마를 식별할 이름, LLM이 언제 해당 스키마를 선택해야 하는지 판단하도록 돕는 설명, 그리고 원하는 출력 형식을 정의한 스키마(주로 JSONSchema 형식)가 필요하다.
- **JSON 모드**: 일부 LLM(예: 최근 오픈AI 모델)이 제공하는 기능으로, JSON 문서의 출력을 보장한다.

모델마다 비슷한 기능을 다른 매개변수로 지원하기도 한다. 랭체인 모델은 공통 인터페이스인 메서드 .with_structured_output를 통해 LLM에서 구조화된 출력을 손쉽게 얻을 수 있다. 해당 메서드로 LLM에 JSON 스키마 또는 Pydantic(파이썬)이나 Zod(자바스크립트)전달하면, LLM이 구조화된 출력을 생성·반환하는 데 필요한 매개변수와 출력 파서가 자동으로 추가된다.

사용할 스키마를 설계해 보자.

코드 8-1 스키마 설정

```python
from pydantic import BaseModel, Field
from langchain_openai import ChatOpenAI

class Joke(BaseModel):
    setup: str = Field(description="농담의 설정")
    punchline: str = Field(description="농담의 포인트")
```

```javascript
import { z } from "zod";
import { ChatOpenAI } from "@langchain/openai";

const joke = z.object({
  setup: z.string().describe("농담의 설정"),
  punchline: z.string().describe("농담의 포인트"),
});

let model = new ChatOpenAI({
  model: "gpt-4o-mini",
  temperature: 0,
});
```

각 필드에 자세한 설명을 추가했다. 이 설명은 필드의 명칭과 결합해 LLM이 출력의 각 부분을 어느 필드에 배분할지를 결정하는 정보로 활용할 수 있다. 원시 JSONSchema 표기법을 활용해 스키마를 정의할 수도 있다. 다음은 JSONSchema로 나타낸 스키마다.

```
{'properties': {'setup': {'description': '농담의 설정',
    'title': 'Setup',
    'type': 'string'},
  'punchline': {'description': '농담의 포인트',
    'title': 'Punchline',
    'type': 'string'}},
 'required': ['setup', 'punchline'],
 'title': 'Joke',
 'type': 'object'}
```

이제 LLM을 활용해 해당 형식에 부합하는 출력을 생성하겠다.

코드 8-2 스키마에 맞는 출력 요청

```python
model = ChatOpenAI(model='gpt-4o-mini', temperature=0)
model = model.with_structured_output(Joke)

result = model.invoke('고양이에 대한 농담을 만들어 주세요.')
```

```javascript
let model = new ChatOpenAI({
  model: 'gpt-4o-mini',
  temperature: 0,
});

model = model.withStructuredOutput(joke);

const result = await model.invoke('고양이에 대한 농담을 만들어 주세요.');
```

출력

```
{
    setup: "고양이가 컴퓨터를 사용하면?",
    punchline: "마우스를 잡아먹는다!"
}
```

다음 사항에 유의하자.

- 모델 인스턴스 생성은 평상시처럼 진행하며, 사용할 모델의 이름과 기타 매개변수를 지정한다.

- 낮은 temperature는 구조화된 출력에 적합하다. LLM이 스키마에 부합하지 않는 유효하지 않은 형식의 출력을 생성할 가능성을 줄이기 때문이다.

- 그 뒤 모델에 스키마를 적용해 해당 스키마에 부합하는 출력을 생성하는 새로운 객체를 반환한다. Pydantic 또는 Zod 객체를 스키마로 전달하면 해당 객체는 검증에도 활용된다. 즉, LLM이 산출한 결과가 정해진 규격에 부합하지 않을 경우, 실패한 결과 대신 검증 오류가 반환된다.

- 마지막으로, 자유 형식의 입력으로 모델을 호출한 후 원하는 구조와 일치하는 출력 결과를 획득한다.

구조화된 출력을 활용하는 이 방식은 독립 실행형 툴로서 사용될 뿐 아니라, 더 큰 애플리케이션의 구성 요소로도 매우 좋다. 예를 들어, 5장을 참고하면 해당 기능을 활용해 라우터 아키텍처의 라우팅 단계를 구현한 사례를 확인할 수 있다.

8.1.1 중간 출력

LLM 아키텍처가 복잡해질수록 실행 시간이 길어질 가능성이 높다. 5장과 6장의 아키텍처 다이어그램을 떠올려보자. 여러 단계(또는 노드)가 순차적 또는 반복적으로 연결할 때마다 전체 호출에 소요되는 시간이 길어진다.

이를 방치하면 지연 시간의 증가로 이어진다. 사용자는 보통 애플리케이션이 몇 초 내로 원하는 출력하길 바라므로, 지연 시간이 긴 LLM 애플리케이션의 사용자 유입은 줄어든다. 긴 지연 시간을 그나마 이해하게 만드는 방법이 몇 가지 있으나, 이 모든 방법은 **스트리밍 출력** streaming output을 사용한다. 스트리밍 출력이란 애플리케이션이 실행 중에도 결과를 수신하는 방식을 말한다.

이번 절에서는 6.4절에서 소개한 마지막 아키텍처를 이용하겠다. 전체 코드는 6장에서 확인하자. 랭그래프로 중간 출력을 사용하려면, stream 메서드로 그래프를 실행해 본다. 그러면 그래프의 각 노드가 처리를 완료하는 대로 결과를 출력한다. 이제 코드를 살펴보자.

코드 8-3 중간 출력

```python
input = {
    'messages': [
        HumanMessage(
            '미국의 제30대 대통령이 사망했을 때 몇 살이었나요?'
        )
    ]
}
for c in graph.stream(input, stream_mode='updates'):
    print(c)
```

```javascript
const input = {
  messages: [
    new HumanMessage(
      '미국의 제30대 대통령이 사망했을 때 몇 살이었나요?',
    ),
  ],
};

const output = await graph.stream(input, { streamMode: 'updates' });

for await (const chunk of output) {
  console.log(chunk);
}
```

출력

```
{
    "select_tools": {
        "selected_tools": ['duckduckgo_search', 'calculator']
    }
}
{
    "model": {
        "messages": AIMessage(
            content="",
            tool_calls=[
                {
```

```
                    "name": "duckduckgo_search",
                    "args": {
                        "query": "30th president of the United States"
                    },
                    "id": "9ed4328dcdea4904b1b54487e343a373",
                    "type": "tool_call",
                }
            ],
        )
    }
},
{
    "tools": {
        "messages": [
            ToolMessage(
                content="Calvin Coolidge (born July 4, 1872, Plymouth, Vermont,
                    U.S.—died January 5, 1933, Northampton, Massachusetts) was
                    the 30th president of the United States (1923-29). Coolidge
                    acceded to the presidency after the death in office of
                    Warren G. Harding, just as the Harding scandals were coming
                    to light....",
                name="duckduckgo_search",
                tool_call_id="9ed4328dcdea4904b1b54487e343a373",
            )
        ]
    }
},
{
    "model": {
        "messages": AIMessage(
            content=" 미국의 제30대 대통령인 캘빈 쿨리지는 1872년 7월 4일에 태어나고,
                1933년 1월 5일에 사망했습니다. 따라서 캘빈 쿨리지가 사망했을 때의
                나이는 60세였습니다.",
        )
    }
}
```

실행한 노드의 이름을 키로, 해당 노드의 출력을 값으로 갖는 딕셔너리가 출력된다. 이것으로 두 가지 사실을 알 수 있다.

- 애플리케이션이 현재 실행 중인 노드. 앞서 살펴본 아키텍처 다이어그램에서의 현재 위치

- 애플리케이션이 공유하는 상태의 업데이트 상황. 그래프의 최종 출력으로 정리될 값

랭그래프는 다양한 스트리밍 모드를 제공한다.

- 업데이트(updates): 기본 모드로 앞서 설명했듯 그래프의 업데이트 내용을 출력한다.
- 값(values): 노드의 실행이 종료(그래프 상태가 변경)될 때마다 그래프의 전체 상태를 출력한다. 그래프 상태의 구조에 출력이 영향을 받는 경우 유용하다.
- 디버그(debug): 그래프 내에서 변화가 발생할 때마다 상세한 이벤트 내용을 출력한다.
  - checkpoint 이벤트: 현재 상태의 새로운 체크포인트가 데이터베이스에 저장
  - task 이벤트: 노드가 실행되기 시작하기 직전
  - task_result 이벤트: 노드 실행이 완료
- 이 모드들을 결합할 수도 있다. updates와 values를 동시에 요청하고 싶다면 리스트 형태로 전달하면 된다.

스트림 모드는 stream_mode 인수를 stream()에 전달해 제어한다.

8.1.2 LLM 출력의 토큰 단위 스트리밍

여러 번의 LLM 호출로 구성된 큰 LLM 애플리케이션이 있다면, LLM 호출 단계마다 스트리밍 출력을 할 수 있다. 이 기능은 다양한 프로젝트에서 활용할 수 있다. 예를 들어, 대화형 챗봇을 구축하는 경우 LLM이 출력을 생성하는 즉시 각 단어를 화면에 표시하도록 설계할 수 있다. 랭그래프를 활용해 구현해 보자.

코드 8-4 토큰 단위 스트리밍

```python
async def main():
    # 간단한 그래프 생성
    event = asyncio.Event()

    input = {
        'messages': [
```

```python
            HumanMessage(
                '미국 제30대 대통령의 사망 당시 나이는 몇 살이었나요?'
            )
        ]
    }
    config = {'configurable': {'thread_id': '1'}}
    output = graph.astream_events(input, config, version="v2")

    async for event in output:
        if event["event"] == "on_chat_model_stream":
            content = event["data"]["chunk"].content
            if content:
                print(content)


if __name__ == '__main__':
    asyncio.run(main())
```

```javascript
const input = {
  messages: [
    new HumanMessage(
      '미국의 제30대 대통령이 사망했을 때 몇 살이었나요?',
    ),
  ],
};

const config = { configurable: { thread_id: '1' } };
const graph = builder.compile({ checkpointer: new MemorySaver() });

try {
  const output = await graph.streamEvents(input, {...config, version: "v2"});

  for await (const { event, data } of output) {
    if (event === "on_chat_model_stream") {
      const msg = data.chunk;
      if (msg.content) {
        console.log(msg.content);
      }
    }
  }
}
```

}

LLM에서 전달하는 대로 각 토큰을 출력할 것이다. 해당 패턴에 관한 자세한 내용은 랭체인 홈페이지(*https://oreil.ly/ExYll*)에서 확인할 수 있다.

8.1.3 사용자 개입 패턴

LLM 애플리케이션을 만들다 보면 더 많은 능력을 확보하기 위해 통제(감독)를 점차 포기하는 경우가 있다. 5장에서 소개한 바와 같이 랭그래프에 적용되는 공유 상태 패턴은 애플리케이션의 관찰, 중단 및 수정 작업을 보다 용이하게 한다. 이때 다양한 **사용자 개입**human-in-the-loop 패턴을 사용해 개발자 또는 최종 사용자가 LLM의 작동에 영향을 주도록 할 수 있다.

이번 절에서도 6.4절에서 소개한 마지막 아키텍처를 이용하겠다. 전체 코드는 6장에서 확인하자. 우선, 사용자 개입 패턴을 사용하려면 먼저 그래프에 체크포인터를 추가해야 한다. 이에 관한 자세한 과정은 4.4절을 참고하자.

코드 8-5 체크포인터 추가

```python
from langgraph.checkpoint.memory import MemorySaver

graph = builder.compile(checkpointer=MemorySaver())
```

```javascript
import {MemorySaver} from '@langchain/langgraph'

graph = builder.compile({ checkpointer: new MemorySaver() })
```

단계가 종료될 때마다 상태를 저장한 그래프 인스턴스가 반환된다. 최초 실행만 상태가 없이 시작하고, 이후의 모든 호출은 상태가 저장된 상태로 진행된다. 그래프 호출 시, 체크포인터를 활용해 저장된 최신 상태(존재할 경우)를 불러온 후, 새 입력값과 결합한다. 그 뒤 첫 번째 노드가 실행된다. 사용자 개입 패턴을 구현하려면 그래프가 이전 상태를 기억해야 하기 위해 체크포인터가 꼭 필요하다.

첫 번째 사용자 개입 패턴인 interrupt 패턴은 가장 단순한 제어 방식으로, 애플리케이션이 생성하는 스트리밍 출력을 실시간으로 관찰한 후 적절한 시점에 수동으로 중단(interrupt)하는 방식이다(그림 8-3). 중단되기 전 마지막으로 완료된 단계의 결과를 반영해 상태를 저장한다. 그 뒤 사용자는 다음 동작을 선택할 수 있다.

- **재개**: 연산을 계속한다(자세한 내용은 뒤에서 설명한다).
- **새로운 입력 전달**: 예정된 모든 작업을 취소하고 새로운 입력(예: 챗봇의 새 메시지)을 즉시 처리한다(자세한 내용은 뒤에서 설명한다).
- **종료**: 아무 작업도 실행하지 않는다.

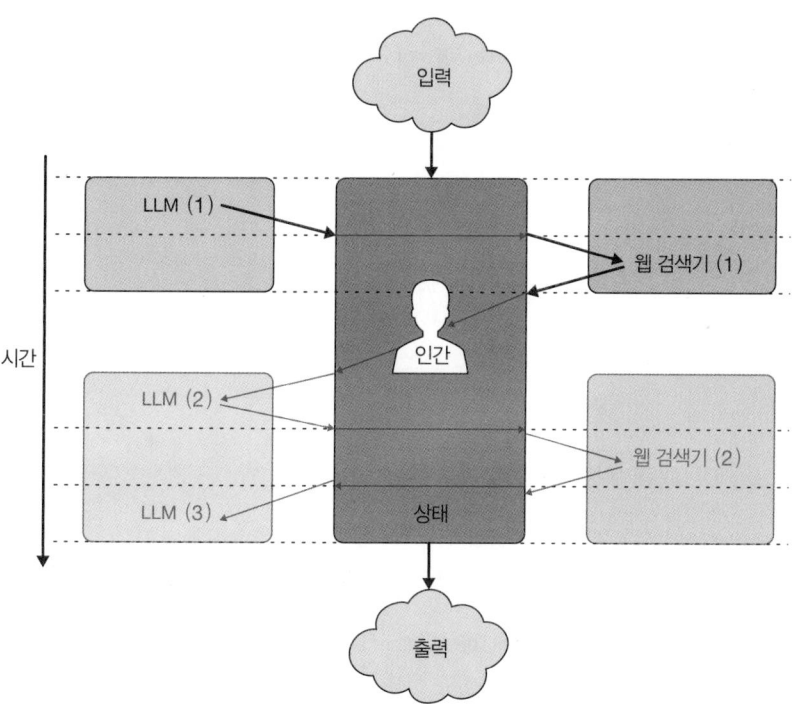

그림 8-3 interrupt 패턴

코드로 확인해 보자.

코드 8-6 수동 중단 설정

```python
import asyncio

async def main():
    # 6.4절 아키텍처 이용
    builder = StateGraph(State)
    builder.add_node('select_tools', select_tools)
    builder.add_node('model', model_node)
    builder.add_node('tools', ToolNode(tools))
    builder.add_edge(START, 'select_tools')
    builder.add_edge('select_tools', 'model')
    builder.add_conditional_edges('model', tools_condition)
    builder.add_edge('tools', 'model')

    graph = builder.compile(checkpointer=MemorySaver())

    event = asyncio.Event()

    input = {
        'messages': [
            HumanMessage(
                '미국 제30대 대통령의 사망 당시 나이는 몇 살이었나요?'
            )
        ]
    }

    config = {'configurable': {'thread_id': '1'}}

    # 중단 태스크 생성
    interrupt_task = asyncio.create_task(interrupt(event))

    async with aclosing(graph.astream(input, config)) as stream:
        async for chunk in stream:
            if event.is_set():
                break
            else:
                print(chunk)  # 출력
```

```python
        await interrupt_task


async def interrupt(event):
    # 2초 후 중단
    await asyncio.sleep(2)
    event.set()
    print("중단 신호를 보냈습니다.")

if __name__ == '__main__':
    asyncio.run(main())
```

```javascript
const controller = new AbortController()

const input = {
  messages: [
    new HumanMessage(
      '미국의 제30대 대통령이 사망했을 때 몇 살이었나요?',
    ),
  ],
};

const config = { configurable: { thread_id: '1' } };

const graph = builder.compile({ checkpointer: new MemorySaver() });

// 2초 후 중단
setTimeout(() => {
  controller.abort();
}, 2000);

try {
  const output = await graph.stream(input, {
    ...config,
    signal: controller.signal,
  });

  for await (const chunk of output) {
    console.log(chunk);
```

```
    }
  } catch (e) {
    console.log(e);
  }
```

이벤트 또는 신호를 활용해 실행 중인 애플리케이션 외부에서 중단할 수 있다. 파이썬 코드는 aclosing을 사용한다. aclosing은 스트림이 중단되더라도 적절한 종료를 보장한다. JS에서는 try-catch 구문 사용에 특별히 주의해야 한다. 실행 중 중단을 시도할 경우 abort 예외가 발생한다. 마지막으로, 그래프와의 상호작용을 다른 상호작용과 구분하고자 할 경우 반드시 호출에 스레드 식별자를 함께 전달해야 한다.

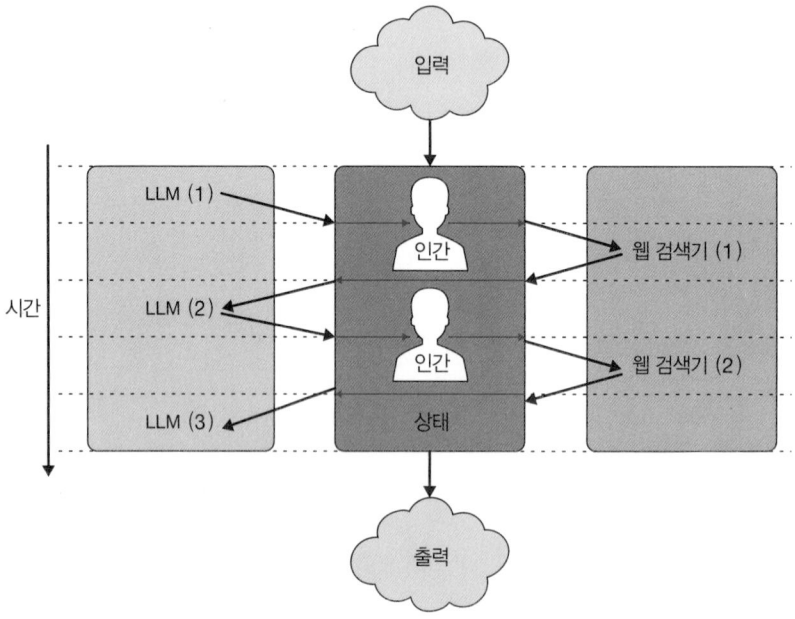

그림 8-4 authorize 패턴

두 번째 사용자 개입 패턴인 authorize 패턴은 특정 노드가 호출되기 직전마다 애플리케이션에 제어권을 넘겨주도록 사전에 설정한다(그림 8-4). 보통 이 패턴은 툴 확인을 위해 구현한다. 특정(혹은 모든) 툴을 호출하기 전, 애플리케이션을 일시 정지 상태로 만들고 사용자에게 확인을 요청한다. 이때 사용자는 마찬가지로 동작을 선택할 수 있다.

- **재개**: 툴 호출을 수락해 계산을 계속한다.

- **새로운 입력 전달**: 봇을 다른 방향으로 유도해, 툴 호출을 막는다.

- **종료**: 아무 작업도 실행하지 않는다.

6.4절의 아키텍처에서는 툴 호출의 이전 단계인 model에서 툴을 선택해 호출까지 한 번에 진행하므로 model 단계 이전에서 중단해야 한다. 전체 코드는 다음과 같다.

코드 8-7 authorize 패턴을 위한 중단

```python
input = {
    'messages': [
        HumanMessage(
            '미국 제30대 대통령의 사망 당시 나이는 몇 살이었나요?'
        )
    ]
}

config = {"configurable": {"thread_id": "1"}}

output = graph.stream(input, config, interrupt_before=["model"])

for c in output:
    print(c)
```

```javascript
const input = {
  messages: [
    new HumanMessage(
      '미국의 제30대 대통령이 사망했을 때 몇 살이었나요?',
    ),
  ],
};

const config = { configurable: { thread_id: "1" } };

const output = await graph.stream(input, {
  ...config,
  interruptBefore: ["model"],
```

```
  });

  for await (const chunk of output) {
    console.log(chunk);
  }
```

사용자는 현재 상태를 확인하고 실행 여부를 결정한다. interrupt_before에 전달하는 리스트는 순서를 신경 쓸 필요가 없다. 여러 노드 이름을 전달하면, 해당하는 노드에 진입하기 전에 중단한다.

재개

앞서 언급한 두 가지 패턴 같이 중단된 그래프의 진행을 이어가려면, 파이썬은 None, JS는 null을 입력해 그래프를 다시 호출하면 된다. 랭체인은 해당 입력을 공백이 아닌 바로 전 입력의 처리를 계속 진행하라는 의미로 해석한다.

코드 8-8 중단한 그래프의 재개

```python
input = {
    'messages': [
        HumanMessage(
            '미국 제30대 대통령의 사망 당시 나이는 몇 살이었나요?'
        )
    ]
}

config = {"configurable": {"thread_id": "1"}}

# 첫 번째 실행: 초기 입력으로 그래프 시작
output = graph.stream(input, config, interrupt_before=["model"])

for c in output:
    print(c)

# 두 번째 실행: 체크포인트에서 재개
output = graph.stream(None, config)
```

```
for c in output:
    print(c)
```

```javascript
const config = { configurable: { thread_id: "1" } };

// 첫 번째 실행: 초기 입력으로 그래프 시작
let output = await graph.stream(input, {
  ...config,
  interruptBefore: ["model"],
});

for await (const chunk of output) {
  console.log(chunk);
}

// 두 번째 실행: 체크포인트에서 재개
output = await graph.stream(null, {
  ...config
});

for await (const chunk of output) {
  console.log(chunk);
}
```

새로 시작

만약 중단한 그래프에서 상태는 유지한 채 새 입력으로 다시 시작하고 싶다면, 새로운 입력으로 다시 호출한다.

코드 8-9 중단한 그래프를 새로운 입력으로 호출

```python
input = {
    'messages': [
        HumanMessage(
            '미국 제30대 대통령의 사망 당시 나이는 몇 살이었나요?'
        )
```

```python
        ]
    }

config = {"configurable": {"thread_id": "1"}}

# 첫 번째 실행: 초기 입력으로 그래프 시작
output = graph.stream(input, config, interrupt_before=["model"])

for c in output:
    print(c)

new_input = {
    'messages': [
        HumanMessage(
            '영화 보이후드의 촬영 기간은 얼마나 되나요?'
        )
    ]
}
# 두 번째 실행: 체크포인트에서 새 입력으로 재개
output = graph.stream(new_input, config)

for c in output:
    print(c)
```

```javascript
const input = {
  messages: [
    new HumanMessage(
      '미국의 제30대 대통령이 사망했을 때 몇 살이었나요?',
    ),
  ],
};

const config = { configurable: { thread_id: "1" } };

// 첫 번째 실행: 초기 입력으로 그래프 시작
let output = await graph.stream(input, {
  ...config,
  interruptBefore: ["model"],
});
```

```
  for await (const chunk of output) {
    console.log(chunk);
  }

  const newInput = {
    messages: [
      new HumanMessage(
        '영화 보이후드의 촬영 기간은 얼마나 되나요?',
      ),
    ],
  };

  // 두 번째 실행: 체크포인트에서 새 입력으로 재시작
  output = await graph.stream(newInput, {
    ...config
  });

  for await (const chunk of output) {
    console.log(chunk);
  }
```

이렇게 하면 그래프의 현재 상태는 유지하고 이를 새 입력과 병합해 시작 노드부터 다시 시작한다.

현재 상태를 초기화하려면, thread_id를 변경한다. 그리고 백지 상태에서 새로운 상호작용을 시작할 수 있다. thread_id는 문자열을 값으로 입력받는다. 스레드 식별자로는 UUID 같은 고유 식별자의 사용을 권장한다.

상태 편집

작동 재개 전에 그래프 상태를 수정해야 할 때가 있다. 이때 update_state 메서드를 사용한다. 일반적으로 먼저 get_state를 이용해 현재 상태를 점검해야 한다. 코드를 살펴보자.

코드 8-10 상태 업데이트

```python
config = {"configurable": {"thread_id": "1"}}

output = graph.stream(input, config, interrupt_before=["model"])

for c in output:
    print(c)

state = graph.get_state(config)

# 첫 번째 메시지의 content를 변경하기 위한 업데이트
updated_messages = state.values['messages'].copy()
updated_messages[0] = HumanMessage(content="영화 보이후드의 촬영 기간은 얼마나 되나요?")

# 상태 업데이트 적용
update = {'messages': updated_messages}
graph.update_state(config, update)

# 업데이트된 상태로 그래프 계속 실행
output = graph.stream(None, config)
for c in output:
    print(c)
```

```javascript
const config = { configurable: { thread_id: "1" } };

// 첫 번째 실행: 초기 입력으로 그래프 시작
let output = await graph.stream(input, {
  ...config,
  interruptBefore: ["model"],
});

for await (const chunk of output) {
  console.log(chunk);
}

const state = await graph.getState(config)

// 첫 번째 메시지의 content를 변경하기 위한 업데이트 준비
const updatedMessages = state.values['messages'].slice();
```

```
  updatedMessages[0] = new HumanMessage(
    '영화 보이후드의 촬영 기간은 얼마나 되나요?'
  );

  // 상태 업데이트 적용
  const update = { messages: updatedMessages };
  await graph.updateState(config, update);

  // 업데이트된 상태로 그래프 계속 실행
  output = await graph.stream(null, config);

  for await (const chunk of output) {
    console.log(chunk);
  }
```

상태를 변경하면 수정 사항을 포함한 새로운 체크포인트가 생성된다. 이 새로운 지점을 기점으로 그래프를 재개할 수 있다. 자세한 방법은 재개를 참고하자.

포크

그래프의 모든 과거 상태의 기록을 조회해 다시 확인할 수 있다. 이때 상태별로 다른 답변을 확인하는 것도 가능하다. 그래프가 실행마다 다른 결과가 산출할 수 있어, 창의적인 결과가 필요한 애플리케이션 개발에 도움이 된다. 코드를 살펴보자.

코드 8-11 상태 포크

```python
config = {'configurable': {'thread_id': '1'}}

output = graph.stream(input, config)

for c in output:
    print(c)

history = [
    state for state in
    graph.get_state_history(config)
```

```
    ]

    print('그래프 재실행')
    output = graph.stream(None, history[2].config)

    for c in output:
        print(c)
```

```javascript
    const config = { configurable: { thread_id: '1' } };

    let output = await graph.stream(input, {
      ...config
    });

    for await (const chunk of output) {
      console.log(chunk);
    }

    const history = await Array.fromAsync(graph.getStateHistory(config))

    console.log('그래프 재실행')
    output = graph.stream(null, history[2].config)

    for await (const chunk of output) {
      console.log(chunk);
    }
```

파이썬과 JS는 이력 기록을 리스트(배열) 형태로 수집한다. get_state_history는 상태를 이터레이터로 반환해 지연 처리 방식으로 사용할 수 있게 한다. history에서 반환되는 상태는 최신 항목부터 오래된 항목까지 차례대로 정렬된다.

사용자 개입 패턴은 애플리케이션에 맞는 방식으로 다양하고 자유롭게 혼합함으로써 진정한 힘을 발휘한다.

8.1.4 멀티태스킹 LLM

이번 절은 LLM 애플리케이션의 동시 입력 처리 문제를 다룬다. 동시 입력 처리는 LLM의 처리 속도가 현저히 느리기에 매우 중요한 문제다. 긴 응답을 산출하거나 다단계 아키텍처(랭그래프)에서 그 실행 속도 저하가 더욱 두드러진다. LLM의 처리 속도가 빨라지더라도 동시 입력 처리는 여전히 난제로 남을 것이다. 지연 시간의 개선은 점차 복잡한 사용을 가능하게 하겠지만, 아무리 효율성이 높더라도 동시에 들어온 요청은 우선순위 결정을 피할 수 없기 때문이다.

이제 대응 방안을 차례대로 검토해 보자.

동시 입력 거부

이전 입력 처리가 진행 중인 동안에 도착한 입력을 모두 거부한다. 가장 단순하지만 모든 수요를 충족하기에는 다소 한계가 있다. 동시성 관리 책임을 호출하는 측에 전가하는 결과를 낳는다.

독자적 처리

마찬가지로 간단한 방법으로 신규 입력을 독립 호출로 간주한다. 이를 위해 상태 기억 기능을 갖춘 스레드를 새로 생성하고, 해당 컨텍스트에서 출력 결과를 산출한다. 해당 방식은 한 사용자에게 두 개의 개별적이며 상호 보완할 수 없는 호출의 결과를 제공해야 한다. 명백히 한계가 있는 대응으로 모든 경우에 적용할 수 없을 뿐 아니라 바람직하지도 않다. 한편, 임의의 크기로 확장할 수 있는 장점을 보유하고 있어, 거의 모든 애플리케이션이 일정 부분 활용하기도 한다. 예를 들어, 동시에 서로 다른 두 사용자와 대화를 나누도록 챗봇을 제공할 때 유용하다.

동시 입력 대기열

이전 작업 처리 중에 수신한 입력을 대기열에 등록하고, 현재 작업 종료 후 차례대로 처리한다. 이 방식은 몇 가지 장점이 있다.

- 동시 요청을 원하는 만큼 수신할 수 있다.
- 현재 입력의 처리가 완료될 때까지 기다리므로, 새 입력이 어느 시점에 들어와도 현재 처리 상태와는 상관없이 결과는 동일하다. 이전 입력의 처리를 모두 마친 후에 다음 입력으로 전환한다.

물론 몇 가지 단점도 있다.

- 모든 대기 입력을 처리하는 데 다소 시간이 소요될 수 있다. 실제로, 처리 속도보다 입력이 추가되는 속도가 높을 경우 대기열이 무제한으로 증가할 우려가 있다.
- 이전 요청에 대한 응답을 확인하기 전에 대기열에 등록되며 이후 수정 없이 그대로 처리되므로, 처리 시점에는 입력 데이터가 이미 구식일 가능성이 있다. 새로운 입력이 이전 답변에 의존하는 경우에는 부적절한 방식이다.

중단

다른 입력을 처리하는 도중 새 입력이 도착하면, 현재 작업을 중단하고 새 입력을 반영해 체인을 재시작한다. 중단된 실행 단계에서 남겨진 정보를 처리하는 방법도 다양하다. 몇 가지를 살펴보자.

- **모두 버림**: 이전 입력은 아예 없었던 것처럼 잊혀진다.
- **완료된 단계까지 유지**: 계산 진행 중 진척 상황을 저장하는 체크포인트 애플리케이션에서 마지막으로 완료된 단계의 상태만 유지하고, 실행이 중단된 단계에서 발생한 미처리 상태 갱신은 모두 지운 후, 이를 기반으로 새로운 입력을 처리한다.
- **현재 진행한 단계까지 모두 유지**: 현재 단계의 실행을 중단하는 동시에, 그때까지 진행한 미완성 상태 갱신 내용을 누락 없이 저장한다. 복잡한 구조에는 적용하기 어려운 방식이다.
- **현재 노드의 처리까지 완료**: 현재 노드를 완료할 때까지 대기한 후, 저장하고 종료한다.

동시 입력을 대기열에 등록하는 방식에 비해 몇 가지 장점이 있다.

- 새로운 입력을 가능한 한 빨리 처리해, 응답 지연 및 최신성이 떨어진 결과 출력의 발생 가능성을 줄인다.
- 이전 기록을 모두 버리는 경우, 새 입력이 접수된 시점과 무관하게 최종 결과가 나온다.

그러나 단점 또한 있다.

- 한 번에 하나의 입력만 처리하도록 제한해, 새로운 입력이 들어올 경우 이전 입력은 모두 폐기된다.
- 다음 실행을 위해 일부 상태 업데이트를 유지하려면, 상태를 그 목적에 맞춰 설계해야 한다. 그렇지 않을 경우, 애플리케이션은 부적합한 상태에 머무르게 될 위험이 있다. 예를 들어, 오픈AI 채팅 모델에 AI 메시지로 툴 호출을 요청하면 그 직후에 해당 툴의 출력 결과를 담은 툴 메시지가 이어져야 한다. 실행을 도중에 중단할 경우, 중간 상태를 정리하지 않으면 이후 진행이 어려워질 수 있다.
- 최종 출력은 새로운 입력의 수신 시점에 영향을 많이 받는다. 새로운 입력을 이전 입력 처리 과정에서 진행 중인(아직 완료되지 않은) 작업의 컨텍스트를 바탕으로 처리하기 때문이다. 적절한 설계를 하지 않으면, 견고하지 않거나 예측하기 어려운 애플리케이션이 만들어진다.

포크와 병합

새로운 입력을 병렬적으로 처리하는 방법이다. 새로운 입력이 도착한 시점의 쓰레드 상태를 그대로 포크fork한 후, 각 입력의 처리가 완료되면 이들 최종 상태를 병합merge하는 방식이다. 이 방식을 적용하려면 상태에 추가적인 설계가 필요하다. 각 상태가 충돌 없이 병합되도록 설계(예: 무충돌 복제 데이터 유형[CRDTs] 및 기타 충돌 해결 알고리즘의 활용) 출력 내용을 파악하거나 새로운 입력을 전송하려면 사용자가 충돌을 수동으로 처리하도록 두 가지 설계 조건 중 어느 하나라도 충족될 경우, 전체적으로 최적의 선택이 될 것이다. 이렇게 새로운 입력은 적시에 처리되며, 출력은 수신 시각과 무관하게 생성되고, 임의의 수의 동시 실행을 지원할 수 있다. 이 중 일부는 랭그래프 플랫폼에서 제공한다. 관련 내용은 9장에서 살펴보겠다.

8.2 요약

이 장에서는 LLM 애플리케이션 개발 과정에서 나타나는 핵심 트레이드오프인 자율성과 신뢰성에 대한 트레이드오프 문제를 다시 논의했다. 자율성을 희생하지 않으면서도, 확률에 어느 정도 도전해 더 높은 신뢰성을 얻을 수 있는 방법과 반대로 신뢰성을 희생하지 않고도 자율성을 강화할 수 있는 기법을 살펴봤다.

먼저, 구조화된 출력 방식을 살펴보며 LLM이 생성한 텍스트의 예측 가능성을 향상시키는 방법을 확인했다. 다음으로, 애플리케이션에서 스트리밍/중간 출력을 구현하는 방법을 알아봤다. 높은 대기 시간으로 인한 불편함(자율성의 불가피한 부작용)을 해소해 애플리케이션을 보다 쾌적하게 만드는 효과를 확인했다.

또한, 사용자 개입 제어 기법을 살펴봤다. 이 기법은 LLM 애플리케이션의 사용자에게 감독관의 역할을 일정 부분 되돌려주어, 자율성이 높은 아키텍처의 신뢰성을 확보하는 데 결정적인 역할을 한다. 마지막으로, LLM 애플리케이션이 가진 높은 지연 시간으로 나타나는 문제인 데이터의 동시 입력을 처리하는 방법을 다뤘다.

다음 장에서는 AI 애플리케이션을 실제 운영 환경에 배포하는 방법을 알아보겠다.

CHAPTER

09

AI 애플리케이션 배포

9장에서는 AI 애플리케이션을 실제 운영 환경에 배포하는 방법을 다룬다. 슈파베이스, 랭스미스, 랭그래프 플랫폼으로 외부에서도 접근 가능한 시스템을 구축한다. 랭그래프 API를 로컬에서 테스트하고 랭스미스 UI를 통해 프로덕션에 배포하는 과정을 단계별로 안내하며, 랭그래프 스튜디오를 활용한 시각화와 디버깅 방법도 소개한다. 마지막으로 AI 애플리케이션의 보안을 위한 다양한 방어 전략을 제시한다.

CHAPTER 09

AI 애플리케이션 배포

8장까지는 AI 애플리케이션의 핵심 기능 구현을 위한 주요 개념과 아이디어, 툴을 살펴봤다. 또한, 랭체인과 랭그래프를 활용해 LLM의 출력 생성, 데이터의 인덱싱 및 검색, 그리고 메모리와 자율성을 구현하는 방법을 알아봤다.

지금까지 코드 예시는 로컬 환경에서만 구현했다. 그렇기 때문에 외부에서는 여러분의 애플리케이션을 사용할 수 없다. 이번 장에서는 AI 애플리케이션을 실제 운영 환경에 배포하는 방법을 알아보고, LLM 애플리케이션의 디버깅, 협업, 테스트 및 모니터링에 필요한 다양한 툴을 탐구하겠다.

9.1 준비 사항

AI 애플리케이션을 효과적으로 배포하려면 애플리케이션의 호스팅, 데이터의 저장 및 검색, 모니터링을 위한 다양한 서비스를 활용해야 한다. 이번 장에서 다루는 배포 예시는 다음 서비스를 활용한다.

- **벡터 저장소**: 슈파베이스 Supabase
- **모니터링 및 디버깅**: 랭스미스

- 백엔드 API: 랭그래프 플랫폼

각 구성 요소와 서비스를 면밀히 분석한 후, 활용 사례에 적합한 적용 방안을 모색하겠다. 먼저 필요한 종속성을 설치하고 환경 변수를 설정한다. 예시를 시작하기 전에 깃허브 계정에 랭체인 템플릿(*https://oreil.ly/brqVm*)을 포크하자. 해당 저장소에는 검색 에이전트 기반 인공지능 애플리케이션의 전체 로직이 들어있다.

9.1.1 종속성 설치

먼저, 프로젝트 종속성 설치를 위해 README.md 파일(*https://oreil.ly/N5eqe*)에 기재된 안내를 따르자. 템플릿을 사용하지 않는다면, pyproject.toml 또는 package.json 파일을 참고해 의존성을 개별적으로 설치하자. 그다음 .env 파일을 만들고 환경 변수를 저장한다.

코드 9-1 .env 파일 템플릿

```
OPENAI_API_KEY=
SUPABASE_URL=
SUPABASE_SERVICE_ROLE_KEY=

# for tracing
LANGCHAIN_TRACING_V2=true
LANGCHAIN_ENDPOINT="https://api.smith.langchain.com"
LANGCHAIN_API_KEY=
```

다음으로, 각 API 키를 받는 과정을 단계별로 살펴보겠다.

9.1.2 LLM

LLM은 주어진 쿼리를 바탕으로 출력을 생성하는 역할을 맡는다. 랭체인은 오픈AI, 앤트로픽, 구글 및 코히어 등 대중적인 LLM 제공업체에 연결하는 체인을 제공한다.

이번 배포 예시에서는 API 키(https://oreil.ly/MIpY5)(그림 9-1)를 통해 오픈AI를 활용한다. API 키를 발급한 후, .env 파일에 OPENAI_API_KEY의 값으로 입력한다.

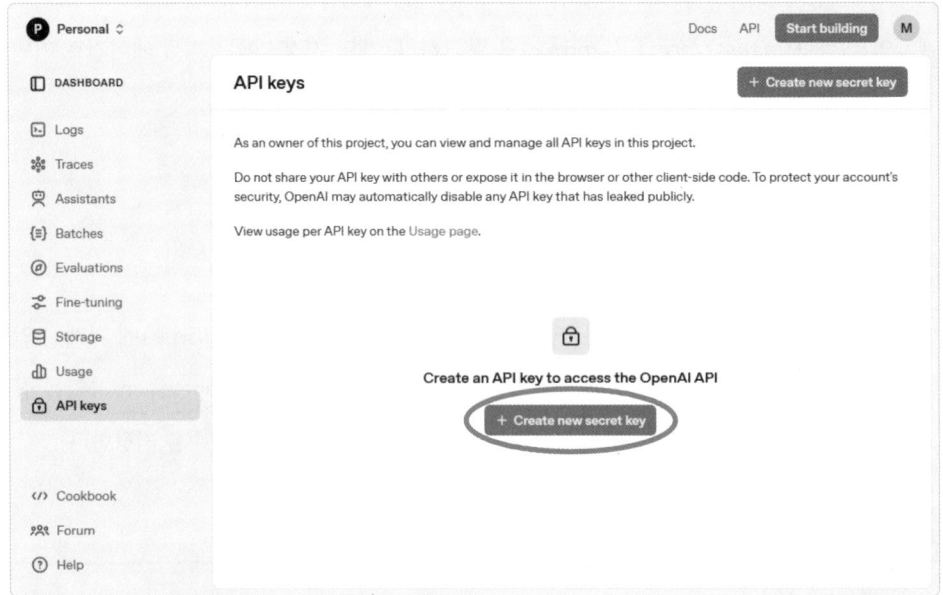

그림 9-1 오픈AI API 키 대시보드

9.1.3 벡터 저장소

이전 장에서 설명했듯이, 벡터 저장소는 데이터의 벡터 표현, 즉 임베딩을 저장 및 관리하는 특수한 데이터베이스다. 벡터 저장소는 유사성 검색과 컨텍스트 검색 기능을 통해 사용자 쿼리에 기반해 LLM이 정확한 답변을 생성하게 유도한다.

이번 배포에서는 PostgreSQL 데이터베이스인 슈파베이스를 벡터 저장소로 이용해 본다. 슈파베이스는 임베딩과 쿼리 벡터를 pgvector 확장 기능을 활용해 저장한다. 저장한 임베딩과 쿼리 벡터는 유사도 검색에 사용한다.

우선 슈파베이스 계정(https://oreil.ly/CXDsx)을 만든다. 대시보드 페이지에서 [New

Project] 버튼을 클릭하고 단계에 따라 프로젝트를 생성한다. 그런 다음 [그림 9-2]와 같이 데이터베이스 암호를 설정하고 저장한다.

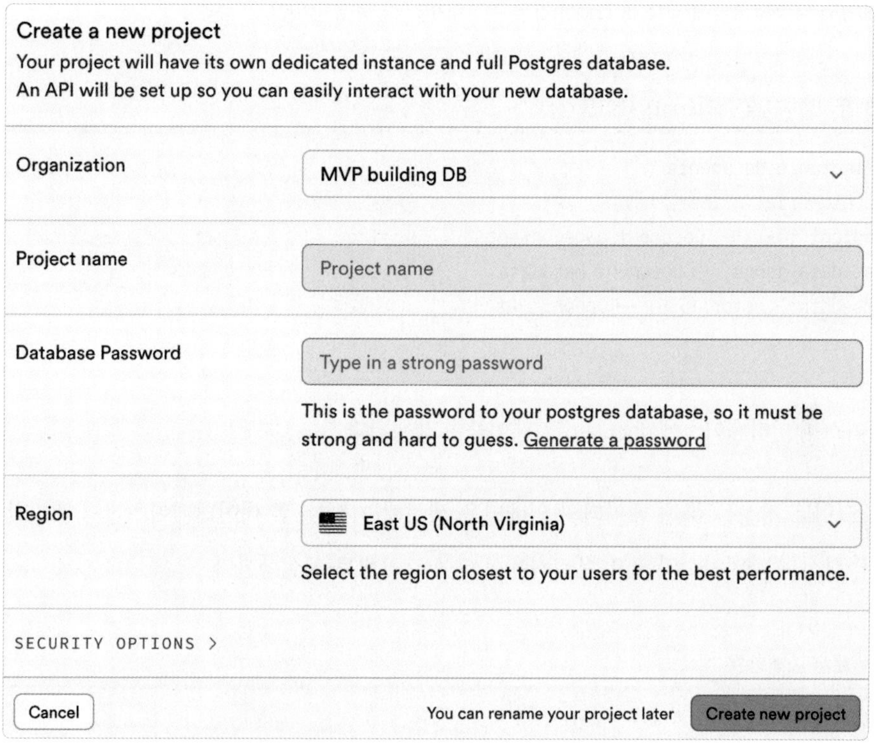

그림 9-2 슈파베이스 프로젝트 생성 대시보드

슈파베이스 프로젝트가 생성되면, [Project Settings] 탭으로 이동해 [API]를 선택한다. 이 새 탭에서 프로젝트의 URL과 API 키를 확인한다.

.env 파일에 SUPABASE_URL에 프로젝트 URL을 값으로 붙여넣고, SUPABASE_SERVICE_ROLE_KEY에 service_role 비밀 API 키를 값으로 붙여넣는다. SUPABASE_SERVICE_ROLE_KEY는 전체 테이블 읽기/쓰기 권한을 가지므로, 서버 사이드에서만 접근되도록 주의해야 한다.

[SQL Editor]를 클릭해 SQL에디터로 이동한 후, 다음 SQL 스크립트를 실행한다. 먼저, pgvector를 활성화한다.

코드 9-2 벡터 임베딩 저장을 위한 pgvector 활성화

```sql
create extension vector;
```

이제 데이터의 벡터를 저장할 documents라는 테이블을 생성한다.

코드 9-3 문서를 저장할 documents 테이블 생성

```sql
create table documents (
  id bigserial primary key,
  content text, -- Document.pageContent
  metadata jsonb, -- Document.metadata
  embedding vector(1536) -- OpenAI 임베딩
);
```

슈파베이스 데이터베이스에 documents 테이블이 생성된다.

이제 스크립트 작성을 통해 데이터의 임베딩을 생성해 저장한 후 데이터베이스에서 쿼리할 수 있다. 다시 슈파베이스의 SQL 에디터에서 다음 스크립트를 실행한다.

코드 9-4 문서 검색 함수

```sql
-- 문서 검색 함수
create function match_documents (
  query_embedding vector(1536),
  match_count int DEFAULT null,
  filter jsonb DEFAULT '{}'
) returns table (
  id bigint,
  content text,
  metadata jsonb,
  embedding jsonb,
  similarity float
)
language plpgsql
as $$
#variable_conflict use_column
begin
```

```
  return query
  select
    id,
    content,
    metadata,
    (embedding::text)::jsonb as embedding,
    1 - (documents.embedding <=> query_embedding) as similarity
  from documents
  where metadata @> filter
  order by documents.embedding <=> query_embedding
  limit match_count;
end;
$$;
```

데이터베이스 함수 match_documents는 query_embedding 벡터를 입력받아 documents 테이블에서 임베딩과 코사인 유사도를 활용해 저장된 문서와 비교 분석한다. 문서마다 (1 - (documents.embedding <=> query_embedding))의 값을 산출해 유사도가 가장 높은 결과를 반환한다. 결과는 다음과 같다.

1. 먼저 filter 인수에 명시된 메타데이터 기준(JSON 포함 조건 @>을 활용) 필터링
2. 유사도 점수를 기준으로 높은 점수부터 차례대로 정렬
3. 일치 항목 수는 match_count에 명시된 개수로 제한

벡터 유사도 계산 함수를 만들었으니 슈파베이스를 벡터 저장소로 사용할 수 있다. 클래스를 불러와 필요한 매개변수를 지정하자.[1]

코드 9-5 슈파베이스 임베딩 테스트

```python
import os
import dotenv

dotenv.load_dotenv()
```

---

[1] 옮긴이_ 실습 파일은 python/ch09/a.introductions 디렉터리에 있다.

```python
from langchain_community.vectorstores import SupabaseVectorStore
from langchain_openai import OpenAIEmbeddings
from supabase.client import Client, create_client
from langchain_core.documents import Document

supabase_url = os.environ.get("SUPABASE_URL")
supabase_key = os.environ.get("SUPABASE_SERVICE_ROLE_KEY")
supabase: Client = create_client(supabase_url, supabase_key)

embeddings = OpenAIEmbeddings()


vector_store = SupabaseVectorStore(
    embedding=embeddings,
    client=supabase,
    table_name="documents",
    query_name="match_documents",
)

# 문서 예시
document1 = Document(
    page_content="The powerhouse of the cell is the mitochondria",
    metadata={"source": "https://example.com"}
)

document2 = Document(
    page_content="Buildings are made out of brick",
    metadata={"source": "https://example.com"}
)

documents = [document1, document2]

# 데이터베이스에 데이터 저장
vector_store.add_documents(documents, ids=["1", "2"])

## 유사도 검색 테스트

query = "biology"
matched_docs = vector_store.similarity_search(query)

print(matched_docs[0].page_content)
```

```javascript
import {
  SupabaseVectorStore
} from "@langchain/community/vectorstores/supabase";
import { OpenAIEmbeddings } from "@langchain/openai";

import { Document } from "@langchain/core/documents";
import { createClient } from "@supabase/supabase-js";
import dotenv from 'dotenv';
dotenv.config();

const embeddings = new OpenAIEmbeddings();

const supabaseClient = createClient(
  process.env.SUPABASE_URL as string,
  process.env.SUPABASE_SERVICE_ROLE_KEY as string
);
const vectorStore = new SupabaseVectorStore(embeddings, {
  client: supabaseClient,
  tableName: "documents",
  queryName: "match_documents",
});

// 문서 예시

const document1: Document = {
  pageContent: "The powerhouse of the cell is the mitochondria",
  metadata: { source: "https://example.com" },
};

const document2: Document = {
  pageContent: "Buildings are made out of brick",
  metadata: { source: "https://example.com" },
};

const documents = [document1, document2];

// 데이터베이스에 데이터 저장

await vectorStore.addDocuments(documents, { ids: ["1", "2"] });
```

```
// 벡터 저장소에 쿼리 전송

const filter = { source: "https://example.com" };

const similaritySearchResults = await vectorStore.similaritySearch(
  "biology",
  2,
  filter
);

for (const doc of similaritySearchResults) {
  console.log(`* ${doc.pageContent} [${JSON.stringify(doc.metadata, null)}]`);
}
```

출력

```
The powerhouse of the cell is the mitochondria [{"source":"https://example.com"}]
```

슈파베이스의 세팅이 끝났다. 이제 본격적으로 백엔드를 구성하자.

9.1.4 백엔드 API

이전 장에서 설명했듯, 랭그래프는 LLM을 사용하는 복잡한 에이전트 시스템을 설계하는 오픈소스 프레임워크다. 랭그래프는 애플리케이션의 흐름과 상태를 세밀하게 제어하며 다양한 기능(지속성, 사용자 개입 지원, 메모리 등)을 제공한다. [그림 9-3]은 랭그래프의 제어 흐름을 나타낸다.

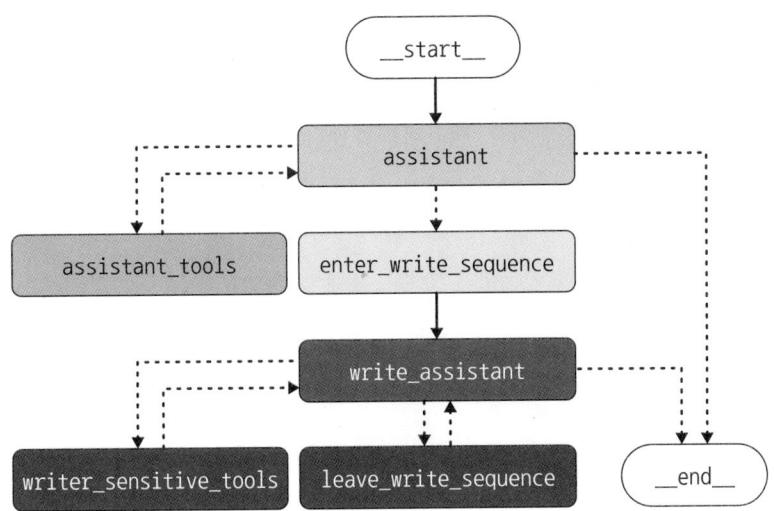

그림 9-3 랭그래프 API의 제어 흐름 예시

랭그래프를 활용하는 AI 애플리케이션 배포에는 랭그래프 플랫폼을 사용한다. 랭그래프 플랫폼은 대규모 환경에서 랭그래프 에이전트를 배포하고 호스팅하도록 지원하는 관리형 서비스다.

만약 여러분이 만든 에이전트 활용 사례가 인기를 끌었는데 에이전트 간 업무 분담이 균형적이지 못하다면 시스템 과부하로 이어져 서비스가 중단될 수 있다. 랭그래프 플랫폼은 다수의 동시 사용자 요구에 대응하고 대용량 상태 및 스레드를 효율적으로 저장할 수 있도록 수평 확장이 가능한 작업 큐와 서버, 강력한 Postgres 체크포인터를 관리한다. 따라서, 장애 대응 확장성이 보장된다.

랭그래프 플랫폼은 실제 상황에서의 상호작용 패턴을 효과적으로 지원한다. 랭그래프 플랫폼은 스트리밍 기능 및 사용자 개입 기능 외에도 다양한 기능을 제공한다.

- 진행 중인 그래프 스레드에서 새로운 사용자 입력을 효과적으로 처리하는 이중 전송
- 오래 걸리는 작업의 비동기 백그라운드 처리
- 정해진 일정에 따라 기본적인 업무를 자동으로 수행하는 크론 작업

랭그래프 플랫폼은 에이전트 LLM 애플리케이션의 협업, 배포 및 모니터링을 위한 통합 솔루션을 제공한다. 이 중 랭그래프 스튜디오(https://oreil.ly/2Now-)는 에이전트의 디버깅, 편집 및 테스트를 위한 시각적 실험 공간이다. 랭그래프 스튜디오를 활용하면 팀원들과 랭그래프 에이전트를 공유해 협력적 피드백을 받고 신속한 개선을 도모할 수 있다(그림 9-4).

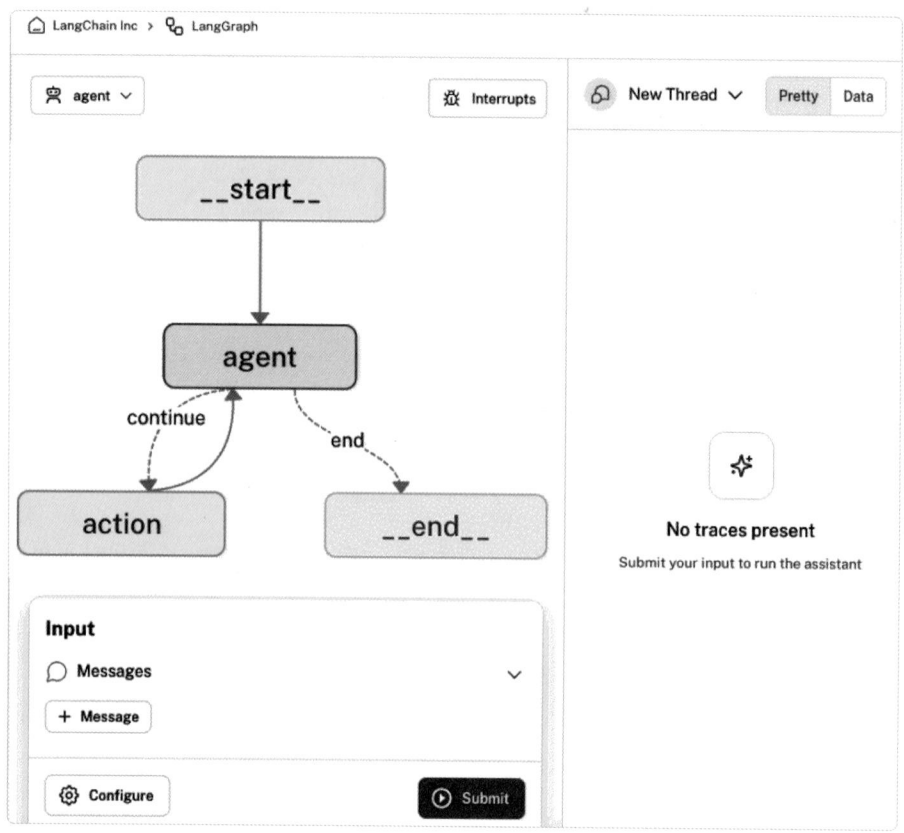

그림 9-4 랭그래프 스튜디오의 사용자 인터페이스

또한, 랭그래프 플랫폼은 원클릭 제출 기능을 제공해 에이전트 LLM 애플리케이션을 손쉽게 배포할 수 있다.

9.1.5 랭스미스 계정 가입

랭스미스LangSmith는 통합 개발자 플랫폼으로 디버깅, 협업, 테스트 및 LLM 애플리케이션 모니터링 기능을 제공한다. 랭그래프 플랫폼은 랭스미스와 자연스럽게 통합되어 랭스미스 UI로 손쉽게 이용할 수 있다.

> **NOTE** 랭스미스 UI는 랭스미스 플러스 구독자(월 39달러) 대상으로 제공되는 유료 서비스다. 이번 절에서 다루는 내용을 따라 하려면 구독이 필요하다. 구독을 하지 않고 무료로 사용하려면 랭그래프 서버를 직접 구축해야 한다(https://oreil.ly/TBgSQ). 다만 데이터베이스와 Redis 인스턴스의 구축, 유지 관리를 포함한 인프라 전반의 관리 또한 직접해야 한다.

애플리케이션을 랭그래프 플랫폼에 배포하려면 먼저 랭스미스 계정(https://oreil.ly/2WVCn)을 만들어야 한다. 대시보드에 로그인 후 [Settings] 페이지에서 [API Keys] 섹션까지 스크롤한 후, [Create API Key] 버튼을 클릭한다. [그림 9-5]와 유사한 UI가 표시된다.

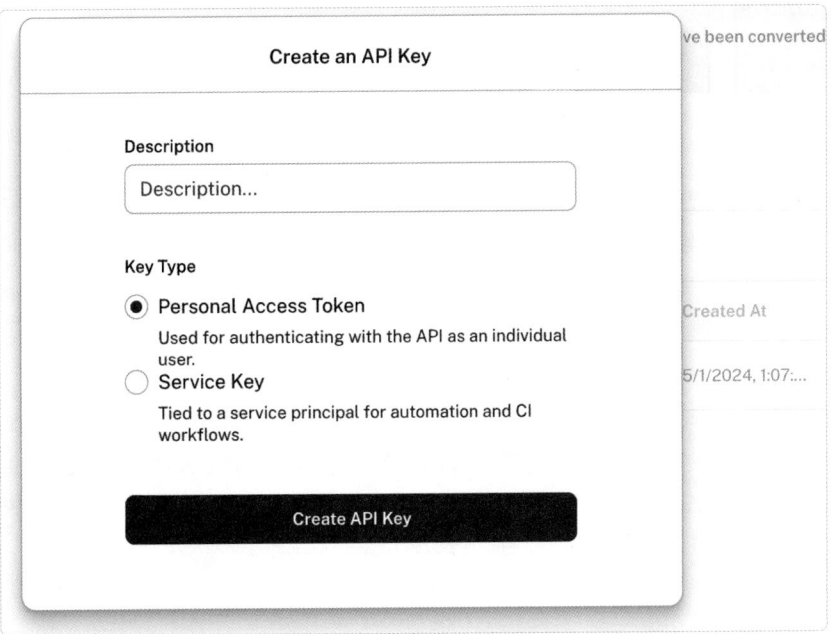

그림 9-5 랭스미스 API 키 생성

생성한 API 키를 .env 파일의 LANGCHAIN_API_KEY 값으로 붙여넣는다.

[Usage and billing] 항목으로 이동한 후 결제 정보를 설정한다. 이후 [Usage and billing] 탭에서 [Upgrade to Plus] 버튼을 클릭하면 랭스미스 플러스 요금제로 전환하는 방법에 대한 안내가 제공되며, 랭그래프 플랫폼을 사용할 수 있다.

9.2 랭그래프 플랫폼 API 이해하기

랭그래프 플랫폼에 AI 애플리케이션을 배포하기 전에, 랭그래프 API의 각 구성 요소가 어떻게 작동하는지 알아두면 좋다. 각 구성 요소는 보통 데이터 모델과 기능이라는 두 범주로 분류할 수 있다.

9.2.1 데이터 모델

랭그래프 플랫폼 API는 몇 가지 핵심 데이터 모델로 구성되어 있다.

- **어시스턴트**assistant
  CompiledGraph를 기반으로 구성된 인스턴스다. 그래프의 인지 아키텍처를 추상화하고, 각 인스턴스에 따른 구성과 메타데이터를 포함한다. 여러 어시스턴트가 동일한 그래프를 참조할 수 있으나, 각각 다른 구성 및 메타데이터를 포함해 다르게 동작할 수 있다. 실행의 일환으로 어시스턴트(즉, 그래프)를 호출한다. 랭그래프 플랫폼 API는 어시스턴트 생성 및 관리에 필요한 다양한 엔드포인트를 제공한다.

- **스레드**thread
  여러 번의 실행에서 누적된 상태가 포함된다. 스레드에서 실행이 수행되면, 어시스턴트의 내부 랭그래프 상태가 해당 스레드에 기록된다. 해당 스레드의 현재 상태와 과거의 기록을 얻을 수 있다. 상태를 유지하기 위해 실행에 앞서 반드시 스레드를 먼저 생성해야 한다. 특정 시점의 스레드 상태를 체크포인트라고 한다. 랭그래프 플랫폼 API는 스레드와 스레드 상태 생성 및 관리에 필요한 다양한 엔드포인트를 제공한다.

- **실행**run
  어시스턴트의 호출이다. 각 실행은 고유한 입력과 구성, 메타데이터를 보유할 수 있으며, 이들 요소가 기반 그래프의 실행과 결과에 영향을 미칠 수 있다. 실행은 스레드에서 선택적으로 수행될 수 있다. 랭그래프 플랫폼 API는 실행 생성 및 관리에 필요한 다양한 엔드포인트를 제공한다.

- **크론 잡** cron job
  랭그래프 플랫폼은 사용자가 지정한 일정에 따라 그래프를 실행하는 크론 잡을 지원한다. 사용자가 시간과 어시스턴트, 입력을 지정할 수 있다. 랭그래프 플랫폼은 지정된 어시스턴트를 사용해 새로운 스레드를 생성한 후, 해당 스레드로 지정된 입력값을 전송한다.

9.2.2 기능

랭그래프 플랫폼 API는 복잡한 에이전트 아키텍처 지원을 위한 다양한 기능을 제공한다.

- **스트리밍**
  스트리밍은 최종 사용자가 볼 때, LLM 애플리케이션이 즉각적으로 반응하는 것처럼 느껴지도록 만드는 핵심적인 요소다. 스트리밍 실행을 생성할 때, 스트리밍 모드에 따라 API 클라이언트에 전달될 데이터의 종류가 결정된다. 랭그래프 플랫폼 API는 다섯 가지 스트리밍 모드를 지원한다.
  - **값(Values)**: 각 단계의 실행이 완료된 후, 그래프 전체 상태를 스트리밍한다.
  - **메시지(Messages)**: 노드 실행이 완료되면 전체 메시지를 스트리밍하고, 노드 내부에서 생성되는 각 메시지의 토큰도 함께 스트리밍한다. 이 모드는 채팅 애플리케이션의 구동을 위해 만들어졌으며, 그래프에 messages 키가 포함된 경우에만 사용할 수 있다.
  - **업데이트(Updates)**: 각 단계의 실행이 완료된 후, 그래프의 업데이트 내용을 스트리밍한다.
  - **이벤트(Events)**: 그래프 실행 과정에서 발생하는 모든 이벤트(그래프 상태 포함)를 스트리밍한다. LLM에 토큰 단위 스트리밍 처리도 수행할 수 있다.
  - **디버깅(Debug)**: 그래프 실행 전반에 걸쳐 발생하는 디버그 이벤트를 스트리밍한다.

- **사용자 개입**
  복잡한 에이전트를 자율적으로 실행하도록 내버려 둘 경우, 의도하지 않은 행동을 야기해 치명적인 결과를 초래할 수 있다. 사용자 개입으로 이를 방지하길 권한다. 특히 애플리케이션 로직이 특정 툴을 호출하거나 특정 문서에 접근하는 체크포인트라면 더욱 권한다. 랭그래프 플랫폼은 그래프에 사용자 개입 방식을 도입해 원치 않는 결과를 방지하도록 지원한다.

- **이중 텍스트 전송** double texting
  그래프 실행에 예상보다 더 오랜 시간이 소요될 수 있고, 사용자가 한 번 메시지를 전송한 후 그래프 실행이 완료되기 전에 추가 메시지가 전송하는 경우가 빈번하다. 이러한 현상을 이중 텍스트 전송이라 부른다. 예를 들어, 원래 요청에 오타가 있는 경우, 해당 프롬프트를 수정해 재전송할 수 있다. 이러한 상황에서는 그래프가 예상치 못한 방식으로 작동하는 것을 방지하고 사용자에게 원활한 경험을 제공해야 한다. 랭그래프 플랫폼은 중복 문자 전송 문제를 해결하기 위한 네 가지 상이한 방안을 제시한다.

- **거부(Reject)**: 후속 실행을 전면 거부하며, 이중 텍스트 전송 역시 허용하지 않는다.
- **대기열 등록(Enqueue)**: 최초 실행이 전체적으로 완료될 때까지 중단 없이 진행한 다음, 새로운 입력을 별도의 실행으로 처리한다.
- **중단(Interrupt)**: 현재 실행 중인 작업을 중단하는 한편, 그 시점까지 수행된 모든 작업 결과를 저장한다. 사용자 입력 내용을 삽입한 후, 이후의 과정을 계속 진행한다. 이 옵션을 활성화하면 그래프가 발생 가능한 특이한 상황을 처리할 수 있어야 한다.
- **롤백(Rollback)**: 지금까지 진행된 모든 작업을 취소한다. 이후, 사용자 입력은 기존 실행 입력에 바로 이어 전송된다.

• **무상태 실행**

모든 실행은 내장 체크포인터를 활용해 실행 중 생성된 체크포인트를 저장한다. 실행을 시작하기 위해 별도의 스레드 생성이나 체크포인터 관리 없이 작업을 수행하는 편이 유용한 경우가 많다. 무상태 실행은 메모리를 그대로 보존한 채 재시도된다. 무상태 백그라운드 실행의 경우, 작업 처리자가 중도에 종료되면 전체 실행이 처음부터 다시 시도한다. 또한 무상태 실행은 특정 엔드포인트를 공개해 다음과 같은 기능들을 수행한다.

- 사용자 입력 수신
- 스레드 생성
- 에이전트 실행(모든 체크포인트 과정 생략)
- 스레드 정리

• **웹훅**

실행이 완료될 때마다 애플리케이션에 알림을 전송하는 웹훅 URL을 제공한다.

9.3 랭그래프 플랫폼에서 AI 애플리케이션 배포

현재까지 추천하는 서비스의 계정을 생성하고, .env 파일에 필수 환경 변수를 입력했다. 또한 AI 애플리케이션의 핵심 로직을 완성했다. 다음으로 애플리케이션을 효과적으로 배포하기 위한 준비를 하겠다.

9.3.1 랭그래프 API 생성

랭그래프 API 생성 과정을 설명하기 위해 6.2절에서 다룬 아키텍처를 예시로 사용하겠다. 먼저 python/ch09/a.introductions 디렉터리로 이동한다. 배포 전에 랭그래프 API 구성 파일인 langgraph.json(*https://oreil.ly/aVDhd*)로 애플리케이션을 설정한다. 다음은 파이썬 저장소 내 파일 구성의 예시다.

코드 9-6 langgraph.json 예시

```python
{
  "dependencies": ["."],
  "graphs": {
    "chatbot_graph": "./chatbot_graph.py:graph"
  },
  "env": ".env"
}
```

다음은 일반적인 랭그래프 프로젝트의 저장소 구조다.

```
my-app/
├── my_agent # all project code lies within here
│   ├── utils # utilities for your graph
│   │   ├── __init__.py
│   │   ├── tools.py # tools for your graph
│   │   ├── nodes.py # node functions for you graph
│   │   └── state.py # state definition of your graph
│   ├── requirements.txt # package dependencies
│   ├── __init__.py
│   └── agent.py # code for constructing your graph
├── .env # environment variables
└── langgraph.json # configuration file for LangGraph
```

langgraph.json 파일을 컴파일한 그래프와 관련 종속 항목의 위치와 동일하거나 상위 경로에 배치해야 한다.

예시에서 의존성은 requirements.txt 파일에 명시되어 있다. pyproject.toml이나 setup.py, package.json 파일에 명시해도 좋다.

각 속성이 의미하는 바는 다음과 같다.

- **의존성**: 랭그래프 플랫폼 API 서버에 필요한 의존성을 배열 형식으로 정리
- **그래프**: 컴파일된 그래프 또는 그래프를 생성하는 함수가 정의된 경로와 그래프 ID의 매핑
- **환경**: 환경 변수 파일(.env 파일)의 경로 또는 환경 변수와 해당 값의 매핑(https://oreil.ly/bPA0W)

9.3.2 로컬에서 랭그래프 애플리케이션 테스트

로컬 환경에서 애플리케이션을 테스트하면 배포 전에 오류나 의존성 충돌이 없는지 확인할 수 있다. 이를 위해 랭그래프 CLI를 활용한다. 해당 CLI는 핫 리로딩 및 디버깅 기능이 포함된 로컬 개발 서버 실행 명령어를 제공한다.

파이썬 사용자는 파이썬 langgraph-cli 패키지를 설치한다(파이썬 3.11 이상 필요).

```
# 파이썬
pip install -U "langgraph-cli[inmem]"
# 자바스크립트
npm i @langchain/langgraph-cli
```

CLI 설치가 완료되면, 아래 명령어를 실행해 API를 구동한다.

```
# 파이썬
langgraph dev
# 자바스크립트
npx @langchain/langgraph-cli dev
```

명령을 실행하면 로컬 환경에서 랭그래프 API 서버가 구동된다. 실행이 성공적으로 완료될 경우, 다음과 같은 결과가 나타난다.

```
Welcome to

╦ ╔═╗╔╗╔╔═╗╔═╗╦═╗╔═╗╔═╗╦ ╦
║ ╠═╣║║║║ ╦║ ╦╠╦╝╠═╣╠═╝╠═╣
╩═╝╩ ╩╝╚╝╚═╝╚═╝╩╚═╩ ╩╩ ╩ ╩

- 🚀 API: http://127.0.0.1:2024
- 🎨 Studio UI: https://smith.langchain.com/studio/?baseUrl=http://127.0.0.1:2024
- 📚 API Docs: http://127.0.0.1:2024/docs

This in-memory server is designed for development and testing.
For production use, please use LangGraph Cloud.
```

각 배포의 랭그래프 플랫폼 API 참조 문서는 /docs URL 경로 (*http://localhost:2024/docs*)에서 확인할 수 있다.

로컬 API 서버와 상호작용하는 가장 간편한 방법은 랭그래프 스튜디오 UI를 활용하는 것이다. 랭그래프 스튜디오는 API를 구동하면 자동으로 실행된다. API를 cURL로 호출할 수도 있다.

```
curl --request POST \
    --url http://localhost:2024/runs/stream \
    --header 'Content-Type: application/json' \
    --data '{
    "assistant_id": "chatbot_graph",
    "input": {
        "messages": [
            {
                "role": "user",
                "content": "미국의 제30대 대통령이 사망했을 때 몇 살이었나요?"
            }
        ]
    },
    "metadata": {},
    "config": {
        "configurable": {}
    },
```

```
        "multitask_strategy": "reject",
        "stream_mode": [
            "values"
        ]
    }'
```

유효한 응답이 도착하면, 애플리케이션이 정상적으로 작동한다. 다음으로 랭그래프 SDK로 서버와 상호작용하겠다. SDK 클라이언트를 초기화하고 그래프를 호출해 보자.

코드 9-7 클라이언트 초기화 및 그래프 호출

```python
import asyncio
from langgraph_sdk import get_client

async def main():
    # langgraph up 호출 시 기본 포트를 변경한 경우에만 url 인자를 get_client()에 전달
    # 지금은 2024 포트에서 개발 환경 실행 중이므로 url을 전달
    client = get_client(url="http://127.0.0.1:2024")

    # "chatbot_graph"라는 이름으로 배포된 그래프 사용
    assistant_id = "chatbot_graph"
    thread = await client.threads.create()

    input = {"messages": [{"role": "user", "content": "미국의 제30대 대통령이 사망했을 때 몇 살이었나요?"}]}
    async for chunk in client.runs.stream(
        thread["thread_id"],
        assistant_id,
        input=input,
        stream_mode="updates",
    ):
        print(f"Receiving new event of type: {chunk.event}...")
        print(chunk.data)
        print("\n\n")

if __name__ == "__main__":
    asyncio.run(main())
```

```javascript
import { Client } from "@langchain/langgraph-sdk";

// langgraph up 호출 시 기본 포트를 변경한 경우에만 url 인자를 get_client()에 전달
const client = new Client({apiUrl:"http://127.0.0.1:2024"});
// "chatbot_graph"라는 이름으로 배포된 그래프 사용
const assistantId = "chatbot_graph";
const thread = await client.threads.create();

const input = {
  messages: [{ "role": "user", "content": "미국의 제30대 대통령이 사망했을 때 몇 살이었
  나요?"}]
}

const streamResponse = client.runs.stream(
  thread["thread_id"],
  assistantId,
  {
    input: input,
    streamMode: "updates",
  }
);
for await (const chunk of streamResponse) {
  console.log('Receiving new event of type: ${chunk.event}...');
  console.log(chunk.data);
  console.log("\n\n");
}
```

랭그래프 애플리케이션이 정상적으로 작동하면 콘솔에 그래프 출력 결과가 표시된다.

9.3.3 랭스미스 UI를 통한 배포

모든 사전 작업을 끝냈다면 랭그래프 API가 로컬 환경에서 정상적으로 작동하고 있을 것이다. 다음 단계는 랭스미스 대시보드 패널에서 [LangGraph Platform] 탭을 클릭한다. [그림 9-6]과 유사한 UI가 표시된다.

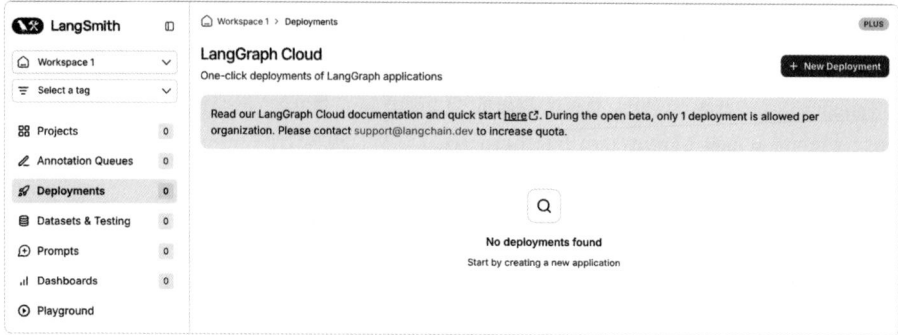

그림 9-6 랭그래프 플랫폼 배포 UI

다음으로, 페이지 우측 상단에 위치한 [New Deployment] 버튼을 클릭한다.

> **NOTE** 랭스미스 플러스 요금제로 업그레이드하지 않으면 [New Deployment] 버튼이 페이지에 표시되지 않는다.

세 개의 입력 항목이 포함된 배포 생성 페이지가 표시된다.

Deployment details(배포 세부 사항)

1. [Import with GitHub]를 선택한 후, 깃허브 OAuth를 진행해 랭체인의 hosted-langserve 애플리케이션을 설치하고 허용해 선택한 저장소에 접근할 권한을 부여받는다. 설치가 완료되면, [Create New Deployment] 패널로 돌아가 드롭다운 메뉴에서 배포할 깃허브 저장소를 선택한다.

2. 배포할 저장소에서 사용할 git 참조(브랜치 이름)를 지정한다.

3. 배포 이름 및 파일명을 포함한 랭그래프 API 구성 파일의 전체 경로를 입력한다. 파일 langgraph.json이 저장소의 루트에 있다면, langgraph.json을 입력한다.[2]

Deployment type(배포 유형)

[Deployment type] 드롭다운 메뉴에서 [Production]을 선택한다. 초당 최대 500건의 요청을 처리할 수 있

---

2 옮긴이_ 이번 실습에서는 python/ch09/b.deployment/langgraph.json를 입력한다.

는 프로덕션 배포 환경이 구축되며, 고가용성 스토리지와 자동 백업 기능이 제공된다.

Environment Variables(환경 변수)

.env 파일에 적었던 키와 및 값을 입력한다. OPENAI_API_KEY 같은 중요한 값을 입력하기 전에 반드시 [Secret] 체크박스를 활성화해야 한다.[3]

모든 항목을 작성한 후, 배포 제출 버튼을 클릭해 빌드가 완료될 때까지 몇 초간 기다리자. 배포와 관련한 새로운 개정 사항을 볼 수 있을 것이다.

랭스미스에는 랭그래프 플랫폼이 통합되어, 애플리케이션의 상태를 면밀히 파악하고 프로덕션 환경에서 사용량, 오류, 성능 및 비용을 추적·모니터링할 수 있다. [그림 9-7]은 주어진 기간 동안 성공, 보류 및 오류 추적 현황을 종합적으로 나타내는 시각적 요약 차트를 제시한다. 서버 모니터링 정보를 모두 확인하려면 [All charts(전체 차트)] 버튼을 클릭하자.

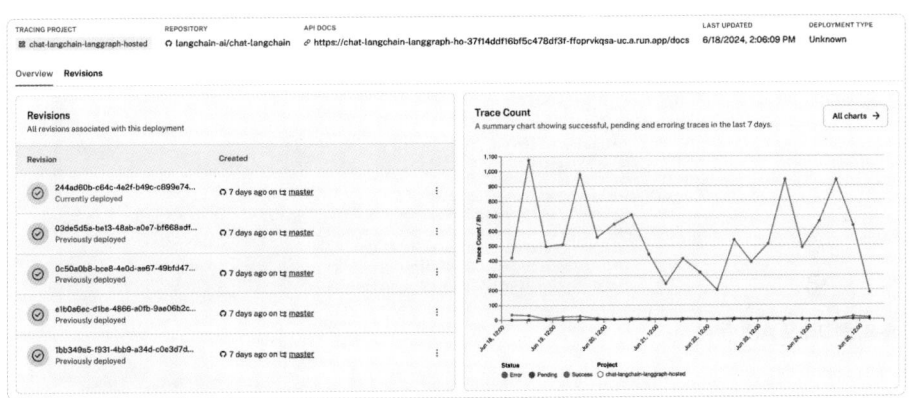

그림 9-7 배포 수정 내역과 추적 횟수가 기록된 대시보드

빌드 및 배포 로그를 확인하려면, [Revisions] 탭에서 원하는 수정 버전을 선택한 후 [Deploy] 탭을 클릭해 전체 배포 로그 기록을 열람한다. 날짜 및 시간 범위의 조정 또한 가능하다.

---

3 옮긴이_ 이번 실습에서는 OPENAI_API_KEY, SUPABASE_URL, SUPABASE_SERVICE_ROLE_KEY를 입력한다. 랭체인 관련 환경 변수는 랭그래프에서 자동으로 입력한다.

새로운 배포를 생성하려면 메뉴 바에 있는 [New Revision] 버튼을 클릭한다. 필요한 항목에 값을 기입하자. 이때, 이전과 마찬가지로 랭그래프 API 구성 파일 경로, git 참조, 환경 변수 등을 모두 작성하면 된다. 마지막으로, API 문서 링크를 클릭하면 API 문서에 접근할 수 있으며, 이때 표시되는 페이지는 [그림 9-8]의 UI와 유사할 것이다.

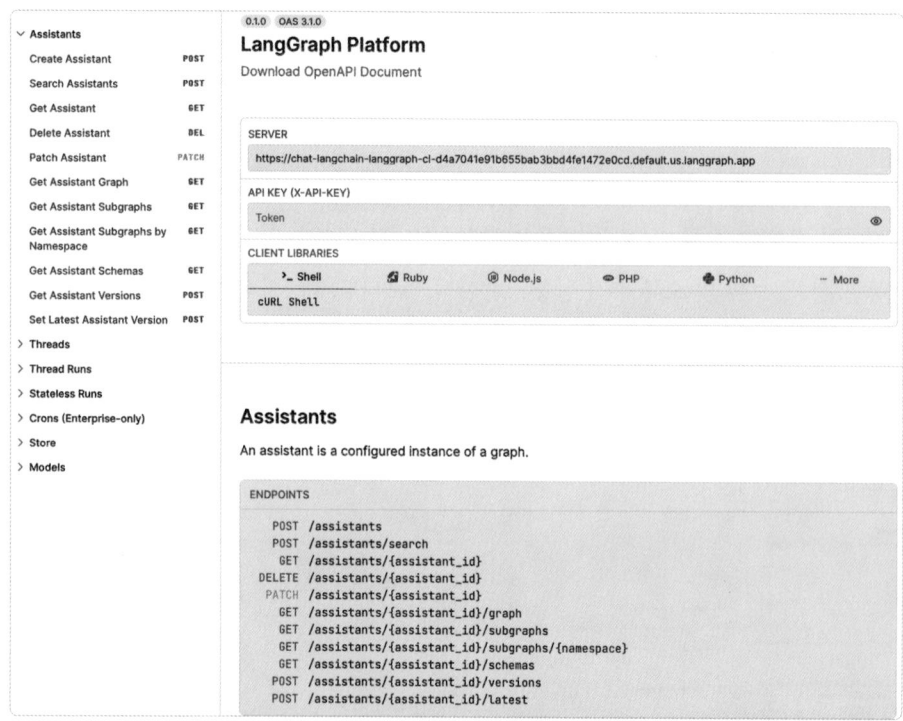

그림 9-8 랭그래프 API 문서

9.3.4 랭그래프 스튜디오 실행

랭그래프 스튜디오는 복잡한 에이전트 LLM 애플리케이션을 시각화, 상호작용 및 디버깅할 수 있는 특화된 에이전트 IDE를 제공한다. 에이전트 수행 과정 중간에 결과물이나 특정 노드의 기반 로직을 수정할 수 있다. 해당 시점의 상태에 상호작용하고 이를 조작할 수 있게 해 반복적인 프로세스를 생성한다.

AI 애플리케이션을 배포한 후, 배포 대시보드 우측 상단에 [LangGraph Studio] 버튼을 클릭하자(그림 9-9).

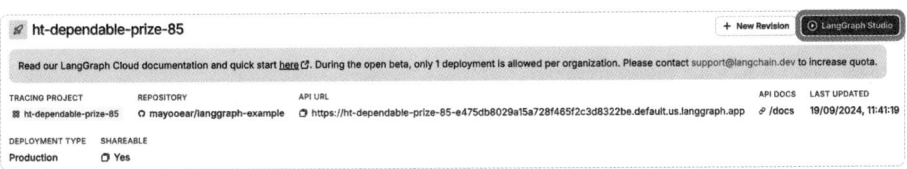

그림 9-9 랭그래프 배포 UI

버튼을 클릭하면 랭그래프 스튜디오 UI가 표시된다(그림 9-10).

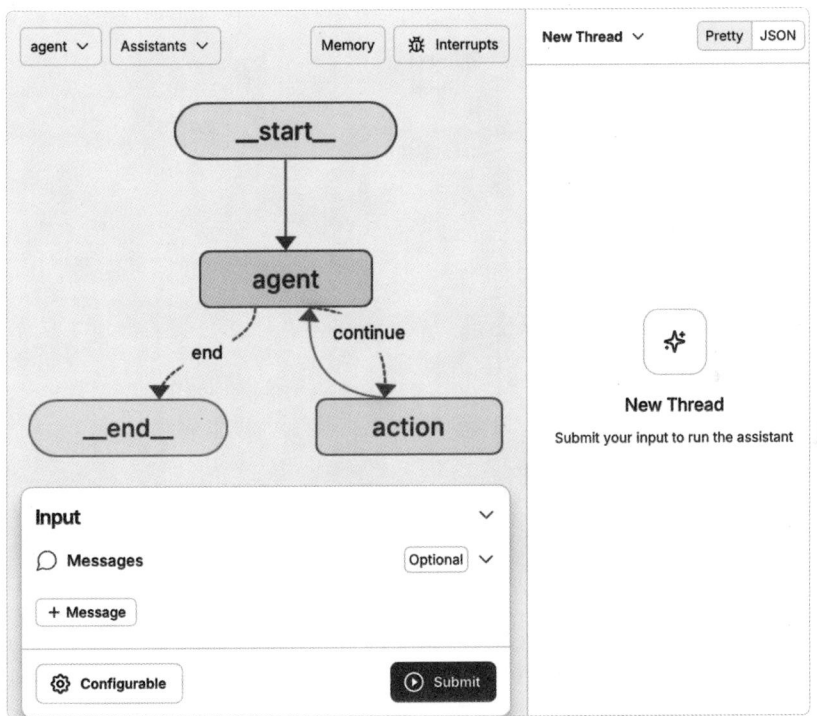

그림 9-10 랭그래프 스튜디오 UI

그래프를 호출해 새 실행을 개시하는 과정은 다음과 같다.

9장 AI 애플리케이션 배포 **315**

1. 좌측 패널 상단 왼쪽에 위치한 드롭다운 메뉴에서 그래프를 선택한다. [그림 9-10]의 그래프는 agent이다.
2. 입력 영역에서 [+ Message] 아이콘을 클릭한 후 human 메시지를 입력한다. 단, 입력 내용은 애플리케이션 상태 정의에 따라 다를 수 있다.
3. [Submit(제출)] 버튼을 클릭해 선택된 그래프를 실행한다.
4. 우측 창에서 호출 결과를 확인해 본다.

호출된 그래프의 출력 결과는 [그림 9-11]과 유사하다.

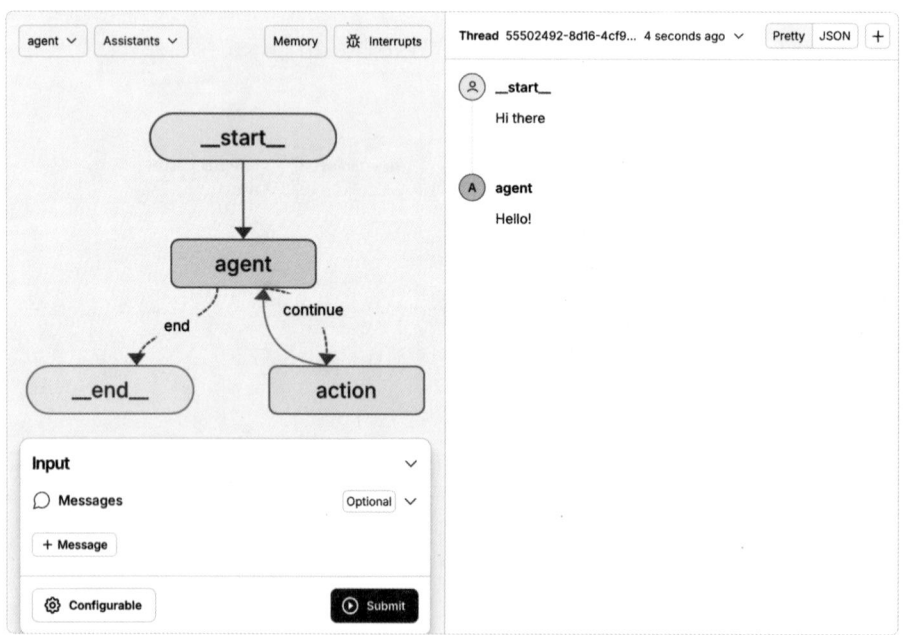

그림 9-11 랭그래프 스튜디오 출력

랭그래프 스튜디오는 호출뿐만 아니라 실행 구성 변경, 스레드 생성 및 편집, 그래프 중단, 그래프 코드 수정, 사용자 개입 기능 활성화 등 다양한 작업을 지원한다. 자세한 사항은 전체 안내서(https://oreil.ly/xUU37)를 참고하기 바란다.

> **NOTE** 랭그래프 스튜디오는 데스크탑 애플리케이션 형태(애플 실리콘 지원)로도 제공해, AI 애플리케이션을 로컬 환경에서 테스트할 수 있다.

깃허브 템플릿의 설치 가이드를 준수해 AI 애플리케이션을 성공적으로 배포했다면, 해당 시스템은 운영 환경에서 정상적으로 사용할 수 있다. 외부 사용자에게 공유하거나 기존 애플리케이션에서 백엔드 API를 활용하기 전에 보안 관련 사항을 확인할 필요가 있다.

9.4 보안

AI 애플리케이션은 강력한 성능을 갖추었으나, 다수의 보안 위험에 노출되어 데이터 손상 또는 삭제, 기밀 정보의 무단 접근, 그리고 성능 저하 등으로 이어질 수 있다. 이는 평판이 낮아지거나 법률적, 재정적 문제로 이어질 수 있다.

이러한 위험을 완화하기 위해 일반 애플리케이션 보안 모범 사례를 준수해야 한다.

- **권한 제한**
  애플리케이션에 필요한 최소한의 권한만 부여하자. 포괄적이거나 과도한 권한을 부여하면 중대한 보안 취약점으로 이어질 수 있다. 이를 방지하려면 읽기 전용 자격 증명을 사용하고, 민감 자원으로의 접근을 엄격히 제한하며, 컨테이너 등에서 운영되는 샌드박스 기법을 도입할 필요가 있다.

- **오용 가능성 예측**
  항상 할당된 권한 내에서 시스템 접근 및 자격 증명이 허용되는 모든 방식으로 활용될 수 있다고 생각하자. 예를 들어, 데이터 삭제 권한을 포함한 데이터베이스 인증 정보가 한 쌍이라도 존재한다면, 해당 인증 정보를 사용할 수 있는 LLM은 실제로 데이터를 삭제할 수 있다고 가정해야 한다.

- **심층 방어**
  보안을 확보하기 위해 단일 방어 체계에 의존하기보다는, 다양한 보안 접근법을 결합하는 편이 좋다. 예를 들어, 읽기 전용 권한과 샌드박스 기능을 병행해 LLM이 사용할 수 있는 데이터만 접근하도록 제한할 수 있다.

해당 완화 전략을 적용한 예시 시나리오를 알아보겠다.

- **파일 접근**
  에이전트가 파일 시스템에 접근할 수 있다면 사용자 삭제하면 안 되는 파일을 삭제하거나 민감한 정보가 포함된 파일의 내용을 열람하라고 요청할 수 있다. 이러한 상황을 방지하기 위해, 에이전트가 특정 디렉터리만 접근하도록 한정하고, 안전하게 읽거나 쓸 수 있는 파일만 작업을 수행할 수 있도록 제한한다. 컨테이너 내에서 실행해 에이전트를 한층 더 안전하게 격리하는 방안을 검토해야 한다.

- **API 접근**
  사용자가 에이전트에 외부 API에 악의적인 데이터를 입력하거나 해당 API의 데이터를 삭제하도록 쓰기 권한을 요청할 수 있다. 이러한 상황을 방지하기 위해, 에이전트에 읽기 전용 API 키를 할당하거나, 오용을 대비해 엔드포인트만 사용하도록 제한하는 편이 바람직하다.

- **데이터베이스 접근**
  에이전트가 데이터베이스 접근 권한이 있다면 사용자가 에이전트에 테이블 삭제 또는 스키마 변경 요청을 할 수 있다. 이러한 상황을 방지하기 위해, 에이전트가 접근할 테이블을 한정해 자격 증명의 범위를 설정하고 읽기 전용 자격 증명의 발급을 고려하자.

앞서 시행한 보안 조치 외에도, AI 애플리케이션의 오용을 방지하는 추가 조치를 마련할 수 있다. 특히 AI 애플리케이션은 외부 LLM 제공업체(오픈AI 등)에 의존하는 경우가 대다수라서 애플리케이션 운영에 직접적인 비용 부담이 수반된다. API 남용으로 인한 과도한 비용 상승을 방지하기 위해 아래와 같은 조치를 도입할 수 있다.

- **계정 생성 인증**
  대개, 이메일이나 전화번호를 통한 본인 확인 절차가 수반된 인증 로그인 형식을 채택한다.

- **요청 제한**
  애플리케이션 미들웨어에 속도 제한 메커니즘을 구현하여, 단기간 내 과다한 요청을 방지한다. 시스템은 최근 X분 동안의 요청 건수를 확인하고, '타임아웃 timeout'이나 '밴 ban'을 적용하도록 구성되어야 한다.

- **프롬프트 주입 예방**
  프롬프트 주입 prompt injection은 악의적 사용자가 프롬프트를 통해 LLM을 의도치 않은 방식으로 작동하도록 만드는 경우를 말한다. 대개 기밀 정보 추출 또는 관련 없는 출력을 유도한다. 문제의 완화를 위해 LLM에 권한 설정을 확인하고, 애플리케이션의 프롬프트가 구체적이고 엄격하게 작성되었는지 반드시 확인해야 한다.

9.5 요약

이 장에서는 AI 애플리케이션 배포 및 사용자 상호작용 구현을 위한 모범 사례를 학습했다. 또한 운영 환경의 애플리케이션 내 다양한 핵심 구성 요소(LLM, 벡터 저장소, 백엔드 API

등)를 관리하기 위한 권장 서비스도 살펴보았다.

랭그래프 스튜디오와 함께 대규모 배포 및 호스팅을 위한 관리형 서비스로 랭그래프 플랫폼을 활용하는 방안을 논의했다. 이 방안을 적용하면 애플리케이션의 시각화, 상호작용, 디버깅이 체계적으로 이루어질 것이다.

마지막으로, 인공지능 애플리케이션에 자주 수반되는 데이터 침해 위험을 완화하기 위한 다양한 보안 모범 사례를 간략히 검토했다. 10장에서는 인공지능 애플리케이션의 성능을 효과적으로 평가, 모니터링, 벤치마킹하고 개선하는 방법을 살펴보겠다.

CHAPTER 10

테스트:
평가, 모니터링, 개선

10장에서는 LLM 애플리케이션의 테스트, 평가, 모니터링 및 개선 방법을 다룬다. LLM의 비결정적 특성과 환각 발생 가능성으로 인해 애플리케이션의 품질을 지속적으로 검증하는 체계적 접근이 필요함을 강조한다. 이를 위해 세 단계(설계, 사전 제작, 운영)로 구성된 테스트 시스템을 제시하며, 각 단계에서 활용 가능한 다양한 기법을 설명한다.

CHAPTER 10
테스트: 평가, 모니터링, 개선

9장에서는 AI 애플리케이션을 실제 운영 환경에 배포하고, 랭그래프 플랫폼을 활용해 애플리케이션을 호스팅 및 디버깅하는 방법을 학습했다.

애플리케이션이 사용자 입력에 반응해 복잡한 작업을 수행하더라도, 그 기반에 있는 LLM이 결정론적이지 않아 환각을 일으키기 쉽다. 지금까지 계속 이야기했듯 LLM은 프롬프트나 사용자의 입력 형식, 검색된 컨텍스트 등 다양한 요인으로 부정확하거나 업데이트되지 않은 출력을 생성할 수 있다. 또한, 유해하거나 오해를 불러일으킬 소지가 있는 결과는 기업의 브랜드 이미지와 고객 충성도에 심각한 손상을 불러온다.

환각을 방지하기 위해, LLM 애플리케이션의 성능을 테스트, 평가, 모니터링하고 지속적으로 개선할 효율적인 시스템을 구축해야 한다. 견고한 테스트 절차를 통해 애플리케이션 출시 전후에 발생할 여지가 있는 AI 관련 문제를 신속히 진단하고 수정할 수 있다.

이번 장에서는 LLM 애플리케이션 개발 생명주기의 주요 단계를 반복적으로 검증하는 테스트 시스템 구축 방법과 애플리케이션의 우수한 성능을 유지하는 전략을 다룬다.

10.1 LLM 애플리케이션 테스트 기법

테스트 시스템을 구축하기 전에, LLM 애플리케이션 개발의 세 가지 핵심 단계에서 테스트가 어떻게 적용되는지 간략하게 살펴보겠다.

- **설계**: 이 단계에서는 애플리케이션에 LLM 테스트를 직접 적용한다. 해당 테스트는 실행 시점에 수행되는 어설션assertion 방식으로, 실패 상황을 LLM에 전달해 스스로 수정할 수 있도록 한다. 테스트를 통해 사용자에게 영향을 미치기 전에 애플리케이션 내의 오류를 처리할 수 있다.
- **사전 제작**: 이 단계에서는 운영 환경에 배포되기 직전 시점에 테스트를 실시한다. 테스트를 통해 애플리케이션이 실제 사용자에게 공개되기 전 발생할 수 있는 회귀 오류를 사전에 수정할 수 있다.
- **운영**: 이 단계에서는 운영 중인 애플리케이션에 테스트를 실행해 실제 사용자에게 영향을 미칠 수 있는 오류를 모니터링하고 조기에 탐지한다. 테스트로 문제점을 식별하여 설계 또는 사전 제작 단계에 반영할 수 있다.

각 단계에서 진행된 테스트 결과를 결합해 설계, 시험, 배포, 모니터링, 수정 및 재설계 단계가 반복되는 지속적 개선 주기를 형성할 수 있다. [그림 10-1]을 살펴보자.

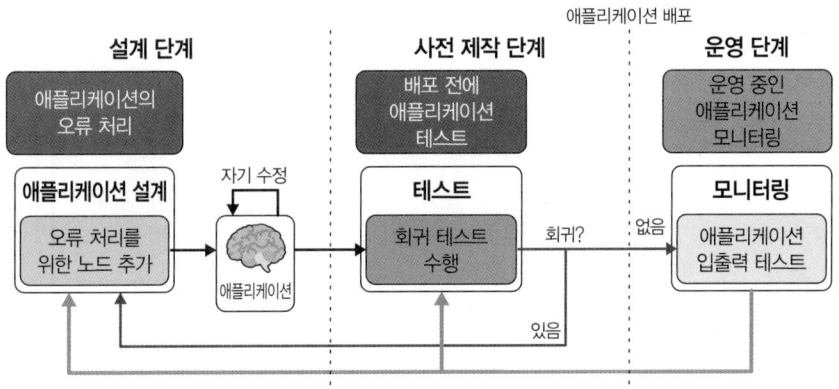

그림 10-1 LLM 애플리케이션 개발 주기의 세 가지 핵심 단계

이 주기를 통해 운영 중 발생하는 문제를 신속하고 효율적으로 파악해 개선할 수 있다.

각 단계에서 사용하는 테스트 기법을 보다 자세히 알아보자.

10.2 설계 단계: 자체 보정 RAG

앞에서 설명했듯, 해당 애플리케이션은 실행 중 발생하는 오류를 LLM에 전달해 자체 교정하는 오류 처리 기능을 도입할 수 있다. 랭그래프 프레임워크를 활용하는 RAG를 살펴보겠다. 랭그래프는 오류 처리를 지원한다.

기본적인 RAG 기반 AI 애플리케이션이 검색한 관련 컨텍스트가 부정확하거나 불완전하면 출력 과정에서 환각을 일으킬 가능성이 높다. 그러나 LLM을 활용하면 검색 결과의 관련도를 평가해 환각 문제를 해결할 수 있다. 랭그래프를 활용하면 해당 프로세스의 제어 흐름을 효과적으로 구현할 수 있다. [그림 10-2]는 앞서 설명한 제어 흐름의 예다.

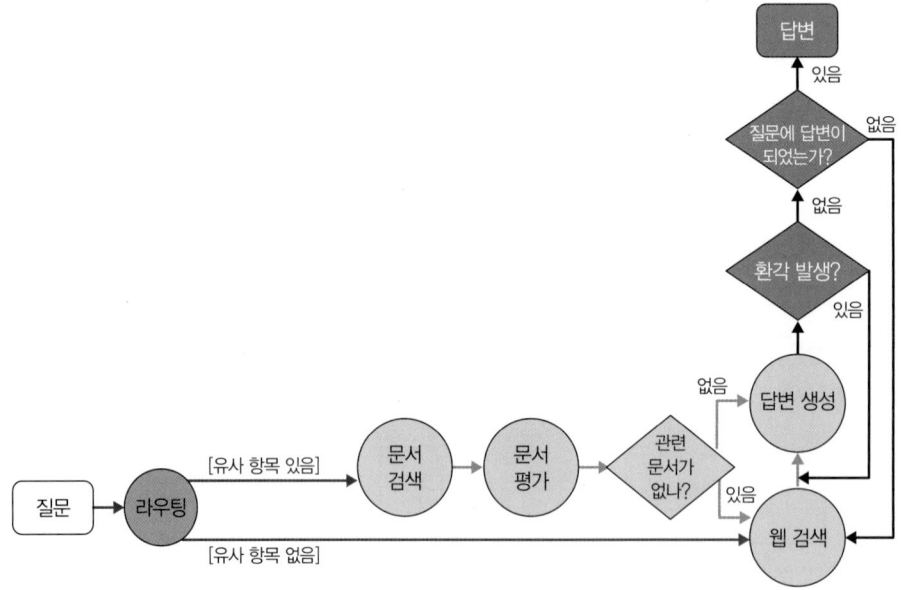

그림 10-2 자체 보정 RAG의 제어 흐름

제어 흐름 단계는 다음과 같다.

1. 라우팅 단계는 질문을 적절한 검색 메서드(벡터 저장소와 웹 검색)로 라우팅한다.
2. 예를 들어, 검색할 질문을 벡터 저장소에 전달하면 제어 흐름상 LLM이 문서를 검색하고 관련성을 평가한다.

3. 관련이 있는 문서라면 LLM은 답변을 생성한다.

4. LLM은 답변 내 환각 여부를 신중하게 점검해 정확하고 관련성이 확인된 경우에만 답변을 제시한다.

5. 검색된 문서가 부적절하거나 생성 AI의 답변이 질문에 충분한 답을 내지 못하면 웹 검색을 활용해 관련 정보를 컨텍스트로 검색한다.

해당 과정은 애플리케이션이 반복적으로 답변을 생성하고, 오류와 환각을 자체 보정해 산출물의 품질을 높인다.

해당 제어 흐름을 적용한 예시 코드 구현 과정을 살펴보자. 먼저 필요한 패키지를 다운로드한 후 관련 API 키를 입력한다. 이번 예시에서는 오픈AI와 랭스미스 API 키를 사용하니 환경 변수로 지정하자. 먼저, 세 개의 블로그 게시물을 인덱싱해 본다.

코드 10-1 블로그 게시물 인덱싱

```python
from langchain.text_splitter import RecursiveCharacterTextSplitter
from langchain_community.document_loaders import WebBaseLoader
from langchain_community.vectorstores import InMemoryVectorStore
from langchain_openai import OpenAIEmbeddings
from langchain_core.prompts import ChatPromptTemplate
from pydantic import BaseModel, Field
from langchain_openai import ChatOpenAI

# --- 블로그 게시물 인덱싱 ---

urls = [
    "https://blog.langchain.dev/top-5-langgraph-agents-in-production-2024/",
    "https://blog.langchain.dev/langchain-state-of-ai-2024/",
    "https://blog.langchain.dev/introducing-ambient-agents/",
]

docs = [WebBaseLoader(url).load() for url in urls]
docs_list = [item for sublist in docs for item in sublist]

text_splitter = RecursiveCharacterTextSplitter.from_tiktoken_encoder(
    chunk_size=250, chunk_overlap=0
)
```

```python
    doc_splits = text_splitter.split_documents(docs_list)

# 벡터DB에 추가
vectorstore = InMemoryVectorStore.from_documents(
    documents=doc_splits,
    embedding=OpenAIEmbeddings(),
)
retriever = vectorstore.as_retriever()

# 관련 문서 검색
results = retriever.invoke(
    "2024년에 프로덕션 환경에서 사용된 LangGraph 에이전트 2개는 무엇인가요?")

print("결과: \n", results)
```

JavaScript

```javascript
import { RecursiveCharacterTextSplitter } from '@langchain/textsplitters';
import { CheerioWebBaseLoader } from '@langchain/community/document_loaders/web/cheerio';
import { MemoryVectorStore } from "langchain/vectorstores/memory";
import { OpenAIEmbeddings } from '@langchain/openai';
import { ChatPromptTemplate } from '@langchain/core/prompts';
import { z } from 'zod';
import { ChatOpenAI } from '@langchain/openai';

const urls = [
  'https://blog.langchain.dev/top-5-langgraph-agents-in-production-2024/',
  'https://blog.langchain.dev/langchain-state-of-ai-2024/',
  'https://blog.langchain.dev/introducing-ambient-agents/',
];

// URL에서 문서 로드
const loadDocs = async (urls) => {
  const docs = [];
  for (const url of urls) {
    const loader = new CheerioWebBaseLoader(url);
    const loadedDocs = await loader.load();
    docs.push(...loadedDocs);
  }
  return docs;
```

```js
  };

  async function main() {
    const docsList = await loadDocs(urls);

    // 텍스트 분할기 초기화
    const textSplitter = new RecursiveCharacterTextSplitter({
      chunkSize: 250,
      chunkOverlap: 0,
    });

    // 문서를 작은 청크로 분할
    const docSplits = await textSplitter.splitDocuments(docsList);

    // 벡터 데이터베이스에 추가
    const vectorstore = await MemoryVectorStore.fromDocuments(
      docSplits,
      new OpenAIEmbeddings()
    );

    const retriever = vectorstore.asRetriever(); // 'retriever' 객체를 이제 쿼리에 사용할 수 있습니다

    const question = '2024년에 프로덕션에서 사용된 LangGraph 에이전트 2개는 무엇인가?';

    const docs = await retriever.invoke(question);

    console.log('검색된 문서: \n', docs[0].page_content);
```

앞서 논의한 바와 같이 LLM은 인덱스에서 검색된 문서의 관련성을 평가한다. 해당 지시문은 시스템 프롬프트를 통해 구성한다.

코드 10-2 관련성 평가

```python
# --- 관련성 평가 ---

# 데이터 모델
class GradeDocuments(BaseModel):
    """검색된 문서의 관련성 체크를 위한 평가."""
```

```python
    binary_score: str = Field(
        description="문서가 질문과 관련이 있으면 'yes', 없으면 'no'"
    )


# 구조화된 출력이 있는 LLM
llm = ChatOpenAI(temperature=0)
structured_llm_grader = llm.with_structured_output(GradeDocuments)

# 프롬프트
system = """당신은 사용자 질문에 대한 검색된 문서의 관련성을 평가하는 채점자입니다.
문서에 질문과 관련된 키워드나 의미가 포함되어 있다면 관련성이 있다고 평가하세요.
문서가 질문과 관련이 있는지 여부를 나타내는 'yes' 또는 'no'로 평가해 주세요."""

grade_prompt = ChatPromptTemplate.from_messages(
    [
        ("system", system),
        ("human",
         "검색된 문서: \n\n {document} \n\n 사용자 질문: {question}"),
    ]
)

retrieval_grader = grade_prompt | structured_llm_grader

# --- 검색된 문서 평가 ---

question = "2024년에 프로덕션에서 사용된 LangGraph 에이전트 2개는 무엇인가요?"

# 예시로 retrieval_grader.invoke({"question": question, "document": doc_txt})
docs = retriever.invoke(question)

doc_txt = docs[0].page_content
result = retrieval_grader.invoke({"question": question, "document": doc_txt})
print("\n\n평가 결과: \n", result)
```

JavaScript

```javascript
// Zod를 사용하여 스키마 정의
  const GradeDocumentsSchema = z.object({
    binary_score: z
```

```
      .string()
      .describe("문서가 질문과 관련이 있으면 'yes', 없으면 'no'"),
  });

  // Zod 스키마를 사용하여 구조화된 출력이 있는 LLM 초기화
  const llm = new ChatOpenAI({ model: 'gpt-4o-mini', temperature: 0 });
  const structuredLLMGrader = llm.withStructuredOutput(GradeDocumentsSchema);

  // 시스템 메시지와 프롬프트 템플릿
  const systemMessage = '당신은 사용자 질문에 대한 검색된 문서의 관련성을 평가하는 채점
자입니다. 문서에 질문과 관련된 키워드나 의미가 포함되어 있다면 관련성이 있다고 평가하세요.
문서가 질문과 관련이 있는지 여부를 나타내는 \'yes\' 또는 \'no\'로 평가해 주세요.';
  const gradePrompt = ChatPromptTemplate.fromMessages([
    { role: 'system', content: systemMessage },
    {
      role: 'human',
      content:
        '검색된 문서: \n\n {document} \n\n 사용자 질문: {question}',
    },
  ]);

  // 프롬프트와 구조화된 출력 결합
  const retrievalGrader = gradePrompt.pipe(structuredLLMGrader);

  // 검색된 문서 평가
  const results = await retrievalGrader.invoke({
    question,
    document: docs[0].page_content,
  });

  console.log('\n\n평가 결과: \n', results);
}
```

출력

```
binary_score='yes'
```

제어 흐름에서 다음 노드를 프로그래밍 방식으로 결정하기 위해 Pydantic/Zod로 결정 결과를 모델링한다.

랭스미스로 앞서 설명한 노드들 간의 논리 흐름을 추적할 수 있다(그림 10-3).

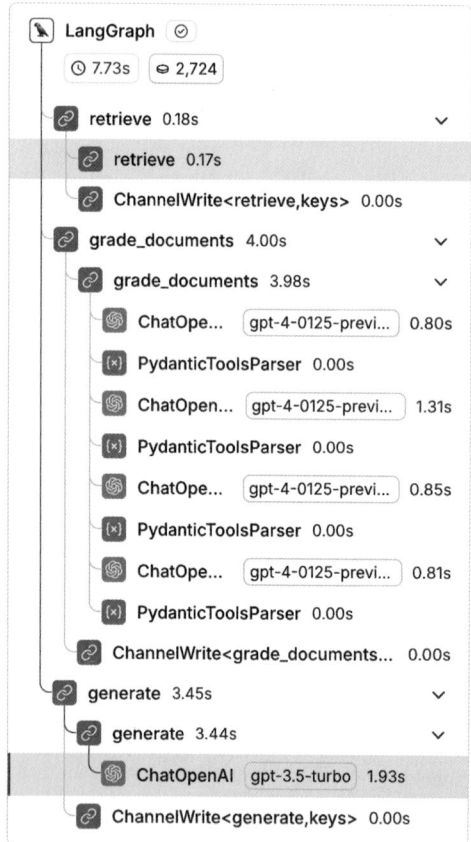

그림 10-3 랭스미스 추적 결과

입력 질문이 인덱스 내에서 검색된 문서를 통해 답변을 얻을 수 없다면 어떻게 되는지 테스트해 보자.

먼저, 전체 제어 흐름의 구성과 실행, 디버깅을 쉽게 하기 위해 랭그래프를 활용하겠다. 해당 도서에 수록된 전체 그래프 정의는 깃허브 저장소(https://oreil.ly/v63Vr)에서 확인할 수 있다. 웹을 검색할 때 높은 품질의 결과를 검색할 수 있도록 입력 쿼리를 재작성하는 transform_query 노드를 추가했다.

마지막 단계에는 컨텍스트와 무관한 질문을 처리할 수 있도록 웹 검색 툴을 추가해 그래프를 실행했다. 랭스미스 추적 기록에서는 LLM이 최종 답변을 생성하기 전에 웹 검색 툴을 폴백 fallback으로 활용해 관련 정보를 검색했다(그림 10-4).

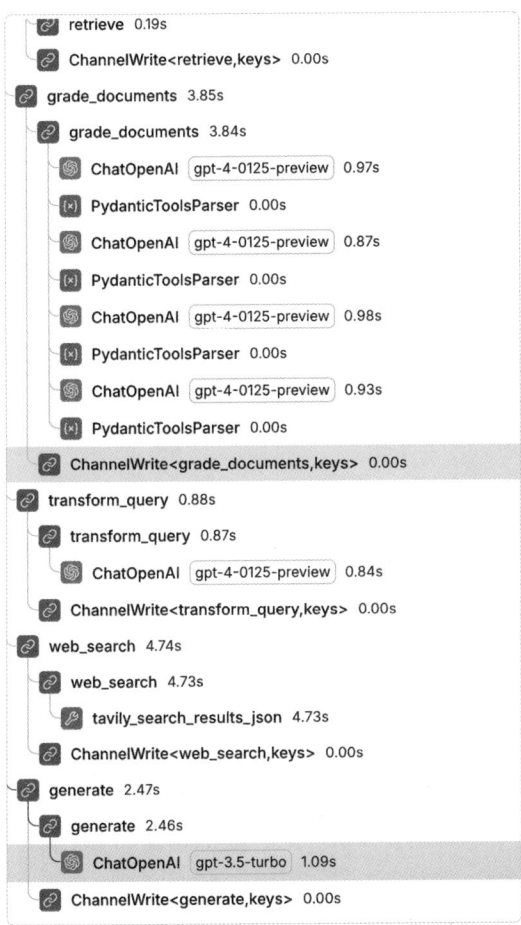

그림 10-4 웹 검색 툴을 폴백으로 활용한 자체 보정 RAG 시스템의 랭스미스 추적 기록

이제 LLM 애플리케이션 테스트의 다음 단계인 사전 제작 단계를 살펴보겠다.

10.3 사전 제작 단계

테스트의 사전 제작 단계는 운영 환경에 배포되기 전 애플리케이션의 성능을 측정하고 평가한다. 이를 통해 LLM의 정확도, 지연 시간 및 비용을 효율적으로 평가할 수 있다.

10.3.1 데이터셋 생성

테스트 이전에, 평가 대상으로 삼을 테스트 시나리오 집합이 필요하다. **데이터셋**dataset은 입력에 따른 예상 출력값의 모음으로, LLM 애플리케이션 평가에 활용한다. 평가용 데이터셋 구축에 쓰는 대표적인 세 가지 메서드는 다음과 같다.

- **수작업으로 선별한 예시**: 예상되는 사용자 입력과 이상적인 생성 출력 결과를 바탕으로 수기로 작성한 예시다. 소규모 데이터셋은 10개에서 50개 사이의 우수한 예시들로 구성된다. 시간이 지나면서 운영 환경에서 드러나는 엣지 케이스들을 토대로 데이터셋에 예시를 추가할 수 있다.
- **애플리케이션 로그**: 애플리케이션이 프로덕션 단계에 접어들면, 실시간 사용자 입력을 저장해 이후 데이터셋에 추가할 수 있다. 이렇게 하면 데이터셋에 현실적인 질문과 빈번하게 나타나는 질문을 모두 추가할 수 있다.
- **합성 데이터**: 다양한 상황 및 엣지 케이스를 모의하기 위해 인위적으로 생성한 예시다. 기존 입력을 샘플링해 새로운 데이터를 생성한다. 실제 데이터가 부족해 테스트가 어려울 때 유용하다.

랭스미스에서 사이드바에 위치한 [Datasets & Experiments] 메뉴를 선택한 후, 애플리케이션 우측 상단의 [+ New Dataset] 버튼을 클릭해 새로운 데이터셋을 생성할 수 있다. 이때 데이터셋을 이미 가진 파일 기반으로 만들지, 직접 만들지 선택할 수 있다(그림 10-5).

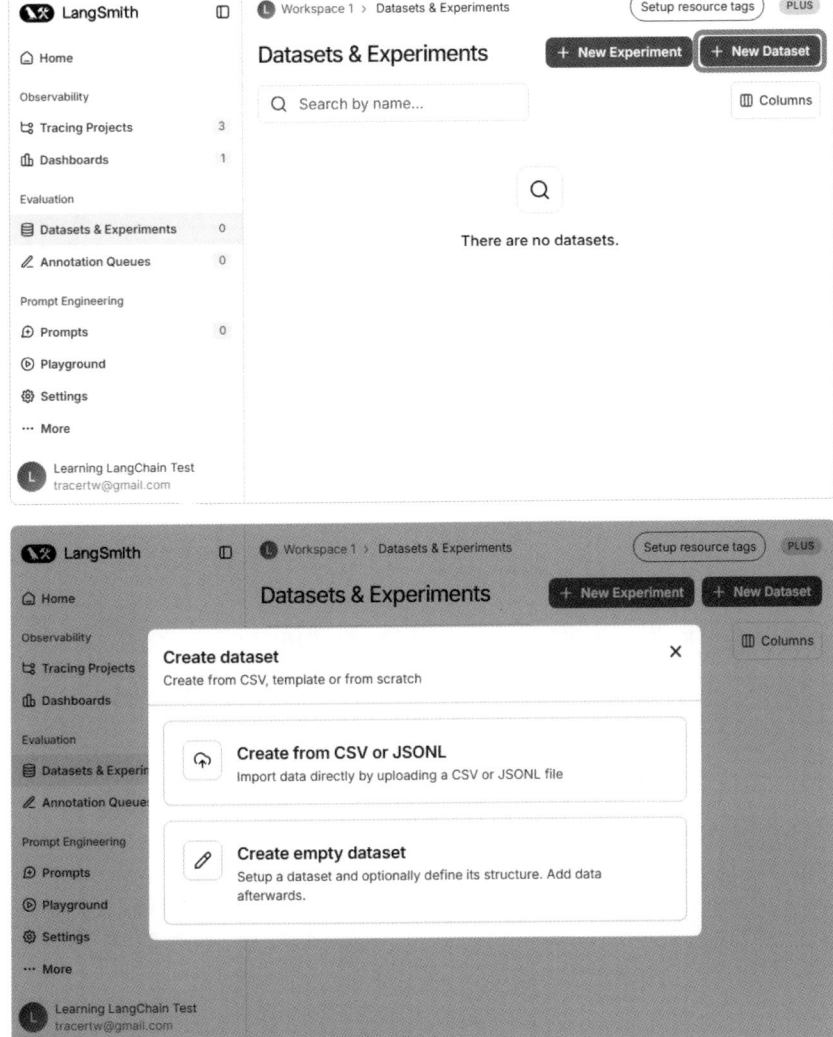

그림 10-5 랭스미스 UI에서 새로운 데이터셋 생성

[Create from CSV or JSONL]을 선택하면 현재 가지고 있는 데이터 파일(.csv, .jsonl)을 업로드해 데이터셋을 구성한다. 사용할 파일을 업로드한 뒤 데이터셋의 이름과 설명을 기입한다. 업로드한 파일에 문제가 없으면 그 내용을 기반으로 스키마와 데이터가 구성된다. 입력과 출력은 파일의 필드(키, 열)를 기준으로 선택할 수 있으며 여러 필드를 입력이나 출력으로 지정할 수 있다(그림 10-6).

10장 테스트: 평가, 모니터링, 개선   333

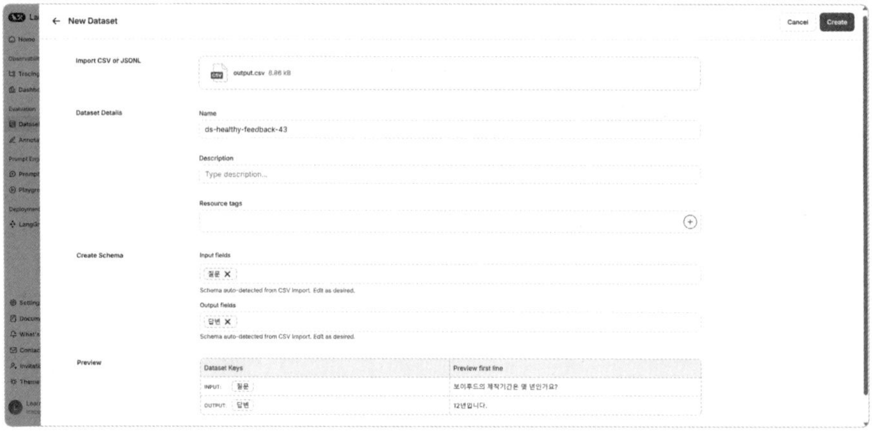

그림 10-6 데이터셋 유형 설정

[Create empty dataset]을 선택하면 스키마 구성부터 설정한다. 새로 구성할 데이터셋의 이름과 설명을 기입한다. 입력 데이터와 출력 데이터의 스키마를 설정하며 각 속성의 이름과 유형 등 정보를 지정할 수 있다. [Dataset schema] 섹션의 [Apply chat model schema] 버튼을 클릭하면 채팅 모델 전용 스키마가 자동으로 추가된다(그림 10-7).

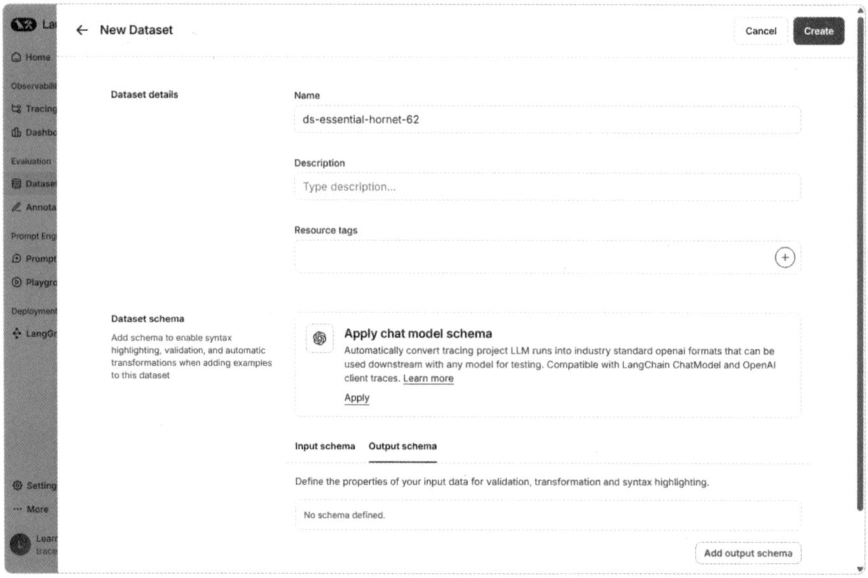

그림 10-7 랭스미스 UI에서 데이터셋 유형 선택

데이터셋에 예시를 추가하려면 해당 데이터셋 메뉴에서 [+ Example] 버튼을 클릭한다. [그림 10-8]처럼 예시 데이터를 입력하는 창이 나타난다.

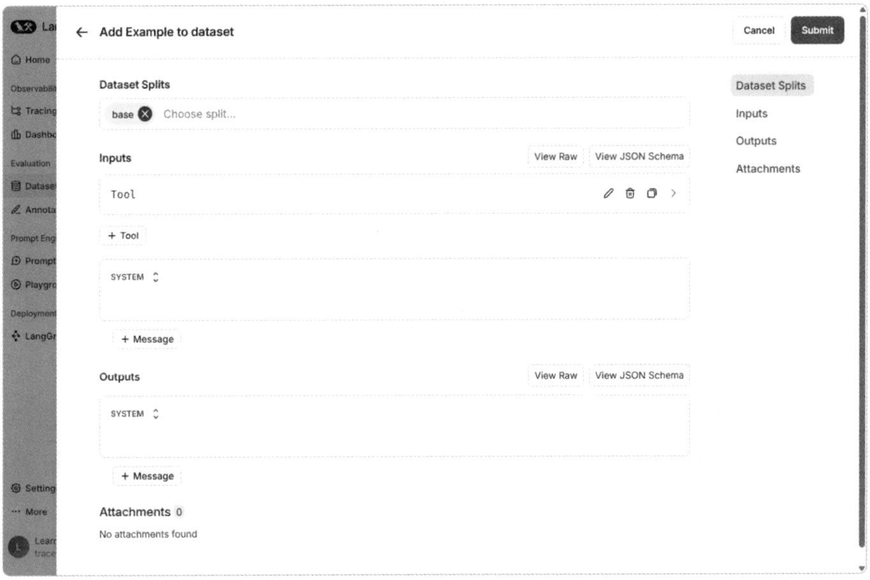

그림 10-8 랭스미스 UI에 키-값 데이터셋 예시 추가

10.3.2 평가 기준 정의

데이터셋을 생성한 후에는 평가 기준을 정의해야 한다. 이 평가 기준으로 운영 환경에 배포하기 전 애플리케이션의 출력 결과를 평가한다. 사전에 정의된 테스트 스위트를 대상으로 실시하는 일괄 평가는 보통 **오프라인 평가**offline evaluation라고 부른다.

오프라인 평가를 위해 테스트 대상 데이터에 예상 출력(이상적인 결과ground truth)을 선택적으로 라벨링할 수 있다. 이 기능을 활용하면 애플리케이션 응답과 이상적인 결과를 비교할 수 있다(그림 10-9).

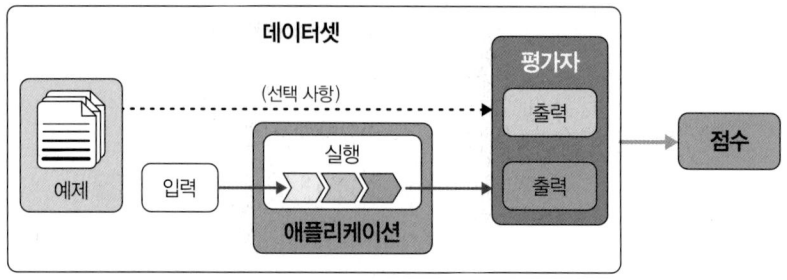

그림 10-9 AI 평가 다이어그램

LLM 애플리케이션 성능 평가에 사용되는 주요 평가 수단은 세 가지다.

- **인간 평가자**: 만약 테스트 요구 사항을 코드로 표현할 수 없다면, 인간 피드백을 활용해 정성적 특성을 표현하고 애플리케이션 응답에 점수를 부여한다. 랭스미스는 주석 큐를 도입해 인간 피드백 수집 및 반영 과정의 속도를 높인다.

- **평가 휴리스틱**: 하드코딩된 함수와 어설션으로 점수를 계산한다. 참조 없이 판단하는 휴리스틱 방법(예: 출력 결과가 유효한 JSON 형식인지 확인)과 정확도와 같은 참조 기반 휴리스틱 방법 모두 적용할 수 있다. 참조 기반 평가는 미리 설정된 기준 정답과 출력 결과를 비교해 평가한다. 반면, 참조 없이 평가하는 방법은 기준 정답 없이 질적 특성을 분석한다. 맞춤형 휴리스틱은 스키마 검증 및 단위 테스트 등 하드코딩된 평가 로직을 활용한 코드 생성 작업에 유용하다.

- **LLM 평가자**: 데이터셋 출력에서 제공된 참조 정답을 기준으로 산출물의 정확성을 판별하고자 LLM 프롬프트에 인간 채점 규칙을 통합한다. 사전 제작 단계에서 반복 작업하는 동안 산출된 점수를 세밀히 점검하고, LLM이 평가자로서 신뢰성 있는 점수를 내도록 적절히 조정해야 한다.

일단은 간단한 평가 휴리스틱으로 시작하겠다. 그다음 인간 평가자 체계를 도입하고, 인간 평가 과정을 자동화하는 LLM 평가로 넘어가겠다. 기준을 명확히 정의하면, 심도와 확장성을 보강할 수 있다.

> **TIP** LLM을 평가자로 활용할 때는 사람이 손쉽게 복제하고 이해할 수 있는 단순한 프롬프트를 사용한다. 예를 들어, LLM에 0부터 10까지의 범위만 제시하고 명확하게 점수 기준을 구분하지 않고 평가하도록 요구해서는 안 된다.

[그림 10-10]은 RAG의 컨텍스트 내에서 LLM 평가를 다이어그램으로 정리했다. 이상적인 결과를 기준으로 평가한다.

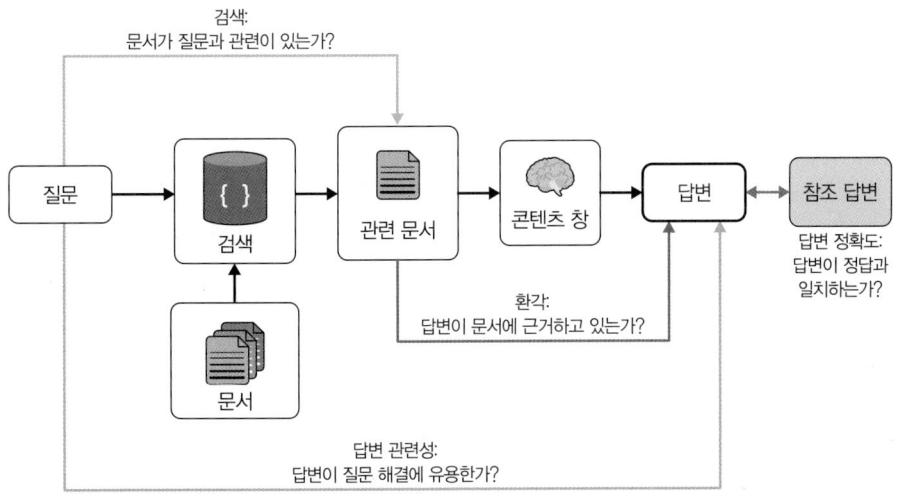

그림 10-10 RAG에 사용한 LLM 평가자

LLM 평가자 성능 높이기

LLM을 평가자로 활용하면 LLM 애플리케이션의 자연어 출력 결과를 효과적으로 평가할 수 있다. 이를 위해 LLM이 생성한 출력을 판단 및 평가하기 위해 다른 LLM에 전달한다. 그러나 LLM이 평가한 결과를 신뢰할 수 있을까?

정확도 향상을 위해 반복적인 프롬프트 엔지니어링이 필요하지만, 이 과정은 번거롭고 시간이 많이 소요된다. 다행히 랭스미스는 퓨샷 프롬프트를 통한 개선을 지원한다. LLM의 평가 결과를 인간이 수정하고 이를 퓨샷 예시로 만들어 LLM 평가 프롬프트에 반영하는 방식이다.

LLM은 퓨샷 학습을 통해 올바른 평가의 예시를 학습해 정확도를 높이고 인간의 선호에 맞는 평가를 내릴 수 있다. LLM의 동작 방식이나 형식에 대한 지침을 마련하기 어려운 경우에 특히 유용하다.

퓨샷 평가는 다음과 같은 과정을 따른다.

1. LLM 평가자는 생성된 출력물을 정확성, 관련성 등 여러 요소로 평가하고 피드백을 제공한다.
2. 해당 기능은 랭스미스 내에서 LLM 평가자가 제시한 피드백을 사람이 수정 또는 보정한다. 여기서 사람의 선호와 판단이 반영된다.
3. 해당 수정 사항은 랭스미스의 퓨샷 예시로 저장되어, 수정 사항에 대한 설명을 덧붙일 수 있다.
4. 퓨샷 예시는 후속 평가 실행 과정에서 미래 프롬프트에 반영된다.

시간이 지나면서 퓨샷 평가자는 인간 선호에 점차 부합하도록 발전할 것이다. 이런 자체 개선 메커니즘은 시간이 소요되는 프롬프트 엔지니어링 과정에 대한 부담을 낮추며, LLM 평가의 정확성과 적합성을 높인다.

랭스미스로 오프라인 평가에 LLM 평가를 손쉽게 설정하는 방법은 다음과 같다. 먼저 사이드바에 위치한 [Datasets & Experiments] 섹션으로 이동한 후, 사용할 데이터셋을 선택한다. 대시보드 우측 상단에 위치한 [Add Auto-Evaluator] 버튼을 클릭해 평가자 메뉴를 열고 [+ Add Auto-Evaluator]를 선택하면 평가자 설정을 구성하는 모달 창이 열린다.

LLM 평가자를 만드는 [LLM-as-a-Judge] 옵션을 선택하고 평가자에 이름을 부여하자. 이제 [Prompt] 섹션에서 인라인 프롬프트를 설정하거나 프롬프트 허브에서 프롬프트를 불러오는 등 다양한 프롬프트를 선택할 수 있다. 이번 예시에서는 [그림 10-11]과 같이 [Create Few-Shot Evaluator]를 선택해 퓨샷 평가자를 만든다.

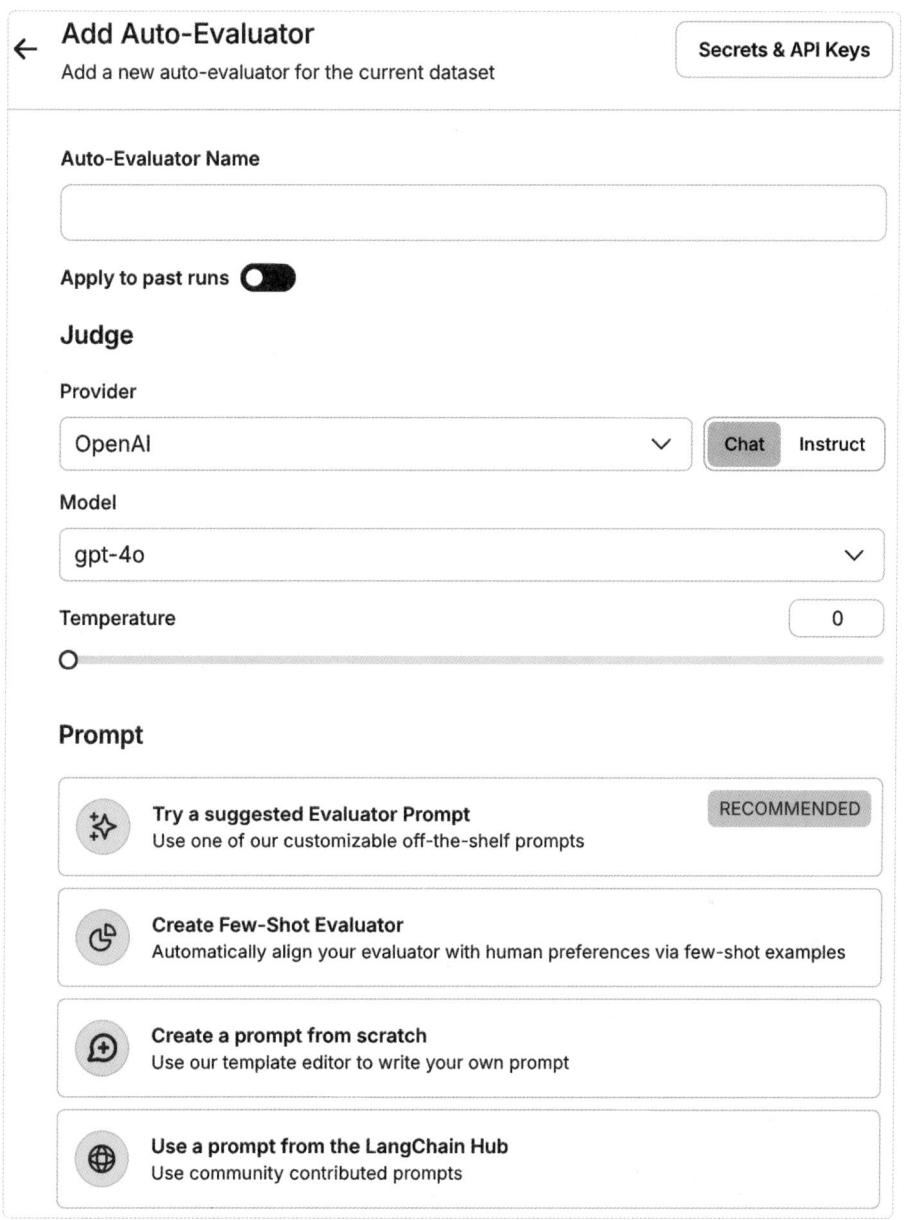

그림 10-11 랭스미스 UI의 LLM 평가 설정

퓨샷 예시를 저장할 데이터셋이 생성된다. 이제 평가자의 피드백을 수정하면 자동으로 해당 데이터셋에 기록된다. 데이터셋에 포함된 예시는 시스템 프롬프트 메시지에 삽입된다.

스키마 필드에서 기준을 설정할 수 있으며, 원시 자료형(정수, 불리언 등)도 전환할 수 있다 (그림 10-12).

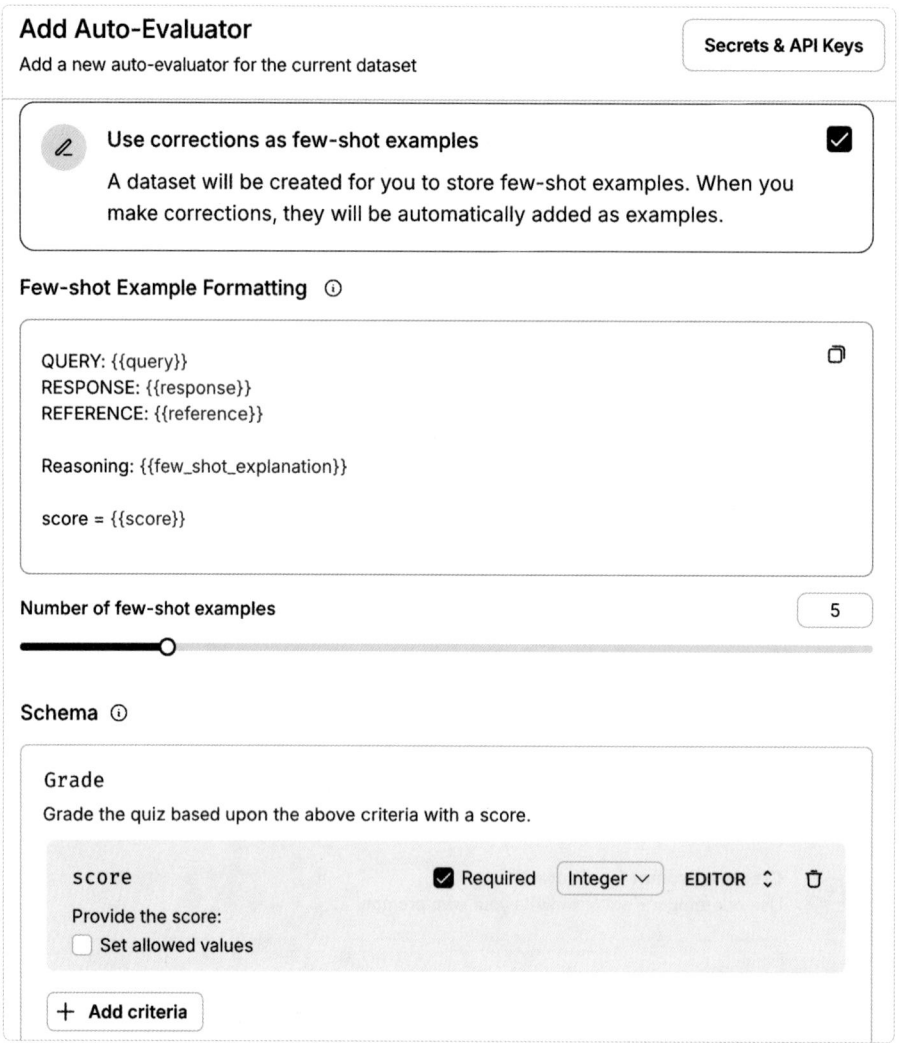

그림 10-12 LLM 평가의 평가 기준

평가자를 저장한 후, 데이터셋 상세 페이지로 돌아오자. 이제 새로 구성한 평가 도구가 같은 데이터셋 기반으로 진행되는 모든 후속 실험을 평가한다.

쌍 평가

LLM 출력을 선호도에 따라 정리하면 인간 평가나 LLM 평가에 비해 상대적으로 인지 부담이 적다. 예를 들어, 어떤 출력이 정보 제공 면에서 더욱 우수하며 구체적이고 안전한지 평가한다고 하자. 쌍 평가는 평가 기준에 부합하는 출력을 결정하기 위해 애플리케이션의 서로 다른 버전에서 출력한 출력값을 동시에 비교한다.

랭스미스는 LLM 애플리케이션의 생성 작업의 실행과 시각화를 지원해, 쌍 평가 기준에 따라 생성 결과의 선호도를 비교하기 쉽다. 랭스미스의 쌍 평가^{pairwise evaluation} 기능을 통해 아래와 같은 작업을 할 수 있다.

- 임의로 선택된 평가 기준으로 쌍 기준 LLM 평가 정의
- 평가 도구를 활용한 두 개의 LLM 생성 결과 비교

랭스미스 공식 문서(`https://oreil.ly/ruFvy`)에 따르면, 랭스미스 SDK는 사용자 정의 쌍 평가를 지원하며, 랭스미스 UI를 통해 평가 결과를 시각화할 수 있다.

평가 실험 생성 후, [Datasets & Experiments] 항목 내의 [Pairwise Experiments] 탭으로 접근할 수 있다. 해당 UI는 각 쌍별 실험을 면밀히 탐구해, 각자의 기준에 따라 어느 LLM 생성 결과가 우수한지 평가하게 해준다. 각 응답 하단에 표시된 RANKED_PREFERENCE 점수를 클릭하면 평가 추적의 세부 내용을 심도 있게 살펴볼 수 있다(그림 10-13).

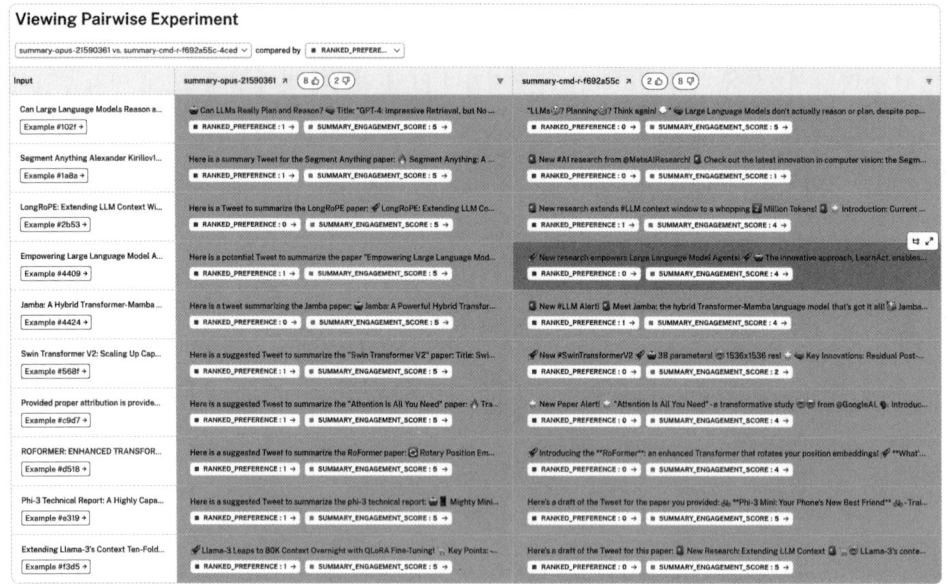

그림 10-13 쌍 비교 실험 평가 과정 UI

10.3.3 회귀 테스트

기존 소프트웨어 개발 환경에서는 요구 사항에 근거해 테스트를 100% 통과해야 한다. 테스트의 검증이 완료되면 안정적인 동작을 보장한다는 의미다. 이에 반해, AI 모델의 출력 성능은 모델의 **드리프트**drift(데이터 분포 변화나 모델 업데이트로 인한 성능 저하)로 크게 달라질 수 있다. 결과적으로, AI 애플리케이션을 테스트해도 평가 데이터셋에서 만점을 기록하기는 어렵다.

이건 여러 의미로 해석할 수 있다. 우선, 애플리케이션의 성능 저하를 방지하기 위해 장기간에 걸친 테스트 결과와 성과를 지속적으로 추적해야 한다. **회귀**regression 테스트[1]는 애플리케이션에 적용된 LLM의 최신 업데이트 또는 변경 사항이 기준치에 비해 **악화하지**regressed **않고** (즉, 성능이 저하되지 않고) 유지되도록 보장한다.

---

1 옮긴이_ 회귀 테스트는 소프트웨어 변경으로 기존 기능이 제대로 작동하지 않는 경우를 방지하기 위한 테스트다.

두 개 이상의 실험 실행 결과에 나타난 개별 데이터 포인트를 비교하여, 모델의 정확한 작동 부분과 오류가 발생한 부분을 파악한다.

랭스미스의 비교 화면은 회귀 테스트 기능을 기본 내장해 기준선과 비교할 때 변경된 예시를 신속하게 확인할 수 있도록 표시한다. 실행 결과가 악화되거나 개선된 경우는 랭스미스 대시보드에서 서로 다르게 강조해 표시된다(그림 10-14).

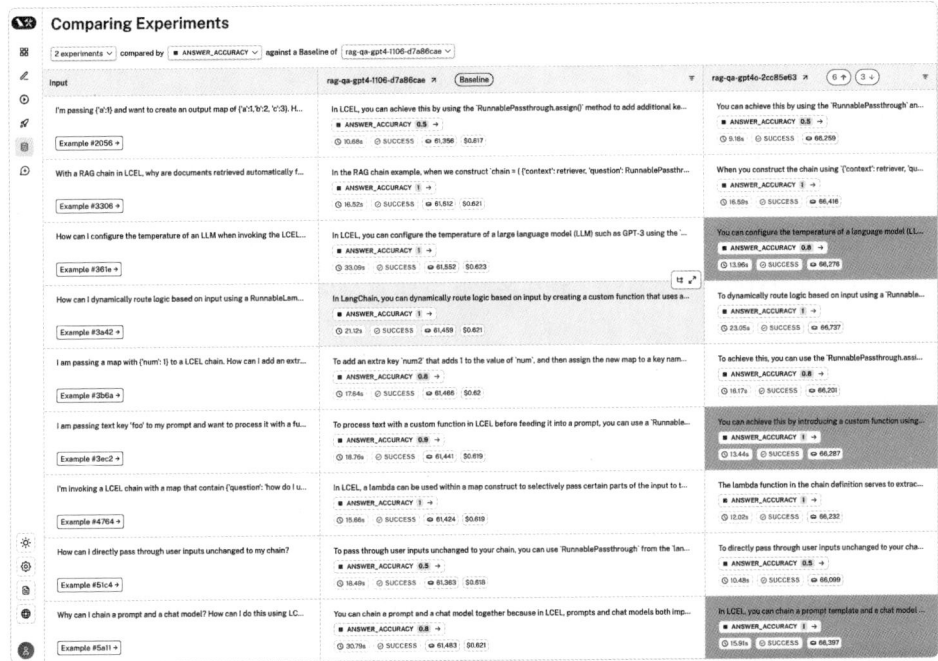

그림 10-14 랭스미스의 실험 비교 화면

랭스미스의 실험 비교 대시보드로 아래와 같은 작업을 할 수 있다.

- 데이터셋과 관련된 실험과 실행을 비교할 수 있다. 실행 집계 통계는 모델 또는 프롬프트를 변경migrate(마이그레이션)할 때 유용하다. 모델이나 프롬프트를 변경하면 특정 예시에서 성능 향상 또는 저하가 발생할 수 있기 때문이다.

- 기준 실행 결과를 설정해 이전 애플리케이션 버전과 비교해 예기치 않은 회귀 현상을 확인할 수 있다. 회귀 현상이 발생할 경우, 애플리케이션 버전 및 성능 변화가 감지된 특정 예시를 구분해 파악할 수 있다.

- 비교 대상 실험 및 실행 간에 상이하게 나타난 데이터 포인트를 심도 있게 분석할 수 있다.

회귀 테스트는 업데이트나 LLM 변경에도 애플리케이션이 장기간 동안 높은 성능을 유지하도록 보장한다.

다양한 사전 제작 테스트 전략을 알아봤으니 구체적인 활용 사례를 살펴보자.

10.3.4 에이전트의 종단간 성능 평가

자율 업무 및 워크플로우 수행에 관한 탁월한 잠재력을 보유한 에이전트들이 있음에도 불구하고, 에이전트 개별 성능 테스트는 상당히 까다로운 과제다. 이전 장에서는 계획과 메모리 기능을 바탕으로 툴 호출을 활용해 에이전트가 응답을 생성하는 방식을 소개했다. 특히 툴 호출은 주어진 프롬프트에 응답하기 위해 호출할 툴과 툴 실행에 필요한 입력 인자를 생성해 응답을 이끌어낸다.

에이전트는 애플리케이션의 제어 흐름 결정을 위해 LLM을 활용하므로 동일한 에이전트라도 결과는 상당히 달라질 수 있다. 예를 들어, 다른 툴을 호출하거나, LLM 에이전트가 반복에 빠지거나, 시작부터 종료까지의 단계 수에 상당한 차이가 발생할 수 있다.

이상적으로 에이전트는 세 가지 상이한 세분화 수준에서 테스트해야 한다.

- **응답**: 에이전트의 최종 응답은 전반적인 성능 향상에 집중한다. 입력은 프롬프트와 툴 목록이며, 출력은 최종 에이전트의 응답이다.
- **단일 단계**: 특정 툴 호출 또는 결정 사항을 세부적으로 검토하는 데 필요한 중요 단계다. 출력은 툴 호출이다.
- **진행 과정**: 에이전트의 전체 진행 과정 출력은 툴 호출 목록이다.

[그림 10-15]에 각 과정을 정리하겠다.

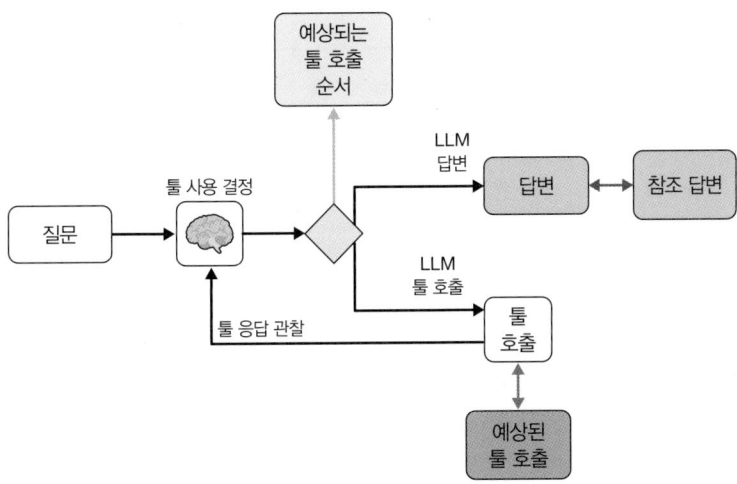

그림 10-15 에이전트 애플리케이션의 흐름 예시

이번에는 세 가지 에이전트 테스트를 세분화해 자세히 살펴보겠다.

에이전트 최종 응답 테스트

특정 작업에서 에이전트의 전반적인 성능을 평가하기 위해, 에이전트를 내부 동작이 공개되지 않은 블랙박스로 취급하고 작업 완료 여부를 기준으로 성공을 판단할 수 있다.

에이전트의 최종 응답에 대한 테스트는 다음 요소를 확인한다.

- **입력**: 사용자 입력과 사전 정의된 툴(선택 사항)
- **출력**: 에이전트의 최종 응답
- **평가 방법**: LLM 평가

이 과정을 프로그래밍으로 구현하려면, 우선 질문과 에이전트의 이상적인 답변을 데이터셋으로 만든다.

코드 10-3 SQL 데이터셋 생성

```python
from langsmith import Client
from dotenv import load_dotenv

load_dotenv()

client = Client()

# 데이터셋 제작
examples = [
    ("어느 나라의 고객이 가장 많이 지출했나요? 그리고 얼마를 지출했나요?",
     "가장 많이 지출한 나라는 미국으로, 총 지출액은 $523.06입니다"),
    ("2013년에 가장 많이 판매된 트랙은 무엇인가요?",
     "2013년에 가장 많이 판매된 트랙은 Hot Girl입니다."),
    ("Led Zeppelin 아티스트는 몇 개의 앨범을 발매했나요?",
     "Led Zeppelin은 14개의 앨범을 발매했습니다"),
    ("'Big Ones' 앨범의 총 가격은 얼마인가요?",
     "'Big Ones' 앨범의 총 가격은 14.85입니다"),
    ("2009년에 어떤 영업 담당자가 가장 많은 매출을 올렸나요?",
     "Steve Johnson이 2009년에 가장 많은 매출을 올렸습니다"),
]

dataset_name = "sql-agent-response"
if not client.has_dataset(dataset_name=dataset_name):
    dataset = client.create_dataset(dataset_name=dataset_name)
    inputs, outputs = zip(
        *[({"input": text}, {"output": label}) for text, label in examples]
    )
    client.create_examples(
        inputs=inputs, outputs=outputs, dataset_id=dataset.id)
```

```javascript
import { Client } from 'langsmith';
const client = new Client();

const exampleInputs = [
  [
    "어느 나라의 고객이 가장 많이 지출했나요? 그리고 얼마를 지출했나요?",
    "가장 많이 지출한 나라는 미국으로, 총 지출액은 $523.06입니다",
  ],
```

```
  [
    "2013년에 가장 많이 판매된 트랙은 무엇인가요?",
    "2013년에 가장 많이 판매된 트랙은 Hot Girl입니다.",
  ],
  [
    "Led Zeppelin 아티스트는 몇 개의 앨범을 발매했나요?",
    "Led Zeppelin은 14개의 앨범을 발매했습니다",
  ],
  [
    "'Big Ones' 앨범의 총 가격은 얼마인가요?",
    "'Big Ones' 앨범의 총 가격은 14.85입니다",
  ],
  [
    "2009년에 어떤 영업 담당자가 가장 많은 매출을 올렸나요?",
    "Steve Johnson이 2009년에 가장 많은 매출을 올렸습니다",
  ],
];

const datasetName = 'sql-agent-response';

if (!(await client.hasDataset({ datasetName }))) {
  client.createDataset(datasetName);

  // 일괄 생성을 위한 입력, 출력 및 메타데이터 준비
  const inputs = exampleInputs.map(([inputPrompt]) => ({
    question: inputPrompt,
  }));

  const outputs = exampleInputs.map(([, outputAnswer]) => ({
    answer: outputAnswer,
  }));

  await client.createExamples({
    inputs,
    outputs,
    datasetId: dataset.id,
  });
}
```

다음으로 앞서 논의한 바와 같이 LLM을 사용해 이상적인 답변과 실제 응답을 비교한다.

코드 10-4 답변 비교

```python
grade_prompt_answer_accuracy = hub.pull(
    "langchain-ai/rag-answer-vs-reference")


def answer_evaluator(run, example) -> dict:
    """
    RAG 답변 정확도를 위한 간단한 평가기
    """

    # 질문, 정답, 체인 답변 가져오기
    input_question = example.inputs["input"]
    reference = example.outputs["output"]
    prediction = run.outputs["response"]

    # LLM 평가기
    llm = ChatOpenAI(model="gpt-4o", temperature=0)

    # 구조화된 프롬프트
    answer_grader = grade_prompt_answer_accuracy | llm

    # 평가기 실행
    score = answer_grader.invoke({"question": input_question,
                                  "correct_answer": reference,
                                  "student_answer": prediction})
    score = score["Score"]

    return {"key": "answer_v_reference_score", "score": score}


dataset_name = "sql-agent-response"
experiment_results = evaluate(
    predict_sql_agent_answer,
    data=dataset_name,
    evaluators=[answer_evaluator],
    num_repetitions=3,
    experiment_prefix=experiment_prefix,
    metadata={"version": metadata},
)
```

```javascript
import { pull } from "langchain/hub";
import { ChatOpenAI } from "langchain_openai";
import { evaluate } from "langsmith/evaluation";

const answerEvaluator = async (run, example) => {
  const input_question = example.inputs['input'];
  const reference = example.outputs['output'];
  const prediction = run.outputs['response'];

  const grader = gradePromptAnswerAccuracy.pipe(llm);
  const score = await grader.invoke({
    question: input_question,
    correct_answer: reference,
    student_answer: prediction,
  });
  return { key: 'answer_v_reference_score', score: score.Score };
};

const datasetName = 'sql-agent-response';
const experimentPrefix = 'sql-agent-gpt4o';

const experimentResults = await evaluate(
  (inputs) => predictSQLAgentAnswer(inputs),
  {
    data: datasetName,
    evaluators: [answerEvaluator],
    experimentPrefix,
    maxConcurrency: 4,
  }
);
```

에이전트의 특정 단계 테스트

에이전트의 특정 동작이나 결정을 테스트하면 애플리케이션의 성능이 저하되는 지점을 찾을 수 있다. 특정 단계를 테스트할 때 다음 요소를 확인한다.

- **입력**: 특정 단계의 사용자 입력(프롬프트, 툴 등). 이전의 완료한 단계도 포함할 수 있다.

- **출력**: 입력에 대한 LLM 응답. 에이전트의 다음 동작을 나타내는 툴 호출도 포함될 때가 있다.
- **평가 방법**: 올바른 툴 선택을 위한 결정과 툴 입력 정확도에 관한 휴리스틱 평가를 한다.

커스텀 평가를 활용해 특정 툴 호출을 검증하겠다.

코드 10-5 툴 호출 검증

```python
def predict_assistant(example: dict):
    """단일 툴 호출 평가를 위한 어시스턴트 호출"""
    msg = [("user", example["input"])]
    result = assistant_runnable.invoke({"messages": msg})
    return {"response": result}


def check_specific_tool_call(root_run: Run, example: Example) -> dict:
    """
    응답의 첫 번째 툴 호출이 예상된 툴 호출과 일치하는지 확인합니다.
    """

    # 예상되는 툴 호출
    expected_tool_call = 'sql_db_list_tables'

    # 실행
    response = root_run.outputs["response"]

    # 툴 호출 가져오기
    try:
        tool_call = getattr(response, 'tool_calls', [])[0]['name']

    except (IndexError, KeyError):
        tool_call = None

    score = 1 if tool_call == expected_tool_call else 0
    return {"score": score, "key": "single_tool_call"}


experiment_results = evaluate(
    predict_assistant,
    data=dataset_name,
```

```
    evaluators=[check_specific_tool_call],
    experiment_prefix=experiment_prefix + "-single-tool",
    num_repetitions=3,
    metadata={"version": metadata},
)
```

```javascript
import {evaluate} from 'langsmith/evaluation';

// 단일 툴 평가
const predictAssistant = traceable(async (example) => {
  const result = await graph.invoke(
    { messages: [['user', example.input]] },
    config
  );
  return { response: result };
});

// 특정 툴 평가
const checkSpecificToolCall = async (run, example) => {
  const response = run.outputs['response'];
  const messages = response.messages;

  let firstToolCall = null;
  for (const message of messages) {
    if (message.tool_calls?.length > 0) {
      // 메시지의 첫 번째 툴 호출 이름 가져오기
      firstToolCall = message.tool_calls[0].name;
      break;
    }
  }

  const expected_tool_call = 'list-tables-sql';
  const score = firstToolCall === expected_tool_call ? 1 : 0;

  return {
    key: 'single_tool_call',
    score: score,
  };
};
```

```
  // 평과 결과
  const singleToolCallResults = await evaluate(
    (inputs) => predictAssistant(inputs),
    {
      data: datasetName,
      evaluators: [checkSpecificToolCall],
      experimentPrefix: '${experimentPrefix}-single-tool',
      maxConcurrency: 4,
    }
  );
```

[코드 10-5]는 테스트의 세 요소를 다음과 같은 방식으로 구현한다.

- assistant_runnable에 프롬프트를 입력해 어시스턴트를 호출하고 툴 호출이 예상한 대로 이루어졌는지 확인한다.
- 툴을 데이터셋 입력으로 전달하는 대신, 코드 내에 하드코딩한 특수한 에이전트를 사용한다.
- 평가할 단계에서 예상한 툴 호출을 expected_tool_call로 지정한다.

에이전트 진행 과정 테스트

에이전트가 실행한 단계들을 되돌아보며 진행 과정이 예상대로 이루어졌는지 평가한다. 즉, 실행된 단계의 수나 순서가 기대한 바와 일치하는지 확인해야 한다. 에이전트의 진행 과정을 테스트할 때 다음 요소를 확인한다.

- **입력**: 사용자 입력과 사전 정의된 툴(선택 사항).
- **출력**: 툴 호출 순서 혹은 호출할 툴의 전체 목록(순서 상관없음).
- **평가 방법**: 수행된 단계에 대한 평가 함수 출력과 완벽히 일치하는 결정 또는 잘못된 단계의 수에 초점을 맞춘 지표로 출력을 테스트할 수 있다. 전체 에이전트의 진행 과정을 기준 진행 과정과 대조해 평가한 후, 이를 메시지 집합으로 정리해 LLM으로 평가해야 한다.

다음 예시는 툴 호출의 진행 과정을 전용 평가 과정으로 평가한다.

코드 10-6 진행 과정 평가

`Python`

```python
"""
에이전트 진행 과정 평가
"""

def predict_sql_agent_messages(example: dict):
    """답변 평가에 사용됩니다"""
    msg = {"messages": ("user", example["input"])}
    graph = builder.compile()
    messages = graph.invoke(msg, config)
    return {"response": messages}


def find_tool_calls(messages):
    """
    반환된 메시지에서 모든 툴 호출 찾기
    """
    tool_calls = [tc['name'] for m in messages['messages']
                  for tc in getattr(m, 'tool_calls', [])]
    return tool_calls


def contains_all_tool_calls_any_order(root_run: Run, example: Example) -> dict:
    """
    예상되는 모든 툴이 순서에 관계없이 호출되었는지 확인합니다.
    """
    expected = ['sql_db_list_tables', 'sql_db_schema',
                'sql_db_query_checker', 'sql_db_query', 'check_result']
    messages = root_run.outputs["response"]
    tool_calls = find_tool_calls(messages)
    # 모든 툴 호출 출력
    # print("Here are my tool calls:")
    # print(tool_calls)
    if set(expected) <= set(tool_calls):
        score = 1
    else:
        score = 0
    return {"score": int(score), "key": "multi_tool_call_any_order"}
```

```python
def contains_all_tool_calls_in_order(root_run: Run, example: Example) -> dict:
    """
    예상되는 모든 툴이 정확한 순서로 호출되었는지 확인합니다.
    """
    messages = root_run.outputs["response"]
    tool_calls = find_tool_calls(messages)
    # 모든 툴 호출 출력
    # print("Here are my tool calls:")
    # print(tool_calls)
    it = iter(tool_calls)
    expected = ['sql_db_list_tables', 'sql_db_schema',
                'sql_db_query_checker', 'sql_db_query', 'check_result']
    if all(elem in it for elem in expected):
        score = 1
    else:
        score = 0
    return {"score": int(score), "key": "multi_tool_call_in_order"}


def contains_all_tool_calls_in_order_exact_match(root_run: Run, example: Example) -> dict:
    """
    예상되는 모든 툴이 정확한 순서로 호출되고 추가 툴 호출이 없는지 확인합니다.
    """
    expected = ['sql_db_list_tables', 'sql_db_schema',
                'sql_db_query_checker', 'sql_db_query', 'check_result']
    messages = root_run.outputs["response"]
    tool_calls = find_tool_calls(messages)
    # 모든 툴 호출 출력
    # print("Here are my tool calls:")
    # print(tool_calls)
    if tool_calls == expected:
        score = 1
    else:
        score = 0

    return {"score": int(score), "key": "multi_tool_call_in_exact_order"}


experiment_results = evaluate(
```

```
        predict_sql_agent_messages,
        data=dataset_name,
        evaluators=[contains_all_tool_calls_any_order, contains_all_tool_calls_in_order,
                    contains_all_tool_calls_in_order_exact_match],
        experiment_prefix=experiment_prefix + "-trajectory",
        num_repetitions=3,
        metadata={"version": metadata},
    )
```

```javascript
import {evaluate} from 'langsmith/evaluation';


// 특정 툴 평가
const checkSpecificToolCall = async (run, example) => {
  const response = run.outputs['response'];
  const messages = response.messages;

  let firstToolCall = null;
  for (const message of messages) {
    if (message.tool_calls?.length > 0) {
      // 메시지의 첫 번째 툴 호출 이름 가져오기
      firstToolCall = message.tool_calls[0].name;
      break;
    }
  }

  const expected_tool_call = 'list-tables-sql';
  const score = firstToolCall === expected_tool_call ? 1 : 0;

  return {
    key: 'single_tool_call',
    score: score,
  };
};

const singleToolCallResults = await evaluate(
  (inputs) => predictAssistant(inputs),
  {
    data: datasetName,
```

```
    evaluators: [checkSpecificToolCall],
    experimentPrefix: '${experimentPrefix}-single-tool',
    maxConcurrency: 4,
  }
);

const EXPECTED_TOOLS = {
  LIST_TABLES: 'list-tables-sql',
  SCHEMA: 'info-sql',
  QUERY_CHECK: 'query-checker',
  QUERY_EXEC: 'query-sql',
  RESULT_CHECK: 'checkResult',
};

const containsAllToolCallsAnyOrder = async ({ run, example }) => {
  const expected = [
    EXPECTED_TOOLS.LIST_TABLES,
    EXPECTED_TOOLS.SCHEMA,
    EXPECTED_TOOLS.QUERY_CHECK,
    EXPECTED_TOOLS.QUERY_EXEC,
  ];

  const messages = run.outputs?.response?.messages || [];
  const toolCalls = Array.from(
    new Set(
      messages.flatMap(
        (m) => m.tool_calls?.map((tc) => tc.name) || m.name || []
      )
    )
  );

  const score = expected.every((tool) => toolCalls.includes(tool)) ? 1 : 0;
  return { key: 'multi_tool_call_any_order', score };
};

const containsAllToolCallsInOrder = async ({ run, example }) => {
  const expectedSequence = [
    EXPECTED_TOOLS.LIST_TABLES,
    EXPECTED_TOOLS.SCHEMA,
    EXPECTED_TOOLS.QUERY_CHECK,
    EXPECTED_TOOLS.QUERY_EXEC,
```

```
    ];

    const messages = run.outputs?.response?.messages || [];
    const toolCalls = messages.flatMap(
      (m) => m.tool_calls?.map((tc) => tc.name) || m.name || []
    );

    let seqIndex = 0;
    for (const call of toolCalls) {
      if (call === expectedSequence[seqIndex]) {
        seqIndex++;
        if (seqIndex === expectedSequence.length) break;
      }
    }

    return {
      key: 'multi_tool_call_in_order',
      score: seqIndex === expectedSequence.length ? 1 : 0,
    };
  };

const containsAllToolCallsExactOrder = async ({ run, example }) => {
    const expectedSequence = [
      EXPECTED_TOOLS.LIST_TABLES,
      EXPECTED_TOOLS.SCHEMA,
      EXPECTED_TOOLS.QUERY_CHECK,
      EXPECTED_TOOLS.QUERY_EXEC,
    ];

    const messages = run.outputs?.response?.messages || [];
    const toolCalls = messages.flatMap(
      (m) => m.tool_calls?.map((tc) => tc.name) || m.name || []
    );

    // 첫 번째 발생 시퀀스 찾기
    const firstOccurrences = [];
    for (const call of toolCalls) {
      if (call === expectedSequence[firstOccurrences.length]) {
        firstOccurrences.push(call);
        if (firstOccurrences.length === expectedSequence.length) break;
      }
```

10장 테스트: 평가, 모니터링, 개선   **357**

```
      }

    const score =
      JSON.stringify(firstOccurrences) === JSON.stringify(expectedSequence)
        ? 1
        : 0;
    return { key: 'multi_tool_call_exact_order', score };
  };

  // 다양한 평가 유형을 위한 예측 함수
  const predictSqlAgentMessages = traceable(async (example) => {
    const result = await graph.invoke(
      { messages: [['user', example.input]] },
      config
    );
    return { response: result };
  });

  // 진행 과정 평가 실행
  const trajectoryResults = await evaluate(
    (inputs) => predictSqlAgentMessages(inputs),
    {
      data: datasetName,
      evaluators: [
        containsAllToolCallsAnyOrder,
        containsAllToolCallsInOrder,
        containsAllToolCallsExactOrder,
      ],
      experimentPrefix: '${experimentPrefix}-full-trajectory',
      maxConcurrency: 4,
    }
  );
```

구현 예시는 다음 과정으로 구성된다.

- graph.invoke에 프롬프트를 입력해 사전 컴파일한 랭그래프 에이전트를 호출한다.
- 데이터셋을 입력할 때 툴을 인자로 전달하는 대신 원하는 툴을 하드코딩한 특화 에이전트를 활용한다.
- find_tool_calls를 이용해 호출된 툴 목록을 추출한다.

- contains_all_tool_calls_any_order를 사용해 필요한 모든 툴이 순서에 상관없이 호출됐는지 확인하거나, contains_all_tool_calls_in_order를 사용해 호출 순서가 올바른지 확인한다.
- contains_all_tool_calls_in_order_exact_match로 모든 툴이 정해진 순서대로 정확히 호출됐는지 확인한다.

이 세 가지 에이전트 평가 방법은 랭스미스의 실험 UI에서 관찰 및 디버깅이 가능하다(그림 10-16).

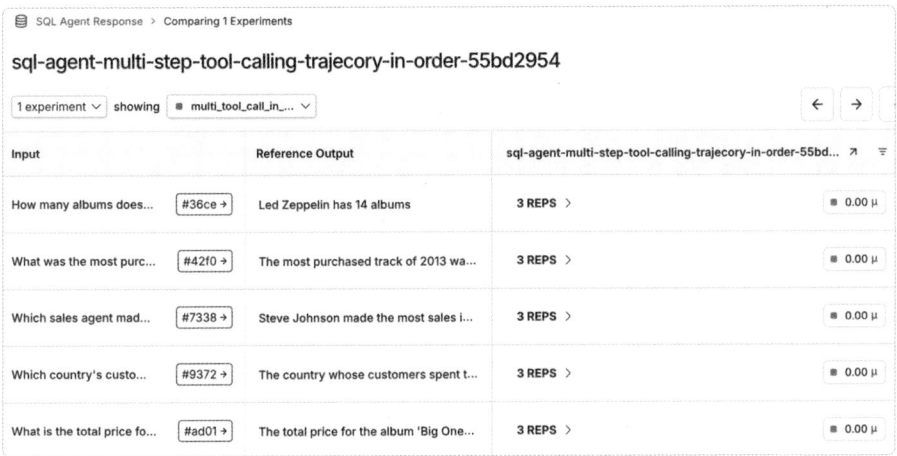

그림 10-16 랭스미스 UI의 에이전트 평가 테스트 예시.

일반적으로, 이 테스트는 LLM 호출 및 툴 호출의 가변성으로 인해 발생하는 LLM 에이전트의 비용 부담과 신뢰성 저하 문제를 해소하는 탄탄한 시작점이 된다.

10.4 운영

사전 제작 단계에서의 테스트가 유용하긴 하지만 LLM 애플리케이션이 실제 사용자와 상호작용하기 전까지는 나타나지 않는 일부 버그와 엣지 케이스도 존재한다. 해당 문제들은 지연 시간뿐 아니라 출력물의 관련성과 정확성에도 영향을 미친다. 또한, 관측성과 **온라인 평**

가online evaluation는 LLM의 입력 또는 출력에 대한 적절한 안전장치를 마련하는 데 도움이 된다. 이 안전장치는 프롬프트 주입과 유해성에 대한 보호를 제공할 수 있다.

해당 과정의 첫 단계는 랭스미스의 추적 기능을 설정하는 것이다.

10.4.1 추적

추적tracing은 입력에서 출력으로 전환되는 과정에서 애플리케이션이 수행하는 여러 단계로 구성된다. 랭스미스는 애플리케이션에서 생성되는 각 추적 기록을 손쉽게 시각화하고, 디버깅 및 테스트할 수 있도록 지원한다. 필요한 랭체인 및 LLM 의존성을 설치한 후, 랭스미스 계정 인증으로 추적용 환경 변수를 구성하면 된다.

```
export LANGCHAIN_TRACING_V2=true
export LANGSMITH_API_KEY=<your-api-key>

export OPENAI_API_KEY=<your-openai-api-key>
```

환경 변수를 설정하면, 별도의 코드 작성 없이도 추적 기능을 사용할 수 있다. 추적 기록은 개별 프로젝트에 자동으로 기록되어, 랭스미스 대시보드의 [Tracing projects] 섹션에 저장된다. 대시보드에서는 추적량, 성공률과 실패율, 지연 시간, 토큰 수 및 비용 등의 지표를 확인할 수 있다(그림 10-17).

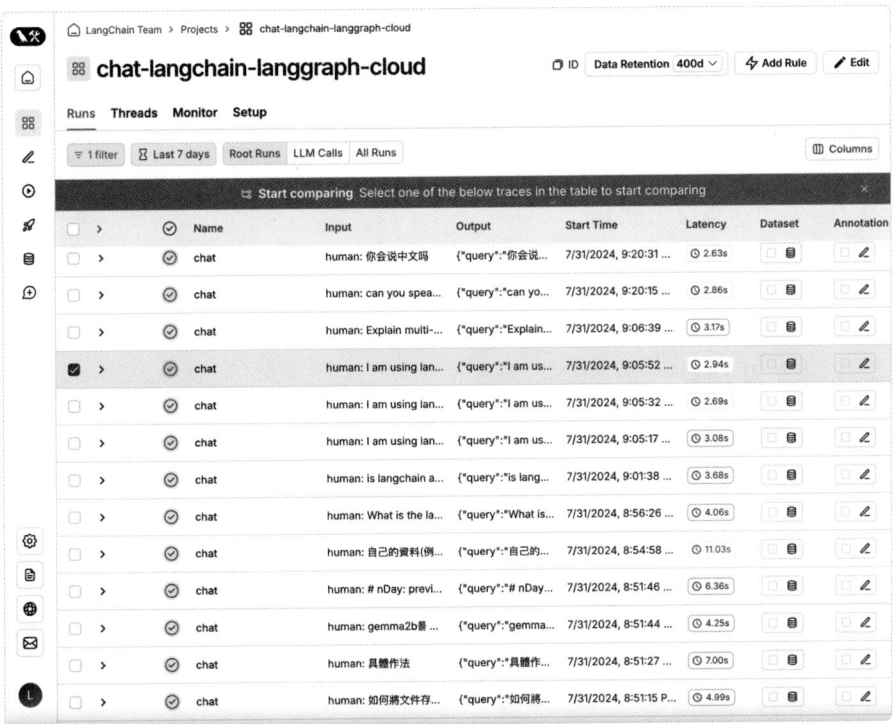

그림 10-17 랭스미스의 추적 성능 지표

필요에 따라 추적 기능 구현을 위한 다양한 전략을 검토할 수 있다.

10.4.2 운영 단계의 피드백 수집

사전 제작 단계와 달리 운영 테스트에서는 LLM의 결과와 비교할 신뢰성 있는 답변이 없다. 대신 평가자는 애플리케이션이 사용자 입력을 처리하는 과정에서 실시간으로 성능을 평가해야 한다. 참조 자료 없이 실시간으로 평가되는 방식을 흔히 **온라인 평가**online evaluation라고 부른다. 애플리케이션 성능 향상을 위해 운영 환경에서 두 가지 유형의 피드백을 수집할 수 있다.

- **사용자 피드백**: 사용자 피드백은 명시적 또는 암시적으로 직접 수집할 수 있다. 사용자가 답변을 평가하는 '좋아요', '싫어요' 버튼을 만들 수도 있고 답변에 대한 상세 피드백 제공 기능을 추가할 수도 있다. 랭스미스는 추적 과정에서 발생한 추적 기록이나 중간 출력(즉, 한 구간의 실행 결과)에도 사용자 피드백을 첨부할 수 있다.

이에 따라 추적 기록에 직접 주석을 달거나 주석 대기열 내에서 실행 결과를 함께 검토할 수 있다.

- **LLM 평가**: 앞서 설명했듯, 추적 기록에 평가 도구를 직접 적용해 환각과 유해 응답을 판별할 수 있다.

사전 제작 단계에서의 테스트를 설명하며 [Datasets & Experiments] 메뉴의 랭스미스의 자동 평가 기능 설정 방법을 소개했다.

10.4.3 분류 및 태깅

사용자 입력 및 생성된 출력물에 대해 체계적인 라벨링 시스템을 구축해 유해성 문제에 효과적인 방어 체계를 마련하거나 사용자 감성 분석에 관한 통찰을 얻을 수 있다.

시스템 운용 결과는 참조 레이블이 포함된 데이터셋의 보유 여부에 따라 크게 좌우된다. 사전 정의한 레이블이 없다면, 미리 정해진 기준에 따라 분류와 태깅 작업을 지원하기 위해 LLM 평가를 사용할 수 있다.

정답 분류 레이블이 제공된다면, 맞춤형 휴리스틱을 활용해 체인의 출력을 정답 분류 레이블에 비교해 평가할 수 있다.

10.4.4 오류 모니터링 및 수정

애플리케이션이 운영되고 있다면, 랭스미스의 추적 기능은 오류와 엣지 케이스를 포착한다. 동일한 문제의 재발을 막기 위해, 오류를 오프라인 평가용 테스트 데이터셋에 포함하는 방안을 고려할 수 있다.

대중에게 기능을 공개하기 전, 베타 사용자를 대상으로 애플리케이션을 단계적으로 출시하는 방식이 있다. 베타 사용자의 피드백으로 치명적인 버그를 발견하고, 이상적인 답변을 토대로 견고한 평가 데이터셋을 구축해, 비용, 지연 시간, 출력 품질 등을 포함한 애플리케이션 전반의 성능을 평가할 수 있다.

10.5 요약

이 장에서는 견고한 테스트가 정확하고 신뢰할 수 있으며 빠르며, 위험이 적고 비용이 효율적인 LLM 애플리케이션을 만드는 방법을 살펴보았다. LLM 애플리케이션 개발의 세 가지 주요 단계는 데이터의 순환을 만들어, 애플리케이션이 작동하는 동안 높은 성능을 유지하도록 돕는다는 것을 확인했다.

설계 단계에서의 오류 처리는 사용자에게 애플리케이션이 전달되기 전에 자체 보정을 통해 문제를 사전에 해결한다. 사전 제작 테스트를 통해 애플리케이션 업데이트 시 성능 지표의 회귀 현상을 미연에 방지할 수 있다. 마지막으로, 운영 모니터링은 실시간 인사이트와 애플리케이션 오류를 수집해 이후 설계 과정에 반영되고, 이러한 주기가 반복된다.

이 장의 핵심은 테스트, 평가, 모니터링 및 지속적 개선의 과정을 통해 문제점을 신속히 보완하고 반복적 개선을 촉진할 수 있다는 것이다. 이와 함께, 사용자가 기대하는 결과를 일관되게 제공하는 신뢰할 만한 제품을 구축할 수 있다는 것이 가장 큰 장점이다.

CHAPTER 11

LLM 애플리케이션 개발

11장에서는 사용자와 LLM 간의 상호작용을 최적화하는 애플리케이션 개발 패턴을 소개한다. 기존 소프트웨어와 달리 LLM은 유연하면서도 비결정적인 특성을 가지고 있어 새로운 UX 접근법이 필요하다. 세 가지 주요 패턴으로 챗봇, LLM과의 협업, 앰비언트 컴퓨팅을 제시하며, 각 패턴을 구현하기 위한 필수 구성 요소와 도전 과제를 상세히 설명한다.

CHAPTER 11

LLM 애플리케이션 개발

LLM을 최종 사용자에게 전달하는 최적의 방식에 대한 고민은 오늘날 LLM 분야가 해결해야 하는 과제다. 어떻게 보면 LLM은 이전보다 훨씬 직관적인 인터페이스다. LLM은 지금까지의 컴퓨터 애플리케이션과 다르게 오타나 말실수, 부정확성을 보다 관대하게 수용한다. 하지만 '약간 벗어난' 입력을 처리하는 능력은 결과 역시 '약간 벗어난' 형태로 나타날 가능성을 수반한다.

컴퓨터는 동일한 명령어 집합은 언제나 같은 결과를 일관되게 도출하도록 설계됐다. 지난 수십 년간 이런 신뢰성 원칙은 인간-컴퓨터 인터페이스(HCI, UX, UI) 설계 전반에 깊이 스며들었다. 하지만 이런 기존의 구성 방식은 거대 언어 모델(LLM)에 의존하는 애플리케이션에는 적합하지 않다는 결론으로 이어졌다.

예를 들어보자. 피그마Figma는 웹사이트, 모바일 애플리케이션, 책 또는 잡지 표지 등 다양한 디자인을 충실히 재현하는 소프트웨어 애플리케이션이다. 대부분의 생산성 소프트웨어(장문 콘텐츠 제작용 소프트웨어) 인터페이스는 아래와 같은 요소들의 결합으로 구성된다.

- **도구 및 기본 요소 팔레트**: 기본 구성 요소와 선, 도형, 페인트 등의 도구
- **캔버스**: 구성 요소를 체계적으로 배열해 웹사이트 페이지, 모바일 애플리케이션 화면 등의 창작물을 구성하는 공간

이런 인터페이스는 사전에 소프트웨어의 기능을 명확히 파악했다는 전제하에 설계한다. 피그마는 인터페이스 설계 시점에 필요한 모든 구성 요소와 도구를 정했고, 소프트웨어 엔지니어가 해당 요소를 모두 사전에 코딩했다. 즉 필요한 기능은 미리 다 준비된 것이다. 당연하게 들릴 수 있지만 LLM을 주로 활용하는 소프트웨어는 다를 수 있다.

워드 프로세서(예: 마이크로소프트 워드 또는 구글 문서)를 생각해 보자. 워드 프로세서의 목적은 블로그 게시물, 기사, 도서의 장 등 다양한 형태의 장문 텍스트 콘텐츠 제작이다. 마찬가지로 워드 프로세서의 인터페이스 역시 구성 요소를 조합해 만들어졌다.

- **도구 및 기본 요소의 팔레트**: 표, 목록, 제목, 이미지 등 기본 요소와 맞춤법 검사, 주석 달기 등의 도구
- **캔버스**: 사용자가 단어를 입력하고 위에서 언급한 요소들을 삽입할 수 있는 빈 페이지

만약 LLM 기반의 워드 프로세서를 구축한다면 상황은 어떻게 달라질까? 이번 장에서는 이 질문에 답이 될 세 가지 패턴을 살펴본다. 각 패턴을 성공적으로 구현하기 위해 필요한 핵심 개념들을 상세히 살펴볼 것이다. 세 가지 패턴은 모든 LLM 애플리케이션에 폭넓게 적용될 수 있는 개념이지만 유일한 해답은 아니다. 이 문제에 대한 최종적인 결론이 내려지기까지는 오랜 시간이 걸릴 것이다.

기존 애플리케이션에 가장 쉽게 추가할 수 있는 패턴부터 하나씩 살펴보자.

11.1 챗봇

챗봇은 기존 소프트웨어 애플리케이션에 LLM을 추가하기에 가장 쉬운 방법이다. 기존 애플리케이션의 사용자 인터페이스 내에서 모든 작업이 진행되는 동안, 아이디어를 주고받을 AI 조수를 추가한다. 가까운 예는 비주얼 스튜디오 코드(Visual Studio Code)(VS코드)에서 사용하는 깃허브 코파일럿 챗(GitHub Copilot Chat)이다.

이 패턴을 업그레이드해 AI 조수와 메인 애플리케이션 사이에 몇 가지 통신 지점을 추가할

수 있다. 예를 들어, VS코드는 어시스턴트가 현재 편집 중인 파일의 내용이나 사용자가 선택한 코드의 일부를 '읽을' 수 있다. 또한 어시스턴트가 열린 에디터에 텍스트를 삽입하거나 편집할 수 있어, 사용자와 LLM이 협업하는 형태를 이루게 된다.

> **NOTE** 챗봇을 구성하는 스트리밍 채팅은 LLM의 전형적인 활용 사례다. 애플리케이션 개발자는 LLM을 다루기 시작하면서 가장 먼저 스트리밍 채팅을 구현하며, 기업 또한 기존 애플리케이션에 LLM을 도입할 때 가장 먼저 스트리밍 채팅을 채택한다. 앞으로도 오랫동안 이러한 상황이 지속될 가능성이 높지만, 또 다른 결과로 스트리밍 채팅이 LLM 시대의 명령줄(직접 프로그래밍에 가장 가까운 전문가의 인터페이스)로 자리 잡을 수 있다.

가장 기본적인 챗봇은 다음 요소로 구성된다.

- **채팅 모델**: 멀티턴 대화에 적합하게 파인튜닝한 모델이다. 대화형 파인튜닝에 관한 자세한 내용은 0장을 참고하길 권한다.
- **대화 기록**: 유용한 챗봇은 이전에 주고받은 대화를 이어갈 수 있어야 한다. 이전 사용자 입력을 기억하지 못하면 의미 있는 대화를 나누기 어렵다.

챗봇에 다음 요소를 추가해 기본 기능을 넘어설 수 있다.

- **스트리밍 출력**: LLM 출력 결과를 토큰 단위(또는 문장이나 단락과 같은 더 큰 단위)로 사용자에게 실시간으로 전달한다. 이렇게 하면 LLM이 가진 지연 문제를 완화할 수 있다.
- **도구 호출**: 챗봇이 애플리케이션의 메인 캔버스와 상호작용하도록 모델이 호출할 도구를 제공한다. 예를 들어, '선택된 텍스트 가져오기'나 '문서 끝에 텍스트 삽입' 같은 도구가 있다.
- **사용자 개입**: 챗봇이 애플리케이션 캔버스의 내용을 변경할 수 있는 도구를 제공할 경우, 사용자에게는 새 텍스트가 삽입되기 전에 확인하거나 수정할 수 있는 제어 권한을 부여해야 한다.

11.2 LLM과의 협업

대부분의 생산성 소프트웨어는 협업 기능을 지원한다. 생산성 소프트웨어가 제공하는 협업 기능은 주로 다음과 같은(혹은 비슷한) 방식을 사용한다.

- **저장 후 공유**: 가장 기본적인 기능으로, 한 사용자가 문서를 편집한 후 다른 사용자에게 '넘기는' 방식이다. 예를 들어 파일을 이메일로 전송한 뒤 이 과정을 반복한다. 마이크로소프트 오피스(엑셀Excel, 워드Word, 파워포인트PowerPoint)가 좋은 예다.
- **버전 관리**: 저장 후 전송 방식의 발전형으로, 여러 편집자가 각자 동시에 작업하되 서로의 변경 사항을 인지하지 못하는 상태에서, 이후에 작업물을 결합하는 도구를 제공한다. 이 도구는 병합 전략(관련 없는 변경 사항을 결합하는 방법)과 충돌 해결(호환되지 않는 변경 사항을 결합하는 방법)을 제공한다. 소프트웨어 엔지니어들이 소프트웨어 프로젝트 협업에 사용하는 깃Git과 깃허브GitHub가 좋은 예다.
- **실시간 협업**: 여러 편집자가 동시에 하나의 문서를 편집하면서 서로의 변경 사항을 실시간으로 확인할 수 있다. 가장 자연스러운 협업 형태로, 구글 문서나 구글 시트Google Sheets의 인기 요인이다.

LLM 에이전트를 한 명의 '공동 편집자'로서 문서 작업에 기여하게 해 LLM 애플리케이션의 UX 패턴을 구성할 수 있다. 기여 방식은 두 가지다.

- **코파일럿**: 항상 활성화된 '코파일럿'이 다음 문장에 완성을 제공하는 형태
- **드래프터**: 비동기 방식의 '드래프터'가 주어진 주제를 조사해 문서에 추가할 내용을 작성하는 형태

LLM의 협업 편집 시스템을 구축하는 데에는 다음 요소들이 필요하다.

- **공유 상태**: LLM 에이전트와 인간 사용자는 문서 상태에 동일하게 접근하고 이해해야 한다. 즉, 문서의 상태를 파악하고, 호환 가능한 형식으로 편집을 생성할 수 있어야 한다.
- **작업 관리자**: 문서에 유용한 편집을 진행하려면 여러 단계를 거쳐야 한다. 편집 과정은 시간이 걸리고 중간에 실패할 수도 있다. 이에 따라 장시간 실행되는 작업을 안정적으로 스케줄링 및 조율할 대기열 구성, 오류 복구, 실행 작업에 대한 제어가 필요하다.
- **포크 병합**: 사용자가 문서를 계속 편집하는 동안 LLM 에이전트도 작업을 수행하는 경우 두 작업을 병합해야 한다. 사용자가 수동으로 수행하거나, 구글 문서 같은 애플리케이션이 사용하는 CRDTconflict-free replicated data type, OToperational transformation와 같은 충돌 해결 알고리즘을 통해 자동으로 적용한다.

- **동시성**: 인간 사용자와 LLM 에이전트가 동시에 같은 작업을 진행하는 상황에서는, 중단, 취소, 전환(다른 작업을 수행) 및 대기열 추가(다른 작업도 수행)를 처리할 수 있어야 한다.
- **실행 취소/재실행 스택**: 생산성 소프트웨어에서 널리 사용하는 패턴으로, 사용자가 마음을 바꿔 문서를 이전 상태로 되돌리고자 할 때 LLM 애플리케이션도 이를 지원해야 한다.
- **중간 출력**: LLM의 출력은 한 번에 생성되지 않고 토큰 단위로 생성되므로, 사용자에게 실시간으로 추가되는 방식이 이상적이다(사람이 10단락짜리 글을 한 문장씩 작성하는 것과 마찬가지다).

11.3 앰비언트 컴퓨팅

항상 활성화 상태인 백그라운드 프로그램이, 주목할 만한 '흥미로운' 일이 생기면 알려주는 기능을 생각해 보자. 이러한 패턴은 오늘날 여러 곳에서 찾아볼 수 있다.

- 특정 주식이 일정 수준 이하로 떨어지면 알림을 전송하는 증권 애플리케이션
- 특정 검색어와 관련된 새로운 검색 결과가 나타나면 알림을 전송하는 구글
- 컴퓨터 인프라에서 평소와 다른 패턴이 감지되었을 때 알림을 주는 시스템

이 패턴을 보다 널리 적용하는 데 가장 큰 장애물은 '흥미로운' 상황에 대한 정의다. '흥미로운' 상황은 아래 두 조건을 모두 충족해야 한다.

- **유용성**: 사용자가 필요할 때 알림을 제공해야 한다.
- **실용성**: 대부분의 사용자는 미리 수많은 알림 규칙을 만들어 둘 시간이 없으므로 규칙 설정이 간편해야 한다.

LLM의 추론 능력은 '앰비언트 컴퓨팅 ambient computing' 패턴을 새로운 방식으로 활용할 수 있다. 사용자가 흥미롭게 느낄 정보를 더 잘 찾아내고, 사용자가 직접 여러 규칙을 설정하는 번거로움도 줄여준다.

협업 방식과 앰비언트 방식의 가장 큰 차이는 '동시 작업 여부'에 있다.

- **협업 방식**: 사용자와 LLM이 동시에 작업하며 서로의 결과물을 참고하거나 보완한다.

- **앰비언트 방식**: 사용자는 보통 전혀 다른 일을 하고 LLM은 백그라운드에서 끊임없이 작업을 진행한다.

앰비언트 방식을 구현하려면 다음과 같은 요소가 필요하다.

- **트리거**: 앰비언트 컴퓨팅은 주기적이거나 지속적으로 새로운 정보를 제공할 출처가 필요하다. LLM 에이전트는 환경으로부터 주기적으로 새로운 정보를 받아들이거나 확인해야 한다.
- **장기 기억**: 이전에 수신한 정보를 저장한 상태여야(예: 데이터베이스) 흥미로운 상황이 새로운 상황인지 감지할 수 있다.
- **성찰** 또는 **학습**: 흥미로운 상황(즉, 인간의 개입이 필요한 상황)을 이해하려면, 기존의 흥미로운 상황을 학습해야 한다. 이를 일반적으로 성찰 단계라고 하며, 이 단계에서 LLM은 장기 기억을 업데이트하고, 향후 흥미로운 상황을 감지할 '규칙'을 수정할 수도 있다.
- **출력 요약**: 백그라운드에서 작업하는 에이전트는 사용자가 원하는 것보다 훨씬 많은 출력을 생성할 가능성이 크다. 따라서 에이전트 아키텍처는 수행된 작업을 요약하여 사용자에게 새롭거나 주목할 만한 내용만 전달하도록 요약해야 한다.
- **작업 관리자**: LLM 에이전트가 백그라운드에서 지속적으로 작업하려면 작업 관리, 대기열 새로운 실행 추가, 오류 처리 및 복구를 위한 시스템을 도입해야 한다.

11.4 요약

LLM은 소프트웨어 개발 방식(https://oreil.ly/RqnCm)뿐 아니라, 우리가 만드는 소프트웨어 자체를 바꿀 잠재력을 지니고 있다. 개발자가 새로운 콘텐츠를 생성할 수 있는 이 능력은 기존 애플리케이션을 한층 강화할 뿐 아니라, 지금까지 상상하지 못한 새로운 가능성을 열어줄 것이다. 지름길은 없다. 실제로 엉성한 애플리케이션이라도 만들어 보고, 사용자와 직접 소통한 뒤, 계속 개선해 나가야 한다.

이 책을 통해 LLM으로 독창적이고 뛰어난 무언가를 만드는 데 도움이 될 지식을 전달하고자 했다. 지금까지 여정을 함께 해줘 감사하며, 앞으로의 커리어와 미래에 행운이 있기를 바란다.

APPENDIX

A

MCP 서버의 구축과 활용

AI 에이전트와 외부 도구를 표준 방식으로 연결하여 개발 효율성과 유지보수성을 크게 향상시키는 MCP에 대해 알아본다. 부록에서는 FastMCP를 활용한 MCP 서버 구현부터 다양한 환경(클로드, VS 코드, 랭체인)에서의 MCP 활용법을 코드 예시와 함께 상세히 설명한다.

APPENDIX A

MCP 서버의 구축과 활용

부록에서 다루는 내용은 한국어판 독자를 위한 한빛미디어 추가 콘텐츠로, 원서에는 수록되어 있지 않다.

앤트로픽은 2024년 11월, AI 모델과 외부 도구를 연결하는 범용 표준인 모델 컨텍스트 프로토콜Model Context Protocol(MCP)을 발표하고 오픈소스로 공개했다(*https://www.anthropic.com/news/model-context-protocol*). MCP는 AI와 외부 애플리케이션을 연결하는 표준 인터페이스다. USB-C 포트가 한 가지 모양의 단자로 다양한 기기를 연결하듯, MCP는 AI와 데이터베이스, 외부 서비스 등을 표준 방식으로 연결한다.

앤트로픽은 MCP 발표 이후, MCP 서버와 클라이언트를 간편하게 구축할 수 있는 오픈소스 프로젝트인 FastMCP를 공식 지원하며, 다양한 콘퍼런스와 워크숍을 통해 MCP의 활용을 적극적으로 홍보했다. 이에 따라 다양한 MCP 서버가 생겨났고, 커서Cursor AI, VS 코드(깃허브 코파일럿) 등에서 MCP 지원을 추가했다. 덕분에 많은 사용자가 다양한 MCP 서버를 만들어 공개하며, MCP는 AI 생태계의 표준 인터페이스로 자리 잡아가고 있다.

부록에서는 파이썬을 활용해 MCP 서버를 구현하고 랭체인 프로젝트에 연결하는 방법을 알아본다.

A.1 MCP 개요

0장에서 설명했듯 LLM은 기본적으로 텍스트를 생성하는 모델로, 자체적으로 외부 데이터에 접근하거나 시스템 작업을 실행하는 기능은 없다. 따라서 LLM이 실제 작업을 수행하게 하려면 다양한 외부 자원과의 연결이 필요하다. 이때 MCP는 모델과 외부 시스템을 연결하는 표준 인터페이스 역할을 한다.

A.1.1 MCP란 무엇인가

MCP를 사용하면, 에이전트 구조에 외부 API, 파일 시스템, 계산기, 캘린더, 문서 검색기 등 다양한 툴을 결합할 수 있다. 특히 MCP는 툴 정의를 모델 내부가 아닌 서버 측에 위임해서 툴의 확장성과 재사용성을 높인 구조를 제공한다. 모델은 더 이상 툴을 직접 정의하거나 포함하지 않고, 외부 MCP 서버에서 툴 목록을 불러오고, 필요한 작업을 선택해 요청을 보낸다. 이러한 방식은 모델이 다양한 클라이언트 환경과 툴 조합 속에서도 일관되게 동작하게 해준다. MCP를 사용하는 시스템은 다음과 같은 세 가지 주요 요소로 구성된다.

- **MCP 호스트**: 클로드 애플리케이션, 커서 AI, VS 코드 등 MCP로 데이터에 접근하는 프로그램
- **MCP 클라이언트**: 서버와 1:1 연결을 유지하는 클라이언트
- **MCP 서버**: MCP로 기능(툴)을 제공하는 서버

[그림 A-1]과 같이, MCP 호스트는 LLM과 MCP 클라이언트를 결합한 형태로 작동한다. 사용자가 요청을 입력하면, 호스트는 해당 요청을 분석해 어떤 작업이 필요한지를 판단하고, 클라이언트를 통해 MCP 서버에 접속해 필요한 툴을 호출한다. 툴 실행 결과는 다시 모델의 응답에 반영되어 사용자에게 전달된다. 이 전체 과정은 LLM의 언어 처리 능력과 외부 시스템의 실행 능력을 분리하면서도 자연스럽게 통합한다.

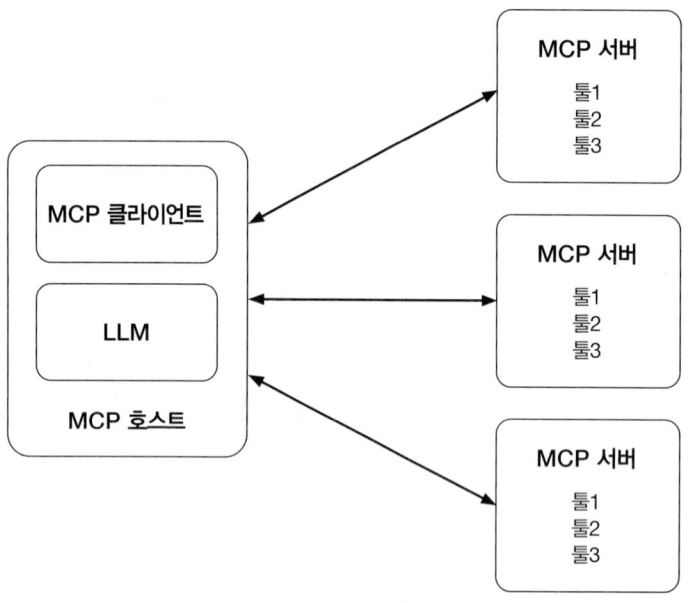

그림 A-1 MCP의 작동 방식

MCP는 툴 호출에 대한 권한 제어, 오류 관리, 메시지 포맷, 전송 방식(stdio, HTTP, SSE 등)을 포괄적으로 정의한다. 이 덕분에 MCP를 지원하는 어떤 클라이언트라도 동일한 MCP 서버에 접속해 동일한 툴을 호출할 수 있으며, [그림 A-1]처럼 하나의 클라이언트가 여러 MCP 서버에서 다양한 툴을 조합해 사용하는 것도 가능하다.

A.1.2 랭체인과 MCP의 결합

랭체인은 모델이 외부 기능을 사용할 수 있도록 구성된 대표적인 에이전트 프레임워크다. 랭체인에서는 툴(tool)을 정의하고, 에이전트가 해당 툴을 호출하여 결과를 받아 활용하는 구조를 제공한다. 기존 방식에서는 이러한 툴을 코드 내부에서 직접 정의하고, 툴마다 명시적으로 설정해야 했기 때문에, 기능을 추가하거나 수정할 때마다 코드 변경과 배포가 필요하다.

MCP는 이러한 방식의 구조적 한계를 해소한다. MCP를 랭체인에 결합하면, 툴 정의와 실행을 코드 외부로 분리해 서버 측에서 관리할 수 있다. 랭체인 프로젝트는 코드 내에서 툴을 정의하지 않고, MCP 서버와 연결만 수행한 뒤, 서버가 제공하는 툴 목록을 불러와 사용할 수 있다. 이에 따라 코드 수정 없이도 새로운 툴을 추가하거나 기존 툴을 갱신할 수 있으며, 운영 중인 시스템에서 실시간으로 툴 구성을 변경할 수 있는 유연성이 확보된다.

예를 들어, 기존 방식으로 새로운 환율 계산 툴을 추가하기 위해서는 툴 객체를 코드 내에서 작성하고 테스트한 후, 시스템에 반영하는 일련의 작업이 필요하다. MCP를 사용할 경우에는 MCP 서버에 환율 계산 툴을 새로 등록하기만 하면, 랭체인 측에서는 별도의 코드 수정 없이 해당 툴을 호출할 수 있게 된다. 이처럼 MCP는 개발 효율성을 크게 높이는 동시에, 코드와 기능의 결합도를 낮춰 유지보수성을 개선한다.

또한 MCP는 특정 언어나 실행 환경에 종속되지 않는다. 파이썬뿐 아니라 Node.js, 러스트, Go 등 다양한 언어로 개발된 기능을 MCP 서버로 구성할 수 있으며, 랭체인에서는 이를 하나의 툴처럼 호출할 수 있다. 따라서 조직 내에서 이미 개발된 다양한 기술 자산을 랭체인 기반 에이전트에 쉽게 통합할 수 있다. 실제로 Node.js 기반의 웹 크롤러, 러스트로 작성한 PDF 분석기, 내부 ERP 시스템과 연결된 API 등도 MCP 서버로 구성하여 랭체인과 연동할 수 있다.

이러한 방식은 팀 기반 협업 환경에도 유리하다. 구현할 기능별로 팀을 나누고 각자의 MCP 서버를 운영하면, 랭체인 프로젝트에서는 각 서버를 조합해 통합된 에이전트를 구성할 수 있다. 클라이언트 측에서는 서버 목록만 바꿔 연결하면 되므로, 각 기능의 독립성과 유지보수 편의성도 확보된다.

MCP를 활용하면 단순히 툴 호출 방식만 바꾸는 것이 아니라, 랭체인의 전체 아키텍처도 유연하고 확장 가능한 구조로 진화하게 된다. 툴 구성은 정적인 코드 정의 방식에서 벗어나, 서비스 단위로 모듈화되어 외부에서 동적으로 제공할 수 있어, 랭체인은 이를 필요에 따라 호출하는 실행 주체로 역할이 정리된다. 결과적으로, 랭체인과 MCP의 결합은 다음과 같은 구조적 이점을 제공한다.

- 코드 외부에서 툴 정의와 관리를 수행하여 유지보수 부담 감소
- 다양한 언어/플랫폼 기반의 툴과의 연동 가능
- 실시간 툴 추가·변경을 통한 운영 유연성 확보
- 팀 단위 툴 분리와 재사용을 통한 협업 최적화

이렇게 하면 단일 에이전트가 다양한 역할을 수행할 수 있도록 확장하며, AI 시스템의 실질적인 자동화 범위가 넓어진다. MCP는 랭체인의 기능을 보완하는 수단이자, 에이전트 아키텍처를 한 단계 높은 수준으로 끌어올리는 핵심 구성 요소로 자리 잡게 될 것이다.

A.2 자체 MCP 서버의 구현

이제 MCP 서버를 구축하는 법을 알아보자. FastMCP는 이러한 MCP 서버를 손쉽게 구축할 수 있는 오픈소스 프레임워크로, 파이썬 환경에서 빠르게 MCP 서버를 구성할 수 있게 도와준다. 이번 절에서는 FastMCP를 사용해 단위를 변환하는 MCP 서버를 구성하고, 클로드와 연결하는 방법을 살펴보자. 실습 코드는 *https://github.com/TeeDDub/learning-langchain* 에서 확인할 수 있다.

A.2.1 FastMCP를 사용한 MCP 서버 구현

MCP 프로토콜은 강력하지만, 구현에는 서버 설정, 콘텐츠 타입, 오류 관리 등 많은 보일러플레이트 코드가 필요하다. 이런 문제를 해결하는 게 바로 FastMCP다. FastMCP는 2024년 11월에 처음 공개되었다. 이는 복잡한 프로토콜 세부 사항과 서버 관리를 대신 처리해 개발자가 훌륭한 툴을 만드는 데만 집중하도록 지원했다. 이후 앤트로픽은 FastMCP를 공식 SDK에 포함했고, FastMCP 또한 2.0 버전 업데이트를 선보이며 단순히 MCP 서버를 쉽게 만드는 툴에서 MCP 생태계의 진화에 따라, 다양한 새로운 기능(과 더 실험적인 아이디어)

을 도입했다. 이제 FastMCP는 MCP 서버에 프록시 같은 기능을 추가하고, OpenAPI 스펙이나 FastAPI 객체에서 자동으로 서버를 생성하는 기능도 제공한다.

MCP 서버를 구축하기 위해 FastMCP를 설치해 보자.

```
uv pip install fastmcp
```

> **NOTE** uv는 파이썬을 위한 패키지 및 프로젝트 매니저로, 설치 방법은 아래 페이지를 참고하자.
> https://docs.astral.sh/uv/getting-started/installation

설치를 완료하면, MCP 서버를 구성할 코드를 작성할 수 있다. FastMCP도 동적 프롬프트와 다양한 자료를 제공하지만, 이번에는 간단한 사용법만 살펴볼 것이므로 툴만 구현하겠다. 이번 실습에서는 간단한 단위 변환기를 작성해 보자.

코드 A-1 단위 변환 MCP 서버 구현

```python
from fastmcp import FastMCP, Context
from typing import Literal, Optional, Union, Dict

mcp = FastMCP("Unit Converter")

@mcp.tool()
def convert_temperature(
    value: float,
    source_unit: Literal["celsius", "fahrenheit"],
    target_unit: Literal["celsius", "fahrenheit"]
) -> Dict[str, Union[float, str]]:
    """
    온도 단위 변환 함수
    
    Parameters:
        value: 변환할 온도 값
        source_unit: 원본 단위 ('celsius' 또는 'fahrenheit')
        target_unit: 목표 단위 ('celsius' 또는 'fahrenheit')
```

```
    Returns:
        변환된 온도 값과 단위 정보를 포함하는 딕셔너리
    """

    if source_unit == target_unit:
        result = value
    elif source_unit == 'celsius' and target_unit == 'fahrenheit':
        result = (value * 9/5) + 32
    elif source_unit == 'fahrenheit' and target_unit == 'celsius':
        result = (value - 32) * 5/9

    return {
        "value": result,
        "unit": target_unit,
        "original_value": value,
        "original_unit": source_unit
    }

@mcp.tool()
def convert_length(
    value: float,
    source_unit: Literal["meter", "feet", "inch", "cm"],
    target_unit: Literal["meter", "feet", "inch", "cm"]
) -> Dict[str, Union[float, str]]:
    """
    길이 단위 변환 함수

    Parameters:
        value: 변환할 길이 값
        source_unit: 원본 단위 ('meter', 'feet', 'inch', 'cm')
        target_unit: 목표 단위 ('meter', 'feet', 'inch', 'cm')

    Returns:
        변환된 길이 값과 단위 정보를 포함하는 딕셔너리
    """
    # 모든 단위를 미터로 변환하는 계수
    conversion_to_meter = {
        'meter': 1,
        'feet': 0.3048,
        'inch': 0.0254,
```

```python
        'cm': 0.01
    }
    
    # 같은 단위인 경우
    if source_unit == target_unit:
        result = value
    else:
        # 원본 단위를 미터로 변환 후 목표 단위로 변환
        meter_value = value * conversion_to_meter[source_unit]
        result = meter_value / conversion_to_meter[target_unit]
    
    return {
        "value": result,
        "unit": target_unit,
        "original_value": value,
        "original_unit": source_unit
    }

@mcp.tool()
def convert_weight(
    value: float,
    source_unit: Literal["kg", "pound", "gram", "ounce"],
    target_unit: Literal["kg", "pound", "gram", "ounce"]
) -> Dict[str, Union[float, str]]:
    """
    무게 단위 변환 함수
    
    Parameters:
        value: 변환할 무게 값
        source_unit: 원본 단위 ('kg', 'pound', 'gram', 'ounce')
        target_unit: 목표 단위 ('kg', 'pound', 'gram', 'ounce')
        ctx: MCP 컨텍스트 객체 (선택적)
    
    Returns:
        변환된 무게 값과 단위 정보를 포함하는 딕셔너리
    """
    
    # 모든 단위를 킬로그램으로 변환하는 계수
    conversion_to_kg = {
        'kg': 1,
        'pound': 0.45359237,
```

```
            'gram': 0.001,
            'ounce': 0.02834952
        }

        # 같은 단위인 경우
        if source_unit == target_unit:
            result = value
        else:
            # 원본 단위를 킬로그램으로 변환 후 목표 단위로 변환
            kg_value = value * conversion_to_kg[source_unit]
            result = kg_value / conversion_to_kg[target_unit]

    return {
        "value": result,
        "unit": target_unit,
        "original_value": value,
        "original_unit": source_unit
    }

if __name__ == "__main__":
    mcp.run()
```

FastMCP를 임포트하고 온도와 길이, 무게 단위를 변환하는 함수를 작성했다. 각 함수 위에 데코레이터 `@mcp.tool()`을 입력해 MCP의 툴임을 명시했다. `mcp.run()`로 MCP 서버를 설정한다. MCP 서버는 두 가지 통신 방식을 지원한다.

- **Stdio(커맨드라인)**: 로컬 프로세스와 표준 입력/출력을 사용하여 통신
- **HTTP(SSE)**: 외부 서버에서 Server-Sent Events(SSE)로 통신

`mcp.run()`은 매개변수 transport로 통신 방식을 설정한다. 기본값은 커맨드라인 기반인 stdio로, 자체 서버를 통해 MCP를 제공한다면 sse를 설정하면 된다. 이제 MCP를 모두 구현했으니 제대로 작동하는지 확인하기 위해 MCP의 인스펙터를 사용하겠다. 다음 명령어를 입력해 인스펙터를 실행하자.

```
fastmcp dev 01.unit-converter-mcp.py
```

인스펙터를 실행하면 콘솔에 URL이 출력되며, 해당 주소에서 인스펙터를 사용할 수 있다. 인스펙터에서 [▶ Connect]을 눌러 서버에 연결한다.

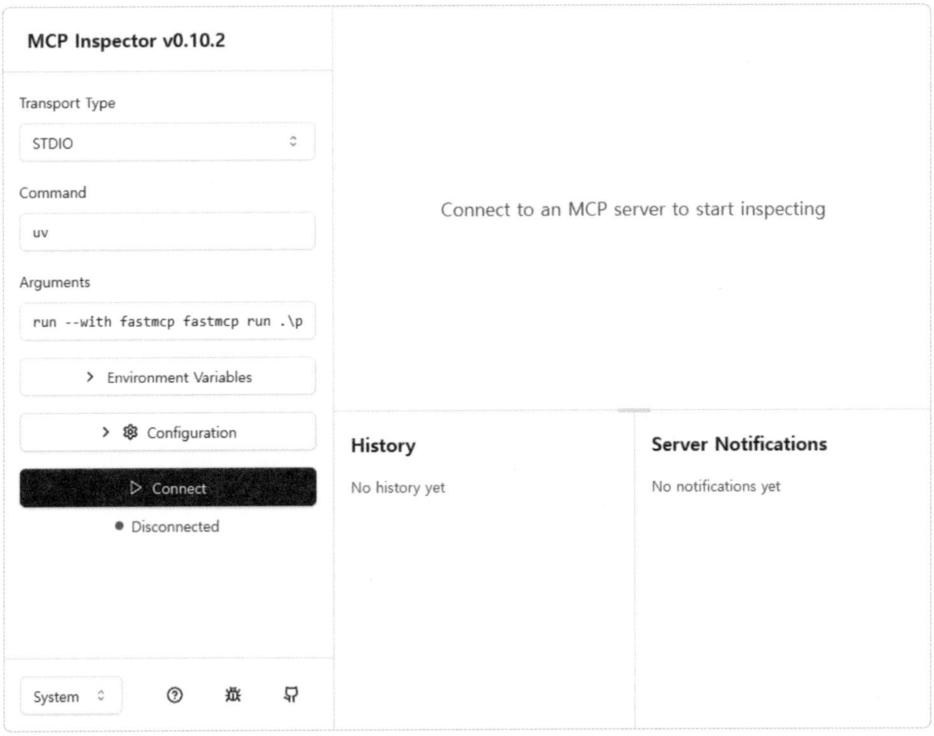

그림 A-2 MCP 인스펙터 화면

서버가 연결되면 상단 메뉴에서 [Tools]를 선택하고, [List Tools]를 선택하면 앞서 구현한 툴의 목록을 확인할 수 있다. 테스트할 툴을 선택해서 값을 입력해 보고 제대로 작동하는지 확인하자. 온도 변환 툴을 선택해 화씨 100도를 섭씨온도로 변환해 보겠다. 각 입력 칸에 값을 입력하고 [Run Tool]을 클릭하면 성공 메시지와 함께 변환 결과가 출력된다. 'Tool Result: Success'가 나오고 실행 결과가 출력된다.

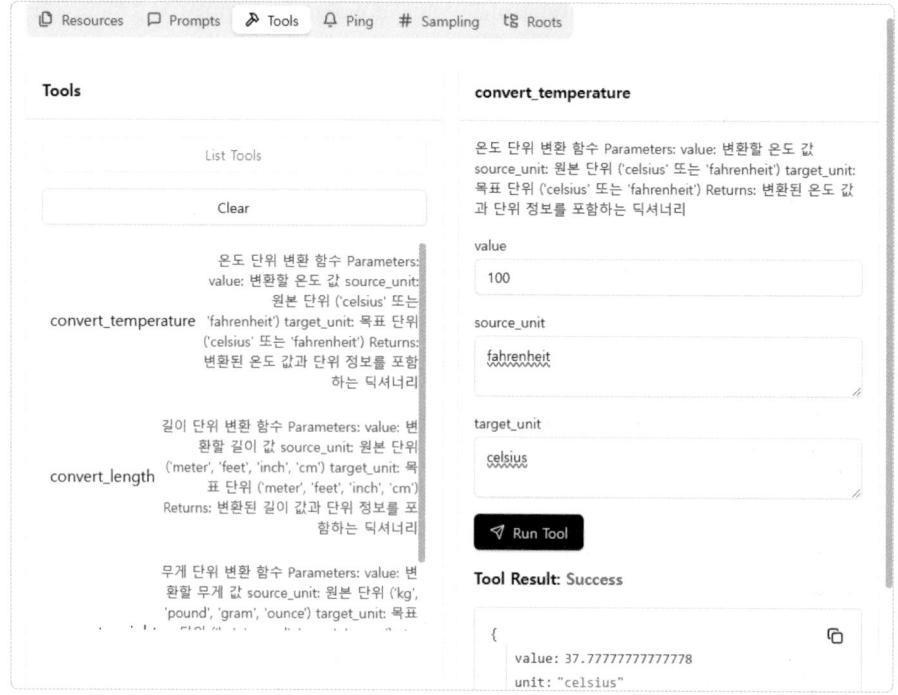

그림 A-3 MCP 인스펙터의 툴 테스트

FastMCP의 직관적인 데코레이터 API를 통해 쉽게 MCP 툴을 정의하고, 내장된 인스펙터를 통해 구현된 기능을 손쉽게 테스트했다. 앞서 언급했듯 개발자는 FastMCP로 MCP 프로토콜의 복잡한 세부 사항을 추상화해 비즈니스 로직에만 집중할 수 있다. 이러한 기초를 바탕으로 더 복잡한 기능을 갖춘 MCP 서버를 개발하거나, 다양한 FastMCP의 고급 기능을 활용해 볼 수 있을 것이다.

MCP 서버를 구축했으니 이제 AI 모델과 연결해 실제로 활용할 차례다. 이번에는 앞서 만든 단위 변환 MCP 서버를 다양한 호스트에서 연결해 보겠다.

A.2.2 구현한 MCP 서버와 클로드 연결

FastMCP로 작성한 MCP 서버는 간단한 명령어로 클로드에 연결할 수 있다. 클로드 애플리케이션을 켠 상태로 아래 명령어를 입력한 뒤, 클로드 애플리케이션을 재실행하면 클로드에 해당 MCP 서버가 제공한 툴이 등록된다.

```
fastmcp install 01.unit-converter-mcp.py
```

사용 가능한 MCP 도구

Claude는 모델 컨텍스트 프로토콜(MCP)을 사용하여 전문 서버에서 제공하는 도구를 활용할 수 있습니다.

convert_length
길이 단위 변환 함수 Parameters: value: 변환할 길이 값 source_unit: 원본 단위 ('meter', 'feet', 'inch', 'cm') target_unit: 목표 단위 ('meter', 'feet', 'inch', 'cm') Returns: 변환된 길이 값과 단위 정보를 포함하는 딕셔너리
서버: Unit Converter

convert_temperature
온도 단위 변환 함수 Parameters: value: 변환할 온도 값 source_unit: 원본 단위 ('celsius' 또는 'fahrenheit') target_unit: 목표 단위 ('celsius' 또는 'fahrenheit') Returns: 변환된 온도 값과 단위 정보를 포함하는 딕셔너리
서버: Unit Converter

convert_weight
무게 단위 변환 함수 Parameters: value: 변환할 무게 값 source_unit: 원본 단위 ('kg', 'pound', 'gram', 'ounce') target_unit: 목표 단위 ('kg', 'pound', 'gram', 'ounce') ctx: MCP 컨텍스트 객체 (선택적) Returns: 변환된 무게 값과 단위 정보를 포함하는 딕셔너리
서버: Unit Converter

그림 A-4 클로드에 등록된 MCP 단위 변환 툴

> Polar bears are among the largest carnivorous mammals in the world, with a body length that can grow up to 10 feet and can weigh over 1,500 pounds. They show remarkable adaptation to snow and ice environments, capable of running at speeds up to 25 miles per hour. Polar bears are excellent swimmers, able to swim more than 100 miles at a time, and can hold their breath underwater for over 2 minutes. Their sense of smell is highly developed, allowing them to detect seals from up to 1 mile away, and they can even sense seals beneath 3 feet of ice.
>
> 이 텍스트를 한국어로 번역해 주세요. 툴을 사용해 한국에서 사용하는 단위 기준으로 변환해 주세요.

프롬프트를 입력하면 이 대화에서 툴을 사용할지 확인하는 창을 띄운다. 사용자는 해당 대화만 해당 툴의 사용을 허용할 수 있다. 클로드가 자체적으로 변환하는 경우가 있지만 프롬프트에서 툴을 사용하도록 지정하면 툴을 호출한다.

 Unit Converter(로컬)의 convert_length 결과

```
{
  `value`: 10,
  `source_unit`: `feet`,
  `target_unit`: `meter`
}
{"value": 3.048, "unit": "meter", "original_value": 10.0, "original_unit": "feet"}
...생략...
```

북극곰은 세계에서 가장 큰 육식 포유류 중 하나로, 체장이 최대 3미터까지 자랄 수 있으며 무게는 680kg이 넘을 수 있습니다. 북극곰은 눈과 얼음 환경에 놀라운 적응력을 보이며, 시속 40km까지 달릴 수 있습니다. 북극곰은 뛰어난 수영 능력을 가지고 있어 한 번에 160km 이상 수영할 수 있으며, 물속에서 2분 이상 숨을 참을 수 있습니다. 북극곰의 후각은 매우 발달되어 있어 최대 1.6km 떨어진 곳에서도 물개를 감지할 수 있으며, 심지어 91cm 두께의 얼음 아래에 있는 물개도 감지할 수 있습니다.

MCP와 FastMCP를 활용하여 단위 변환 서버를 구현하고 다양한 환경에서 활용하는 방법을 살펴보았다. 단순한 예시지만, MCP가 AI와 외부 시스템 간의 상호작용을 표준화하고 확장 가능하게 만드는 강력한 프로토콜임을 알 수 있다. 앞으로 MCP 생태계가 더욱 발전함에 따라 개발자들은 더 복잡하고 다양한 기능을 AI 모델에 연결하여 보다 강력한 AI 애플리케이션을 구축할 수 있을 것이다.

A.3 공개 MCP 서버 연결

앞서 살펴보았듯 MCP는 다양한 호스트 환경에서 사용할 수 있으며 MCP 서버도 비교적 쉽

게 개발할 수 있다. 이로 인해 많은 개발자가 자신만의 MCP 서버를 만들어 공개하면서 MCP 서버 생태계가 점점 확장되고 있다. 스미더리(smithery)나 mcp.so와 같은 플랫폼은 공개된 MCP 서버를 정리해 다양한 MCP 서버를 쉽게 찾아보고 선택할 수 있도록 도와준다. 이번 절에서는 마이크로소프트의 Playwright나 MCP 공식 filesystem 서버를 사용하는 방법을 살펴본다.

A.3.1 VS 코드에서의 MCP 서버 연결

랭체인에서 MCP를 호출하기에 앞서 간단히 MCP를 호출하는 방법을 살펴보자. VS 코드의 깃허브 코파일럿을 사용해 MCP를 호출하겠다.

이번 예시에서는 브라우저 자동화 도구인 Playwright의 MCP 서버를 사용한다. Playwright는 마이크로소프트가 제공하는 웹 브라우저 자동화 툴로, AI 모델이 웹 탐색, 데이터 스크래핑, UI 테스트 등 다양한 브라우저 기반 작업을 수행할 수 있다.

VS 코드에서 MCP를 호출하려면, 먼저 프로젝트 폴더 내에 .vscode/mcp.json 파일을 생성해 워크스페이스에 MCP 설정을 추가해야 한다. 그런 다음 해당 파일을 열고 [Add Server…] 버튼을 눌러, MCP 서버 전송 유형을 선택한다.

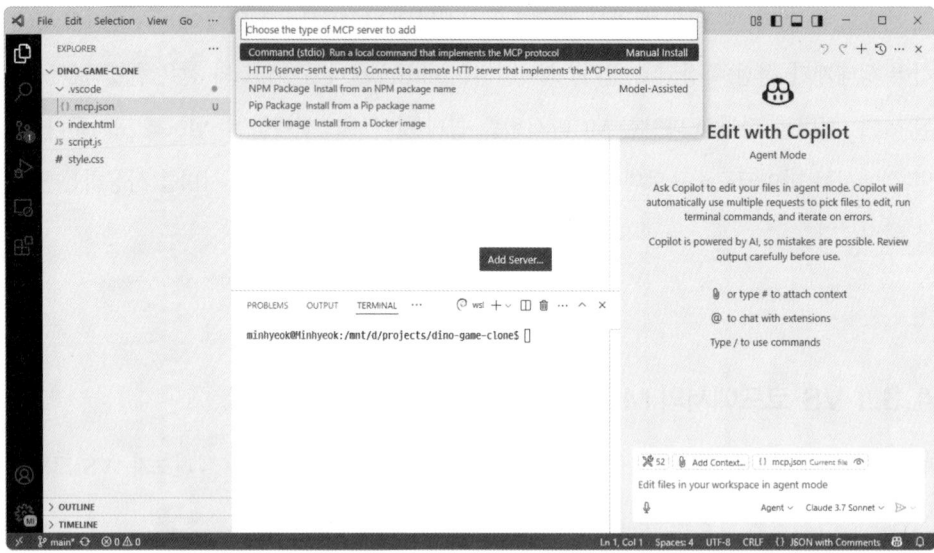

그림 A-5 MCP 서버 설치

이번 실습에서 사용할 Playwright MCP는 로컬 서버이므로 첫 번째 메뉴인 [Command (stdio)]를 선택한다. 실행할 명령어를 입력하는 창에는 `npx @playwright/mcp@latest --headless`를 입력한다.

> **NOTE** 실행하는 서버가 사용하는 라이브러리(Node.js나 파이썬 uv 등)를 미리 로컬에 설치해야 한다. Playwright는 Node.js를 사용하므로, 사전에 Node.js를 설치해야 한다.

명령어를 입력한 후 코파일럿 채팅창(Agent 모드)에서 MCP 서버를 새로고침해야 툴을 추가할 수 있다. MCP 설정을 마무리한 후 코파일럿에 뉴스 정리를 요청하는 프롬프트를 입력한다.

> https://news.ycombinator.com/front 에서 주요 뉴스 5개와 조회수가 가장 높은 뉴스 5개를 정리해 주세요.

프롬프트를 입력하면 코파일럿에서는 MCP 서버가 제공하는 툴 중에서 요청한 작업을 완료하는 데 적절한 기능(browser_navigate)를 선택해 실행한다. 이때 코파일럿은 사용자에게 실행 여부를 확인하는데 [Continue]를 눌러 실행을 허가한다.[1]

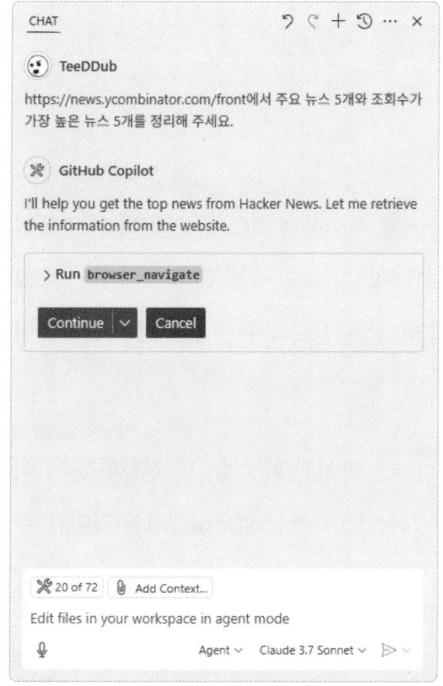

그림 A-6 코파일럿 실행 화면

Hacker News 주요 뉴스 요약 (2025년 4월 11일)

제가 Hacker News의 프론트 페이지를 확인했습니다. 다음은 현재 가장 인기 있는 뉴스와 가장 많은 토론이 일어난 뉴스입니다.

(생략)

---

[1] 옮긴이_ 온라인에 공개된 MCP 서버 같은 경우, 구현을 일일이 확인하지 않으면 예상하지 못한 방향으로 작동해 문제를 일으킬 수 있다. 이번 실습에서는 로컬에서 바로 MCP 서버를 구성해 호출하는 방법을 설명하지만, 도커 이미지를 구성해 안전하게 사용하길 권한다.

코파일럿이 MCP를 사용해 웹페이지를 확인하고 해당 정보를 정리해 결과를 출력했다. Playwright는 UI 테스트에도 사용할 수 있다.

개발 전용 에디터인 VS 코드는 다양한 MCP를 활용해 개발 과정에서 사용 가능하다. 기획부터 테스트까지 MCP를 결합한 코파일럿에 의존하면 바이브 코딩$^{\text{vibe coding}}$ 또한 가능하다.

A.3.2 랭체인에서 단일 MCP 서버 연결

랭체인은 2025년 3월부터 langchain-mcp-adapters를 배포하며 MCP를 지원했다. 랭체인에서 MCP를 사용할 때는 에이전트 아키텍처를 구현(6장)할 때의 툴 호출과 크게 다르지 않다. 툴을 하나씩 설정할 필요 없이 서버만 연결하면 MCP는 별도의 수정 없이 다른 클라이언트에서도 호출할 수 있다.

우선 랭체인 전용 MCP 어댑터를 설치하자. 이번 실습은 파이썬 환경에서만 진행하겠다. 어댑터의 구현은 *https://github.com/langchain-ai/langchain-mcp-adapters*에서 확인할 수 있다.

```
pip install langchain-mcp-adapters
```

[코드 A-2]는 앞에서 설정한 Playwright의 MCP를 사용해 해커 뉴스의 주요 뉴스를 정리하는 예시다.

Stdio 유형의 MCP 서버는 StdioServerParameters로 설정한다. command에는 서버를 실행하는 데 필요한 npx나 uv, docker 같은 명령어를 사용하며 args에는 필요한 변수를 설정한다. 이번에는 npx로 Playwright의 mcp를 실행하며 추가적으로 헤드리스 브라우저를 실행하는 --headless를 설정한다.

```
StdioServerParameters(
```

```python
    command="npx",
    args=["@playwright/mcp@latest", "--headless"],
)
```

랭체인에서 MCP를 사용하려면 비동기 호출로 구현해야 한다.

코드 A-2 Playwright MCP를 사용한 데이터 추출

```python
from mcp import ClientSession, StdioServerParameters
from mcp.client.stdio import stdio_client

from langchain_mcp_adapters.tools import load_mcp_tools
from langgraph.prebuilt import create_react_agent

from langchain_openai import ChatOpenAI
import asyncio

model = ChatOpenAI(model="gpt-4o-mini")

# MCP 서버 설정
server_params = StdioServerParameters(
    command="npx",
    args=["@playwright/mcp@latest", "--headless"],
)

# 프롬프트
prompt = "https://news.ycombinator.com/front에서 주요 뉴스 5개와 조회수가 가장 높은 뉴스 5개를 정리해 주세요."

# 전체 코드는 비동기로 작성한다
async def main():
    async with stdio_client(server_params) as (read, write):
        async with ClientSession(read, write) as session:
            await session.initialize()

            tools = await load_mcp_tools(session)

            agent = create_react_agent(model, tools)
            agent_response = await agent.ainvoke({"messages": prompt})
```

```python
        messages = agent_response.get('messages', [])
        for message in messages:
            if hasattr(message, 'content') :
                print(message.content)


# 비동기 메인 함수 실행
if __name__ == "__main__":
    asyncio.run(main())
```

출력

```
Navigated to https://news.ycombinator.com/front

- Page URL: https://news.ycombinator.com/front
- Page Title: 2025-04-12 front | Hacker News
- Page Snapshot
```yaml
- table [ref=s1e4]:
    - rowgroup [ref=s1e5]:
        - row "Hacker News new | past | comments | ask | show | jobs | submit | 2025-04-11 login" [ref=s1e6]:
            - cell "Hacker News new | past | comments | ask | show | jobs | submit | 2025-04-11 login" [ref=s1e7]:

... 생략 ...

다음은 Hacker News의 주요 뉴스 5개와 조회수가 가장 높은 뉴스 5개입니다.

### 주요 뉴스 5개

... 생략 ...

---

### 조회수가 가장 높은 뉴스 5개
... 생략 ...

이 정보는 Hacker News의 현재 주요 뉴스와 조회수 기반으로 선정되었습니다.
```
```

[코드 A-2]를 실행하면 랭체인은 Playwright로 URL을 접속한 후 정보를 확인해 이를 바탕으로 뉴스를 정리한다. 이렇게 한 가지 MCP와 통신해 툴을 사용하는 에이전트를 구축했다. MCP의 툴은 이 책에서 살펴본 랭체인이 제공하는 다양한 기능과도 결합할 수 있다.

A.3.3 랭체인에서 다수 MCP 서버 연결

랭체인에서도 다양한 MCP 서버가 제공하는 툴을 동시에 사용할 수도 있다. 이번에는 Playwright와 로컬 파일 시스템에 접근할 수 있는 filesystem MCP 서버를 사용해 자동으로 뉴스를 정리해 파일로 저장하는 에이전트를 구성하겠다.[2]

코드 A-3 Playwright MCP로 추출한 데이터를 filesystem MCP로 저장

```
from langchain_mcp_adapters.client import MultiServerMCPClient
from langgraph.prebuilt import create_react_agent
from langchain_openai import ChatOpenAI
import asyncio

prompt = """
https://news.ycombinator.com/front에서 주요 뉴스 5개와 조회수가 가장 높은 뉴스 5개를 정리해서 .md 파일로 저장해 주세요.
파일명은 [오늘 날짜]-HN News.md로 저장해 주세요.
각 뉴스의 제목과 링크, 작성일(YYYY-MM-DD)를 포함해 주세요.
"""


async def main():
    model = ChatOpenAI(model="gpt-4o-mini")

    async with MultiServerMCPClient(
        {
            "playwright": {
                "command": "npx",
```

---

[2] 옮긴이_ 2025년 4월 기준으로 랭체인의 MCP 어댑터는 아직 다중 서버 지원이 불안정하다. 주된 버그로는 세부 사항이 다른 동일 서버(예: 서로 다른 워크스페이스를 사용하는 노션 MCP 서버 2개)가 구분되지 않는 문제가 있다.

```python
                "args": ["@playwright/mcp@latest", "--headless"],
                "transport": "stdio",
            },
            "filesystem": {
                "command": "npx",
                "args": [
                    "-y",
                    "@modelcontextprotocol/server-filesystem",
                    "<파일-경로>"
                ]
            }
        }
    ) as client:
        agent = create_react_agent(model, client.get_tools())
        agent_response = await agent.ainvoke({"messages": prompt})

        messages = agent_response.get('messages', [])
        for message in messages:
            if hasattr(message, 'content') :
                print(message.content)

if __name__ == "__main__":
    asyncio.run(main())
```

```
Secure MCP Filesystem Server running on stdio
Allowed directories: [ '/learning-langchain/python/appA' ]

Navigated to https://news.ycombinator.com/front

- Page URL: https://news.ycombinator.com/front
- Page Title: 2025-04-12 front | Hacker News
- Page Snapshot
```yaml
- table [ref=s1e4]:
    - rowgroup [ref=s1e5]:
        - row "Hacker News new | past | comments | ask | show | jobs | submit | 2025-04-11 login" [ref=s1e6]:
            - cell "Hacker News new | past | comments | ask | show | jobs | submit | 2025-04-11 login" [ref=s1e7]:
```
```

> ... 생략 ...
> Hacker News의 주요 뉴스 5개와 조회수가 가장 높은 뉴스 5개를 정리한 파일이 성공적으로 생성되었습니다. 파일명은 `2025-04-12-HN News.md`입니다.
> 해당 파일에는 뉴스의 제목, 링크, 작성일이 포함되어 있습니다. 필요하신 경우, 파일을 다운로드하시거나 내용을 확인하실 수 있습니다.

랭체인은 프롬프트에 따라 Playwright를 실행해 뉴스를 확인하고, filesystem은 2025-04-12-HN News.md란 이름으로 파일을 저장한다. 별도의 파일 저장 함수를 작성하지 않아도, 파일이 저장된다. 만일 기존에 저장된 파일이 명명 규칙을 지키고 있다면, 이 규칙을 파악해 새 파일의 이름을 지정하도록 요청할 수 있다.

뿐만 아니라 노션이나 옵시디언 등 생산성 애플리케이션을 제어하는 MCP 서버를 결합해 해당 데이터베이스에 노트를 추가할 수도 있다. 어떤 서버를 어떻게 결합할지에 따라 다양한 에이전트를 구성할 수 있다. 지금까지 AI와 외부 도구를 연결하는 MCP를 살펴봤다. 이번에는 여기서 더 나아가 AI 에이전트끼리 연결하는 프로토콜인 A2A도 함께 알아보자.

A.4 Agent2Agent 프로토콜(A2A)

구글은 2025년 4월 9일, AI 에이전트 간 상호운용성을 위한 새로운 오픈 프로토콜인 에이전트 투 에이전트Agent2Agent(A2A) 프로토콜을 발표했다. A2A는 서로 다른 벤더나 프레임워크로 구축된 AI 에이전트들이 서로 협업하고 소통할 수 있게 해 주는 표준 프로토콜이다.

A2A는 '클라이언트' 에이전트와 '원격' 에이전트 간의 통신을 지원하는데, 이 구조에서 클라이언트는 여러 원격 에이전트와 통신할 수 있다.

- **클라이언트 에이전트**: 작업을 구성하고 전달하는 에이전트
- **원격 에이전트**: 맡은 작업을 수행해 올바른 정보를 제공하거나 적절한 조치를 취하는 에이전트

A2A는 MCP와 상호 보완적인 역할을 한다. MCP가 모델과 외부 도구를 연결하는 반면, A2A는 에이전트 간 통신을 표준화함으로써 복잡한 협업 구조를 가능하게 한다.

두 프로토콜의 결합으로 더 강력한 AI 시스템을 구축할 수 있을 것으로 보인다. 예를 들어, MCP를 통해 툴과 데이터에 접근할 수 있는 특화된 여러 에이전트가 A2A를 통해 서로 통신하며 복잡한 작업을 수행할 수 있다. 한 에이전트가 MCP를 통해 데이터베이스에서 정보를 가져온 후, A2A를 통해 이 정보를 다른 에이전트와 공유하고, 그 에이전트는 다시 MCP를 사용해 API를 호출하여 작업을 완료하는 식이다. 그렇게 된다면 7장에서 설명한 다중 에이전트 아키텍처를 더 쉽게 구현할 수 있다.

구글은 A2A 프로토콜을 오픈소스로 공개해, 파트너 및 커뮤니티와 협력하여 프로토콜을 개발할 계획이다. A2A의 전체 사양 초안, 코드 샘플 및 예제 시나리오는 A2A 웹사이트(https://google.github.io/A2A)에서 확인할 수 있다. 프로토콜의 공식 버전은 2025년 후반에 출시 예정이다.

새로운 프로토콜과 도구는 앞으로도 계속해서 등장할 것이다. 하지만 지금까지 배운 랭체인의 기본 개념과 다양한 AI 애플리케이션의 아키텍처를 이해한다면, 어떤 새로운 기술이 나오더라도 적응하는 데 큰 어려움이 없을 것이다. MCP와 A2A와 같은 프로토콜은 결국 우리가 살펴본 에이전트의 기본 원리를 확장하고 표준화하는 방향으로 발전하고 있다. 앞으로도 지속적인 학습과 실험을 통해 더 강력하고 효율적인 AI 애플리케이션을 구축하길 바란다.

INDEX

ㄱ

가상 문서 임베딩 (HyDE) 140
거대 언어 모델 (LLM) 24
검색 71
검색 증강 생성 (RAG) 32, 71, 114
계층 아키텍처 256
계층적 탐색 소형 세계 119
구조화된 출력 266
구조화된 형식 55
권한 제한 317
그래프 166

ㄴ

내용 필터링 181
네트워크 아키텍처 256
논리적 라우팅 144

ㄷ

다중 쿼리 검색 131
대화 튜닝 28
데이터베이스 설명 156
데이터셋 332
도구 호출 368
동시 입력 처리 287
동적 프롬프트 50
드리프트 342

ㄹ

라우터 아키텍처 201
라우팅 144
랭그래프 166, 293
랭그래프 스튜디오 309
랭그래프 에이전트 219
랭그래프 플랫폼 301

랭그래프 CLI 308
랭스미스 292, 303
랭스미스 UI 311
랭체인 표현 언어 (LCEL) 60

ㅁ

맞춤형 멀티 에이전트 워크플로 256
머신러닝 (ML) 22
멀티 에이전트 아키텍처 240, 249
메모리 시스템 164
메시지 병합 184
메시지 축약 177
명령형 구성 61
무상태 162
문서 로더 78
문서 저장소 102
밀집 임베딩 75

ㅂ

반복 216
버전 관리 369
벡터 저장소 72, 90, 294
분산 265

ㅅ

사고의 연쇄 (CoT) 31
사용자 개입 274, 305, 368
사전 학습된 LLM 27
상태 그래프 169
상태 저장 163
상태 쿼리 163
상호 순위 융합 (RRF) 135
생성 AI 22

서브그래프 249, 252
성찰 아키텍처 240
슈파베이스 292
슈퍼바이저 아키텍처 256
스레드 176, 304
스트리밍 305
스트리밍 출력 266, 269, 368
신뢰성 189, 264
실시간 협업 369
실행 304
심층 방어 317
쌍 평가 341

ㅇ

알고리즘 22
앤트로픽 23
앰비언트 컴퓨팅 370
어시스턴트 304
에이전트 아키텍처 214, 216
에이전트 LLM 애플리케이션 214
오용 가능성 예측 317
오케스트레이션 42
오프라인 평가 335
오픈AI 22
온라인 평가 361
의미론적 라우팅 148
의미론적 임베딩 75
의미론적 차원 76
이상적인 결과 335
이중 텍스트 전송 266, 305
인간 평가자 336
인간의 직접 참여 266
인덱싱 71
인제스천 72
인지 아키텍처 189, 190

찾아보기 397

INDEX

임베딩 72
임베딩 모델 75, 86

ㅈ

자율성 189, 264
자체 보정 324
재귀적 추상 처리 107
재작성-검색-읽기 (RRR) 127
제로샷 프롬프트 30
제미나이 23
종료 조건 222
중간 출력 266, 269
지시 튜닝 28
지연 265

ㅊ

차원 75
채팅 모델 29
챗GPT 22
청크 81
체인 아키텍처 195
체크포인터 174
추상화 36
출력 파서 57

ㅋ

컨텍스트 32
컨텍스트 윈도 177
코사인 유사도 77
쿼리 구성 152
쿼리 라우팅 144
쿼리 변환 127
크론 잡 305
클로드 23

ㅌ

툴 호출 33

ㅍ

파인튜닝 29
평가 휴리스틱 336
퓨샷 프롬프트 35
퓨샷 예시 156
프런티어 265
프롬프트 27
프롬프트 엔지니어링 27
프롬프트 주입 318
프롬프트 템플릿 48
플로우 엔지니어링 195

ㅎ

함수 호출 144
행동 214
회귀 테스트 342
희소 벡터 74

A

abstraction 36
agency 189, 264
AIMessage 46
ambient computing 370
Anthropic 23
assistant 304
authorize 패턴 278

B

batch 59

C

chain-of-thought (CoT) 31
chat model 29
ChatGPT 22
ChatMessage 46
ChatOpenAI 45
ChatPromptTemplate 52
checkpointer 174
chunk 81
Claude 23
cognitive architecture 189, 190
ColBERT 108
context 32
context window 177
cosine similarity 77
CRDT 369
cron job 305

D

dataset 332
dense embedding 75
dimension 75

docstore 102
document loader 78
double texting 266, 305
drift 342
dynamic prompt 50

E
embedding 72
embedding model 75, 86

F
few-shot prompt 35
filtering 181
fine tuning 29
flow engineering 195
frontier 265
function call 144

G
Gemini 23
generate 노드 241
generative AI 22
graph 166
ground truth 335

H
HNSW 119
human-in-the-loop 274, 305, 368
HumanMessage 46
Hypothetical Document Embeddings (HyDE) 140

I
imperative composition 61
indexing 71
ingestion 72

interrupt 패턴 275
invoke 59

J K
JSON 56
k-NN 107

L
LangChain Expression Language 64
LangChain Expression Language (LCEL) 60
LangGraph 166, 293
LangSmith 292, 303
large language model(LLM) 24
LLM 평가자 336
LLM 호출 아키텍처 191
logical routing 144
loop 216

M
machine learning (ML) 22
merging 184
multi-agent 240

O
offline evaluation 335
online evaluation 361
OpenAI 22
orchestration 42
OT 369
output parser 57

P
pairwise evaluation 341
PGVector 91
pre-trained LLM 27

INDEX

prompt 27
prompt engineering 27
prompt injection 318

Q
query construction 152
query routing 144
query transformation 127

R
RAG 324
RAPTOR 107
reciprocal rank fusion (RRF) 135
RecordManager 96
Recursive abstractive processing 107
RecursiveCharacter
　TextSplitter 81
reflect 노드 241
reflection 240
regression test 342
reliability 189, 264
retrieval 71
retrieval-augmented generation (RAG) 32, 71,
　114
Rewrite-Retrieve-Read (RRR) 127
routing 144
run 304
Runnable 인터페이스 59

S
SelfQueryRetriever 152
semantic embedding 75
semantic routing 148
sparse vector 74
SQL 문 변환 155

StateGraph 169
stateless 162
stop condition 222
stream 59
streaming output 266, 269, 368
structured format 55
subgraphs 249, 252
Supabase 292
SystemMessage 46

T
TextLoader 78
thread 176, 304
tool calling 33
trimming 177

V W Z
vector store 72, 90, 294
WebBaseLoader 79
zero-shot prompt 30